Der Weg zum Lesen

THIRD EDITION

Der Weg zum Lesen

THIRD EDITION

Van Horn Vail
Middlebury College

Kimberly Sparks
Middlebury College

Harcourt Brace Jovanovich College Publishers
Fort Worth   Philadelphia   San Diego
New York   Orlando   Austin   San Antonio
Toronto   Montreal   London   Sydney   Tokyo

Cover photo: © 1985 M. L. Nolan/Taurus Photos.

ISBN: 0-15-517351-0

Library of Congress Catalog Card Number: 85-81182

Copyright © 1986, 1974, 1967 by Holt, Rinehart and Winston, Inc.

Address for editorial correspondence: 301 Commerce Street, Suite 3700, Fort Worth, TX 76102

Address for orders: 6277 Sea Harbor Drive, Orlando, Florida 32887. 1-800-782-4479, or 1-800-433-0001 (in Florida)

PRINTED IN THE UNITED STATES OF AMERICA

2 3 4 016 8 7 6 5 4 3

Harcourt Brace Jovanovich, Inc.
The Dryden Press
Saunders College Publishing

Contents

Introduction

Der Weg zum Lesen is designed to help instructors and students over one of the most difficult hurdles in language instruction—the transition from working through lessons in a grammar book to reading unedited literary texts. A grammar book is necessarily compartmentalized; the students work in a tightly controlled atmosphere, concentrating on one or two points at a time. In the parlance of the beginner, the students "had" the modals last month, are "having" the passive now, and will "have" the subjunctive next month. Most readers, on the other hand—even elementary ones—plunge students into the random area of complete language experience, where they are expected to function with nearly all of German grammar on every page of text.

This book offers a positive solution to the problems of such an abrupt transition. It offers drills that

1. teach students to function in the natural, uncompartmentalized language of unedited texts,

2. further their active skills so that they are able to work with progressively more difficult material, and

3. fill the class hour with meaningful exercises.

THE THIRD EDITION

The basic goals of the earlier editions of *Der Weg zum Lesen* remain unchanged in this latest edition.

The major aim of this revision is to allow students to achieve these goals with even less effort and even greater fluency and accuracy. To this end, the following changes have been made:

1. We have added a number of new texts, most of them at the lowest level of difficulty, and we have provided these texts with exercises that allow the students to move forward even more systematically than before.

2. The more complex drill sentences have been shortened and streamlined so that the students can perform them faster and with greater control.

3. The cue-sheets accompanying the texts toward the end of the book have been revised to help the students retell the stories with minimum reliance on memory. These cue-sheets are now also followed by cued questions that elicit slightly longer, more complex answers.

DRILL TYPES

1. Introductory Exercises

The "Introductory Exercises" direct the students' attention to one or two problems while allowing them to see and understand how the rest of the sentence is constructed.

Here is a sample of text with the "Introductory Exercises" derived from it:

D er Milchmann schrieb auf einen Zettel: „Heute keine Butter mehr, leider." Frau Blum las den Zettel und rechnete zusammen, schüttelte den Kopf und rechnete noch einmal, dann schrieb sie: „Zwei Liter, 100 Gramm Butter, Sie hatten gestern keine Butter und berechneten sie mir gleichwohl."

Introductory Exercises

Supply the correct forms of the verbs in parentheses. Do each sentence in the present tense, past tense, and present perfect tense, except where otherwise indicated.

A.

1. Der Milchmann _____ es auf einen Zettel.
   (schreiben*)

Der Milchmann _____ auf einen Zettel, daß er keine Butter
                (schreiben*)
_____ . (*pres. and past*)
(haben)

2. Frau Blum _____ den Zettel und _____ den Kopf.
          (lesen*)   (schütteln)

3. Sie _____ noch einmal.
    (zusammen•rechnen)

4. Der Milchmann _____ keine Butter und _____ sie der Frau doch.
            (haben)   (berechnen)

As you can see:

   a. At this point the students' attention is focused on one of the most difficult areas of the German language: its verb forms. These include strong and weak verbs; verbs with separable and inseparable prefixes; passive, subjunctive, and occasionally even imperative. But students are given ample help: for example, all strong verbs are provided with an asterisk (e.g., schreiben*, lesen*, and so on) and all verbs with separable prefixes have a dot between the prefix and the verb (e.g., zusammen•rechnen)

   b. At the same time, students are provided with a great deal of additional information which will be needed for subsequent drills—such as gender (einen Zettel, den Zettel, den Kopf, die Butter), prepositional usage (schreiben auf+*accusative*), and so on. In fact, students are continually drilling these forms while supplying the correct form of the verb, and it is this that allows the students to perform the following drills at full speed in class.

   c. Lastly, this type of exercise provides a stable environment for constructing sentences that are, in some ways, different from those in the text and yet help students to retell the story more smoothly and easily. For instance, in the retelling of the story, the first sentence found in the text (Der Milchmann schrieb auf einen Zettel: „Heute keine Butter mehr, leider.") is replaced by the smoother narrative sentence:

     Der Milchmann schrieb auf einen Zettel, daß er keine Butter mehr hatte.

Moreover, this type of drill also allows the substitution of simpler words for less common ones. The last line of the text reads *gleichwohl*, a word that is rather precious. So the common, colloquial *doch* has been substituted for it.

2. Synthetic Exercises

Once the sentences in the "Introductory Exercises" have been drilled in a stable environment, "Synthetic Exercises" are used to give students better control of the grammar involved. "Synthetic Exercises" are, in effect, "dehydrated" sentences. Students are given the thought content and vocabulary of a particular sentence in a series of key words and are asked to reconstruct the sentence by "adding grammar."

The following "Synthetic Exercises" match the introductory drills that you have already seen:

Synthetic Exercises

Use the following elements to make complete sentences. Form the present tense, past tense, and present perfect tense, except where otherwise indicated.

A.

1. Milchmann / schreiben / es / auf / Zettel
   Milchmann / schreiben / auf / Zettel / / daß / er / haben / kein / Butter (*pres. and past*)

2. Frau Blum / lesen / Zettel / / und / schütteln / Kopf

3. Sie / zusammenrechnen / noch einmal

4. Milchmann / haben / kein / Butter / / und / berechnen / sie / Frau / doch

As you can see, because the underlying sentences are the same as those in the introductory exercises, students can perform them quickly and accurately.

3. Express in German

Because the "Introductory Exercises" and the "Synthetic Exercises" have given the students full command of the grammar and vocabulary involved, they can now respond to English cues with complete, natural German sentences.

Strictly speaking, the "Express-in-German" drills are neither translations nor memory exercises. Students have already dealt with the *same sentences* in the introductory exercises and the synthetic exercises—that is, in all-German contexts. The "Express-in-German" exercises make students aware that they are responsible for the meaning as well as the structure of what they have been practicing; they also provide a safeguard against future English carry-over by allowing students to contrast German and English structures (for example, *wait for* with *warten auf*).

The following "Express-in-German" exercises match the other two drills that you have already seen:

Express in German

A.

1. The milkman wrote it on a slip of paper.

2. He wrote that he didn't have any butter.

3. Mrs. Blum read it and shook her head.

4. She added (it) up again.

5. The milkman didn't have any butter and *charged the woman for it* anyway. (*lit.*: "charged it to the woman anyway")

4. Questions

Students are now prepared to answer questions—and to do so correctly. The "Introductory Exercises" and the "Synthetic Exercises" have made students manipulate the grammar and have given them the vocabulary they are expected to control, and the "Express-in-German" drills have confirmed their comprehension of the story line and their mastery of the vocabulary. They can therefore answer a large number of questions fluently and accurately—something they could not have done if they had been confronted by the questions after merely reading the story.

5. Cue-sheets and the Structure of the Reader

As a glance at the table of contents will show, *Der Weg zum Lesen* has three distinct phases.

a. The first phase employs the four types of drills previously discussed to progressively build up the students' ability to deal with random grammar. At the same time, the students are building a large vocabulary and stock of idioms.

This phase (which includes the first thirteen stories of the book) is graded, both as to the level of difficulty of the texts and as to the manner in which the exercises are constructed and manipulated. In the earlier stories, for example, students normally perform each sentence in the "Introductory Exercises" and the

"Synthetic Exercises" in the three tenses that will best allow them to master the principle parts of the verbs (i.e., the present, past, and present perfect tenses). In later stories, individual tenses are selected — except in the case of new verbs — reflecting the students' growing mastery of the language.

b. The second is basically a transitional phase, involving two stories.

"Vor dem Gesetz" omits the introductory drills and starts directly with the "Synthetic Exercises." At this point in the reader, the students' command of the language is such that this initial drill is no longer needed.

"Geschichte von Isidor" goes one step further and replaces the questions with a cue-sheet. Now the students are asked to relate short paragraphs rather than produce single sentences. But they are only asked to do so after the "Synthetic Exercises" and the "Express-in-German" drills have given them a firm grasp of the grammar and vocabulary of the story.

c. The final phase is the use of cue-sheets alone. The students are given a series of key words as cues that enable them to retell entire passages in a connected series of correct sentences. As previously mentioned, the cue-sheets following the final three stories have been revised and the number of cues, or key words, supplied has been substantially increased. Common sense and the mastery the students have attained in the earlier phases of the book should now allow them to retell the stories from the cues with a minimum of reliance on memory.

The last two stories go one step further and use cued questions after the cue-sheet.

NOTES ON THE USE OF THIS BOOK

1. All exercises in the book are divided into sections indicated by letters (A, B, C, and so on). These sections are related. Section A of the "Introductory Exercises" refers to the same portion of the text as do Section A of the "Synthetic Exercises," Section A of the "Express-in-German," Section A of the questions, and in the case of "Geschichte von Isidor," Section A of the cue-sheet. The material covered in these sections is essentially the same; it is merely drilled in different ways: first in an

introductory exercise, next as a synthetic exercise, then as an "Express-in-German" exercise, and finally as questions and answers.

2. The class tempo will be much better and the students' performance more fluent and accurate if the drills are done according to the logic implicit in the first note. That is to say, during a first drilling all the exercises relating to Section A should be done before moving on to Section B (with the possible exception of the questions, which could be reserved as a review exercise). Thus, the best student performance will come from a sequence that looks like this:

Section A: Introductory Exercises
Synthetic Exercises
Express-in-German
(Questions)

Section B: Introductory Exercises
Synthetic Exercises
Express-in-German
(Questions)

After the students have been drilled in this way and have a firm command of the material, the instructor can run the class through the material in any manner he chooses — for example, doing all the "Synthetic Exercises" consecutively.

3. *Pacing*. The amount of material that can be covered in a given "class hour" clearly depends upon the previous preparation of the class.

4. *Tempo and Performance*. All the exercises in this book are designed primarily for *oral* performance by students. As is the case with any oral exercise, the instructor should demand *fluent* responses from the students. In addition to using the exercises for oral performance, the instructor can use them as the basis for testing.

Van Horn Vail
Kimberly Sparks

Der Weg zum Lesen

THIRD EDITION

kurz shortly

der **Feierabend** quitting time

reichen to pass, hand
rechnen to count, calculate
zählen to count
   auf·schauen to look up
der **Stempel,—** rubber stamp   die **Schlange** *here:* line
der **Schalter** counter, window (at a bank, post office, etc.)
der **Schirm** umbrella
der **Schlips** necktie
heben* to raise
weg·blicken to look away   die **Telefonrechnung** telephone bill
verlangen to ask for

hoch·sehen* to look up
sie *here:* it (referring to the voice)
Eis am Stiel ice cream on a stick
sich ärgern über+*acc.* to be upset by something

·separable prefix
*strong verb or irregular verb
(s)verb with auxiliary **sein**

Kurz vor Feierabend

GÜNTER DE BRUYN

S ie hat ihn nicht hereinkommen sehen. Nie sieht sie die
Leute an. Sie sieht nur die Hände, die ihr Geld, Tele-
gramme oder Schecks über den Tisch reichen. Acht
Stunden lang sagt sie bitte und danke, nennt Preise, schreibt, rechnet,
zählt Geld, ohne die Leute zu sehen. Erst kurz vor Feierabend schaut sie   5
von den Briefmarken und Stempeln auf. Sie will wissen, ob die Schlange
vor ihrem Schalter kleiner geworden ist. Da sieht sie ihn.

Es regnet draußen. Alle Leute gehen mit Schirm und Mantel. Er
trägt seinen schwarzen Anzug mit weißem Hemd und Schlips. Sein Haar
ist trocken. Er ist mit dem Auto gekommen. Er hebt die Hand, um von ihr   10
gesehen zu werden. Aber sie blickt sofort weg, auf die Telefonrechnung,
die vor ihr liegt.

Ein kleines Mädchen verlangt zehn Briefmarken zu zwanzig
Pfennig.

Ein Fräulein will wissen, was Pakete nach Holland kosten.   15

Eine Frau holt Geld. Ein Mann kauft eine Zeitung. Sie sieht nicht
hoch. Sie wartet auf seine Stimme. Da ist sie.

„Kann man ein Paket mit Eis am Stiel nach Afrika schicken,
Fräulein?" Das soll ein Witz sein. Sie will sich nicht über ihn ärgern.
Also tut sie, als habe sie ihn nicht verstanden.   20

Reprinted by permission of Günter de Bruyn. "Kurz vor Feierabend" first appeared in the
collection *Kontakt mit der Zeit*.

3

anstelle+*gen.* instead of

groß schreiben* to capitalize

der **Generaldirektor** chief executive officer, head of a company
  der **Empfang** reception
unbedingt at all costs, absolutely
sich wenden* an+*acc.* to turn to
in der Reihe in (the) line   **prüfen** to check

das **Gespräch** conversation

die **Waage** the scales

Volkseigen *lit.* "people's own," East German term for a state-owned business
  or industry   das **Kombinat** industrial conglomerate
die **Kollegin** female co-worker, colleague

schade für (*more commonly:* schade *um*) too bad about   der **Ruf**
  reputation   das **Theater** *here:* phony game
ich bin mir zu schade für I am too good for
die **Aufschrift** inscription, letters
der **Geldschein, -e** bill (of money)   **verschließen*** to close, lock
  die **Kasse** cash register, cashbox
ohne Gruß *here:* without saying goodbye

„Sie wünschen?"

„Guten Abend!" sagt er.

„Du?" Sie sieht überrascht aus. „Was ist los?"

Er reicht ihr ein Telegrammformular. Anstelle einer Adresse steht ihr Name. Der Text heißt: „Wir müssen heute miteinander ausgehen." Das Wort „müssen" ist groß geschrieben.

„Wohin?" fragt sie.

„Der Generaldirektor gibt einen Empfang. Ich bitte dich: du mußt unbedingt kommen. Es ist sehr wichtig."

„Für dich", sagt sie und wendet sich an den nächsten Mann in der Reihe. Der reicht ihr einen Scheck. Sie prüft die Nummer. Sie zählt das Geld. Dann sagt sie: „Warum nimmst du Gisela nicht mit?"

„Das weißt du so gut wie ich."

„Die Arme! Wohnst du jetzt bei ihr?"

Er spricht leise, sie laut. Alle Leute in der Schlange hören dem Gespräch zu. Er antwortet nicht. Er steht neben dem Schalter und sieht in eine Zeitung.

„Aber Gisela ist doch so intelligent", sagt sie und legt einen Brief auf die Waage. „Und gut sieht sie auch aus."

„Wie schwierig du bist", sagt er. Er nimmt eine Karte aus der Jacke und legt sie ihr auf den Tisch.

„Ein Brief nach Schweden kostet 35 Pfennige", sagt sie zu einer alten Frau.

Dann liest sie laut die Karte, die der Mann ihr hingelegt hat: „Der Generaldirektor des Volkseigenen Kombinats lädt Sie und Ihre Ehefrau..."

Sie ruft ihrer Kollegin am Schalter zwei zu: „Du, hör mal! Hast du nicht Lust und Zeit, mit meinem Mann auf diese Party zu gehen?"

Die Kollegin lacht. Alle Leute sehen den Mann an.

„Schade für deinen guten Ruf!" sagt sie. „Aber für dieses Theater bin auch ich mir zu schade."

Sie stellt ein Schild mit der Aufschrift „Geschlossen" vor ihren Schalter. Sie sortiert Geldscheine, verschließt die Kasse. Er geht ohne Gruß. Sie läuft schnell zum Fenster, um zu sehen, wie er in sein Auto steigt.

EXERCISES

Introductory Exercises

Supply the correct forms of the verbs in parentheses. Do each sentence in the present tense, past tense, and present perfect tense, except where otherwise indicated.

A.

1. Sie (she) _____ ihn nicht hereinkommen.
   (sehen*)

2. Sie _____ die Leute nie.
   (an•sehen*)

3. Acht Stunden lang _____ sie bitte und danke und _____ Preise.
   (sagen)   (nennen*)
   (*pres. and past*)

4. Sie _____ und _____ Geld, ohne die Leute zu sehen. (*pres. and*
   (schreiben*)   (zählen)
   past)

5. Kurz vor Feierabend _____ sie von den Briefmarken.
   (auf•sehen*)

6. Sie _____ wissen, ob die Schlange kleiner _____.
   (wollen)   (werden)

7. Da _____ sie ihn.
   (sehen*)

B.

1. Es _____ draußen und alle Leute _____ mit Schirm und Mantel.
   (regnen)   (gehen*)
   (*pres. and past*)

2. Er _____ seinen schwarzen Anzug mit weißem Hemd.
   (tragen*)

•separable prefix
*strong verb or irregular verb (See page 307 for a list of strong and irregular verbs.)
Note: since they occur so frequently and are so basic to the language, *sein, haben, werden,* and the modal auxiliaries (e.g., *können*) have not been marked with an asterisk.

3. Sein Haar _____ trocken.
   (sein*)

4. Er _____ mit dem Auto. (*pres., past, pres. perf., and past perf.*)
   (kommen*)

5. Er _____ die Hand, aber sie _____ sofort.
   (heben*)   (weg•blicken)

6. Ein Mädchen _____ zehn Briefmarken.
   (verlangen)

7. Ein Fräulein _____ wissen, was Pakete nach Holland _____. (*pres.*
   (wollen)   (kosten)
   and past)

C.

1. Eine Frau _____ Geld, und ein Mann _____ eine Zeitung.
   (holen)   (kaufen)

2. Sie _____ nicht, aber sie _____ auf seine Stimme.
   (auf•sehen*)   (warten)

3. Er _____, ob man Eis nach Afrika schicken _____. (*1st clause past,*
   (fragen)   (können*)
   2nd clause pres.)

4. Das _____ ein Witz sein. (*pres. and past*)
   (sollen)

5. Sie _____ sich nicht über ihn ärgern.
   (wollen)

6. Also _____ sie, als ob sie ihn nicht _____. (*pres. and past*)
   (tun*)   (verstehen*)

7. Sie _____ ihn, was er _____. (*pres and past*)
   (fragen)   (wollen)

8. Er _____ guten Abend, und sie _____ uberrascht.
   (sagen)   (aus•sehen*)

D.

1. Er _____ ihr ein Telegrammformular.
   (reichen)

2. Statt einer Adresse _____ ihr Name.
   (steht*)

3. Der Text _____ , sie _____ miteinander ausgehen. (*pres.*)
         (heißen*)   (müssen*)

4. Sein Generaldirektor _____ einen Empfang.
                   (geben*)

5. Er _____ , daß sie mitkommen _____. (*pres.*)
     (sagen)   (müssen*)

6. Sie _____ sich an den nächsten Mann in der Reihe.
     (wenden*)

7. Ein Mann _____ ihr einen Scheck, und sie _____ das Geld.
         (reichen)   (zählen)

8. Sie _____ , warum er Gisela nicht _____. (*pres.*)
     (fragen)   (mit·nehmen*)

E.

1. Alle Leute in der Schlange _____ dem Gespräch.
                        (zu·hören)

2. Er _____ nicht.
     (antworten)

3. Er _____ neben dem Schalter und _____ in eine Zeitung.
     (stehen*)   (sehen*)

4. Gisela _____ intelligent und sie _____ gut. (*pres. and past*)
        (sein*)   (aus·sehen*)

5. Er _____ eine Karte aus der Jacke und _____ sie auf den Tisch.
     (nehmen*)   (legen)

6. Sie _____ die Karte laut.
     (lesen*)

7. Der Generaldirektor _____ ihn und seine Ehefrau zu einem
                  (ein·laden*)
   Empfang.

F.

1. Sie _____ eine Kollegin, ob sie mit ihrem Mann zu einer Party gehen
     (fragen)
   _____. (*pres. and past*)
     (wollen)

2. Die Kollegin _____ , und alle Leute _____ den Mann.
            (lachen)   (an·sehen*)

3. Sie _____, daß es schade um seinen guten Ruf _____ . (*1st clause past,*
   (sagen)   (sein*)
   2nd clause present)

4. Sie _____ ihren Schalter.
   (schließen*)

5. Sie _____ Geldscheine und _____ die Kasse.
   (sortieren)   (verschließen*)

6. Er _____ ohne Gruß.
   (gehen*)

7. Sie _____ schnell zum Fenster, um zu sehen, wie er in sein Auto
   (laufen*)
   _____ .
   (steigen*)

Synthetic Exercises

Use the following elements to make complete sentences. Form the
present tense, past tense, and present perfect tense, except where otherwise indicated.

A.

1. Sie (she) / sehen / ihn / nicht / hereinkommen

2. Sie / ansehen / Leute / nie

3. Sie / zählen / Geld / / ohne / sehen / Leute (*pres. and past, 2nd clause
   infinitival*)

4. Kurz vor Feierabend / sie / aufsehen / von / Briefmarken

5. Sie / wollen / wissen / / ob / Schlange / werden / kleiner (*pres. and past*)

6. Da / sie / sehen / ihn

B.

1. Es / regnen / draußen

2. Er / tragen / schwarz / Anzug / mit / weiß / Hemd

3. Er / kommt / mit / Auto (*pres., past, pres. perf., past perf.*)

4. Er / heben / Hand / / und / sie / wegblicken / sofort

5. Fräulein / wollen / wissen / / was / Pakete nach Holland / kosten (*pres. and past*)

C.

1. Frau / holen / Geld / / und / Mann / kaufen / Zeitung

2. Sie / aufsehen / nicht / / aber / sie / warten / auf / sein- / Stimme

3. Er / fragen / / ob / man / können / schicken / Eis / nach Afrika (*1st clause past, 2nd clause pres.*)

4. Das / sollen / sein / Witz (*pres. and past*)

5. Sie / wollen / ärgern. . . / nicht / über ihn

6. Sie / tun / / als ob / sie / verstehen / ihn / nicht (*pres. and past*)

7. Sie / fragen / / was / er / wollen (*pres. and past*)

8. Er / sagen / gut / Abend / / und / sie / aussehen / überrascht

D.

1. Er / reichen / ihr / Telegrammformular

2. Statt / Adresse / stehen / ihr Name

3. Text / heißen / / daß / sie / müssen / ausgehen / miteinander (*pres.*)

4. Generaldirektor / geben / Empfang

5. Er / sagen / / daß / sie / müssen / mitkommen (*pres.*)

6. Sie / wenden. . . / an / nächst- / Mann / in / Reihe

7. Ein Mann / reichen / ihr / Scheck / / und / sie / zählen / Geld

8. Sie / fragen / / warum / er / mitnehmen / Gisela / nicht (*pres.*)

E.

1. Leute / in / Schlange / zuhören / Gespräch

2. Er / antworten / nicht

3. Er / stehen / neben / Schalter / / und / sehen / in / Zeitung

4. Gisela / sein / intelligent / / und / sie / aussehen / gut (*pres. and past*)

5. Er / nehmen / Karte / aus / Jacke / / und / legen / sie / auf / Tisch

6. Sie / lesen / Karte / laut

7. Generaldirektor / einladen / ihn / und / sein- / Frau / zu / Empfang

F.

1. Sie / fragen / ihr / Kollegin / / ob / sie / wollen / gehen / mit / ihr- / Mann / zu / Party (*pres. and past*)

2. Kollegin / lachen / / und / Leute / ansehen / Mann

3. Sie / sagen / / daß / es / sein / schade / um / sein- / Ruf (*1st clause past, 2nd clause pres.*)

4. Sie / schließen / ihr / Schalter

5. Sie / sortieren / Geldscheine / / und / verschließen / Kasse

6. Er / gehen / ohne Gruß

7. Sie / laufen / schnell / zu / Fenster / / um / sehen / / wie / er / steigen / in / sein / Auto (*2nd clause infinitival*)

Express in German

A.

1. She didn't see him come in.

2. She never looked at the people.

3. She counted the money without seeing them.

4. Just before quitting time she looked up from her (lit.: *the*) stamps.

5. She wanted to know if the line was getting shorter.

6. Then she saw him. (**Da**. . .)

B.

1. It was raining outside.

2. He was wearing a black suit with a white shirt.

3. He had come by car.

4. He raised his hand but she immediately looked away.

5. A young woman (**Fräulein**) wants to know what packages to Holland cost.

C.

1. She didn't look up, but she was waiting for his voice.

2. He asked if you (**man**) can send ice cream to Africa.

3. That was supposed to be a joke.

4. She acted as if she didn't understand him.

5. She asked what he wanted.

D.

1. He handed her a telegram form.

2. *The message*[1] *is* that they have to go out with each other.

3. *The head of the company* was giving a reception.

4. He says she has to come.

5. She asks why he doesn't take Gisela along.

E.

1. The people in line were listening to the conversation.

2. He didn't answer.

3. Gisela was intelligent and she was *good-looking*.

4. He took a card out of his jacket and laid it on the table.

5. She read the card out loud.

6. The head of the company was inviting him and his wife to a reception.

F.

1. She asked her colleague if she wanted to go to a party with her husband.

2. Her colleague laughed, and the people looked at the man.

3. She said that it was too bad about his reputation.

---

[1] Italics denote constructions that differ markedly in the two languages.

4. She closed her window. (*Use:* **Schalter**)

5. He left *without saying good-bye*.

6. She ran to the window in order to see *him get in his car*. (*lit.:* "...how he got into his car.")

Questions

A.

1. Warum sah sie ihren Mann nicht hereinkommen?

2. Was tat sie kurz vor Feierabend?

3. Warum sah sie auf?

B.

1. Wie war das Wetter draußen?

2. Wie war ihr Mann angezogen? (*dressed*)

3. Was wollte ein Fräulein wissen?

C.

1. Worauf hat die Frau gewartet?

2. Was fragte ihr Mann?

3. Wie reagierte die Frau darauf? (**reagieren auf**   react to)

D.

1. Was reichte er ihr?

2. Wie hieß der Text des "Telegramms"?

3. Warum will er, daß sie mit ihm ausgeht?

4. Was sagt sie dazu? (*to that*)

E.

1. Was taten die Leute in der Schlange?

2. Warum sollte er Gisela mitnehmen?

3. Was legte er auf den Tisch?

4. Was stand darauf?

F.

1. Was fragte sie ihre Kollegin?

2. Wie zeigt sie, daß sie nicht mehr mit ihrem Mann sprechen will?

3. Wie ging er dann weg?

4. Warum lief sie zum Fenster?

das **Kartenspiel** card game

zu·schauen + *dat. obj.* to watch
das **As, -se** ace (cards)
die **Achter und die Zehner** the eights and the tens

Bier temperieren to warm up beer
verchromt chromium-plated das **Gefäß, -e** container **heben*** to raise, lift
vorsichtig carefully, cautiously **ab·tropfen** to drip off

grüßen to greet (people)

jüngere younger (people)
der **Geschäftsmann,** die **Geschäftsleute** businessman **ehemalig** former der **Schulkollege, -n** schoolmate **Jahrgang 1912** born in 1912
übrig other **irgendwelche vier** some four (people) or other **oben** at the head
spannend exciting, tense
selbst *here:* even der **Wirt** innkeeper, owner

· separable prefix (**zu·schauen**)
*strong verb or irregular verb (See page 307 for a list of strong and irregular verbs.)
(s)verb with auxiliary **sein**

Das Kartenspiel

PETER BICHSEL

Herr Kurt sagt nichts. Er sitzt da und schaut dem Spiel zu. Die vier legen ihre Karten auf den Tisch, die Asse und die Könige, die Achter und die Zehner, die roten zu den roten und die schwarzen zu den schwarzen.

Herr Kurt läßt sich sein Bier temperieren. Sein Glas steht in einem 5 verchromten Gefäß mit heißem Wasser. Von Zeit zu Zeit hebt er es vorsichtig, läßt das Wasser abtropfen. Oft stellt er es zurück, ohne zu trinken; denn er schaut dem Spiel zu.

Herr Kurt hat seinen Platz, niemand weiß seit wann und weshalb. Aber um fünf Uhr ist er da, setzt sich oben an den Tisch, grüßt, wenn er 10 gegrüßt wird, bestellt sein Bier und man bringt ihm das heiße Wasser dazu.

Um fünf Uhr sind auch die andern da, die vier, und spielen Karten, nicht immer dieselben vier, am Montag meist jüngere, am Dienstag Geschäftsleute, am Freitag vier ehemalige Schulkollegen, Jahrgang 15 1912, und an den übrigen Wochentagen irgendwelche vier. Oben am Tisch sitzt immer Herr Kurt. Er trinkt ein Bier und sitzt bis sieben Uhr da. Ist das Spiel spannend, bleibt er eine Viertelstunde länger, später geht er nie.

Im Restaurant sitzen auch andere, aber kein anderer kommt jeden 20 Tag. Selbst der Wirt ist nicht jeden Abend da und die Kellnerin hat am Mittwoch ihren freien Tag.

niemand nobody (**niemanden** *is accusative form*)   **neugierig** curious

das **Gratisbier, -e** free glass of beer   **sich erinnern (an**+*acc.***)** to remember

die **Kreide** chalk   **zusammen•zählen** to add, total (things) up
    der **Verlierer, —** the loser   die **Zeche, -n** the (bar) tab, bill
sich ereifern über+*acc.* to get excited, riled about (something)
    gegenseitig to each other, back and forth
der **Vorwurf, ⁝e** reproach, rebuke   **aus•rechnen** to figure out, calculate
aus•spielen to play a card   **nicken** to nod   **ab und zu** now and then
schütteln to shake   der **Kopf** head
wahrscheinlich probable
die **Beerdigung, -en** funeral   **erfahren* über**+*acc.* to find out about
die **Todesursache, -n** cause of death   das **Alter** age
    der **Geburtsort** place of birth   der **Beruf** profession
überrascht surprised   **unvermeidlich** unavoidable
vermissen to miss
bestimmt definite

•separable prefix
*strong verb
(s)verb with auxiliary **sein**

Herr Kurt macht niemanden neugierig. Trotzdem hat man ihn in den Jahren kennengelernt. In der Agenda des Wirts steht unter dem 14. Juli „Herr Kurt". An diesem Tag, es ist sein Geburtstag, bekommt Herr Kurt sein Gratisbier. Der Wirt kann sich nicht erinnern, woher er Herrn Kurts Geburtstag kennt. Man würde Herrn Kurt nicht danach fragen. 5

Nach dem Spiel werfen die vier ihre Karten auf den Tisch, nehmen die Kreide und zählen zusammen, die Verlierer bezahlen die Zeche. Dann ereifern sie sich über Spielregeln und Taktik, machen sich gegenseitig Vorwürfe und rechnen sich aus, was geschehen wäre, wenn man den König später und den Zehner früher ausgespielt hätte. Herr Kurt nickt ab 10 und zu oder schüttelt den Kopf. Er sagt nichts.

Wenn Herr Kurt die Regeln des Kartenspiels nicht kennen würde, sähe er sein Leben lang nur rote und schwarze Karten. Aber er kennt die Karten und er kennt das Spiel. Es ist wahrscheinlich, daß er es kennt.

Bei Herrn Kurts Beerdigung wird man alles über ihn erfahren, die 15 Todesursache, sein Alter, seinen Geburtsort, seinen Beruf. Man wird vielleicht überrascht sein. Und später wird, weil es unvermeidlich ist, ein Spieler sagen, daß er Herrn Kurt vermisse. Aber das ist nicht wahr, das Spiel hat ganz bestimmte Regeln.

EXERCISES

Introductory Exercises

Supply the correct forms of the verbs in parentheses. Do each sentence in the present tense, past tense, and present perfect tense, except where otherwise indicated.

A.

1. Herr Kurt _____ da, und _____ dem Spiel.
   (sitzen*)   (zu•schauen)

2. Die Leute _____ ihre Karten auf den Tisch.
   (legen)

3. Herr Kurt _____ sich sein Bier temperieren.
   (lassen*)

4. Sein Glas _____ in einem Gefäß mit heißem Wasser.
   (stehen*)

5. Von Zeit zu Zeit _____ er sein Glas.
   (heben*)

6. Er _____ es vorsichtig und _____ das Wasser abtropfen.
   (heben*)   (lassen*)

7. Oft _____ er das Glas, ohne zu trinken.
   (zurück•stellen)

8. Herr Kurt _____ seinen Platz, niemand _____ seit wann. (*pres. and past*)
   (haben)   (wissen*)

9. Er _____ sich an den Tisch.
   (setzen)

10. Er _____ , wenn er gegrüßt _____ . (*pres. and past*)
    (grüßen)   (werden)

11. Man _____ Herrn Kurt sein Bier und heißes Wasser.
    (bringen*)

•separable prefix
*strong verb or irregular verb (See page 307 for a list of strong and irregular verbs.)
Note: since they occur so frequently and are so basic to the language, *sein, haben, werden*, and the modal auxiliaries (e.g., *können*) have not been marked with an asterisk.

B.

1. Es ＿＿＿ nicht immer dieselben Leute, die Karten ＿＿＿＿.
   (sein)   (spielen)

2. Herr Kurt ＿＿＿＿ oben am Tisch und ＿＿＿＿ sein Bier.
   (sitzen*)   (trinken*)

3. Wenn das Spiel spannend ＿＿＿, ＿＿＿＿ er eine Viertelstunde länger.
   (sein)   (bleiben*)
   (*pres. and past*)

4. Kein anderer ＿＿＿＿ jeden Tag.
   (kommen*)

5. In der Agenda des Wirts ＿＿＿＿ unter dem 14. Juli „Herr Kurt".
   (stehen*)
   (*pres. and past*)

6. An seinem Geburtstag ＿＿＿＿＿ er ein Gratisbier.
   (bekommen*)

7. Der Wirt ＿＿＿＿ sich an seinen Geburtstag.
   (erinnern)

8. Er ＿＿＿＿ sich nicht daran erinnern.
   (können)

9. Er ＿＿＿＿ sich nicht daran erinnern, woher er seinen Geburtstag
   (können)
   ＿＿＿＿. (*pres. and past*)
   (kennen*)

C.

1. Nach dem Spiel ＿＿＿＿ die Leute ihre Karten auf den Tisch.
   (werfen*)

2. Sie ＿＿＿＿＿＿, und die Verlierer ＿＿＿＿ die Zeche.
   (zusammen·zählen)   (bezahlen)

3. Was ＿＿＿＿＿, wenn man den König später ＿＿＿＿＿. (*subj. II*
   (geschehen*)   (aus·spielen)
   pres. and past)

4. Herr Kurt ＿＿＿＿ ab und zu, oder er ＿＿＿＿ den Kopf.
   (nicken)   (schütteln)

5. Wenn er die Regeln nicht ＿＿＿＿, ＿＿＿＿ er nur rote und schwarze
   (kennen*)   (sehen*)
   Karten. (*subj. II pres. and past*)

6. Bei seiner Beerdigung _____ man alles über ihn. (*pres., past, perf.,*
   (erfahren*)
   and fut.)

7. Man _____ die Todesursache, sein Alter, seinen Geburtsort und
   (erfahren*)
   seinen Beruf. (*pres. and past*)

8. Ein Spieler _____ später, daß er Herrn Kurt _____. (*1st clause fut.,*
   (sagen)   (vermissen)
   2nd clause pres.)

9. Das Spiel _____ ganz bestimmte Regeln.
   (haben)

Synthetic Exercises

Use the following elements to make complete sentences. Form the present tense, past tense, and present perfect tense, except where otherwise indicated.

A.

1. Herr Kurt / sitzen / da / / und / zuschauen / Spiel

2. Leute / legen / ihr / Karten / auf / Tisch

3. Herr Kurt / lassen. . ./ temperieren / sein- / Bier

4. Sein / Glas / stehen / in / Gefäß / mit / heiß / Wasser

5. . . . Zeit. . . Zeit / er / heben / sein / Glas

6. Er / heben / es / vorsichtig / / und / lassen / abtropfen / Wasser (*pres. and past*)

7. Oft / er / zurückstellen / Glas / / ohne / trinken

8. Herr Kurt / haben / sein- / Platz / / niemand / wissen / seit wann (*pres. and past*)

9. Er / setzen. . ./ an / Tisch

10. Er / grüßen / / wenn / er / gegrüßt (*passive*) (*pres. and past*)

11. Man / bringen / Herr Kurt / sein- / Bier / und / heiß / Wasser

B.

1. Es / sein / nicht immer / dieselb- / Leute / / die / spielen / Karten

2. Herr Kurt / sitzen / oben / an / Tisch / / und / trinken / sein / Bier

3. Wenn / Spiel / sein / spannend / / er / bleiben / Viertelstunde / länger (*pres. and past*)

4. Kein ander- / kommen / jed- / Tag

5. In / Agenda / Wirts / stehen / unter / 14. Juli / „Herr Kurt" (*pres. and past*)

6. An / sein- / Geburtstag / bekommen / er / Gratisbier

7. Er / erinnern. . ./ an / sein- / Geburtstag

8. Er / können / erinnern. . ./ nicht daran

9. Er / können / erinnern. . ./ nicht daran / / woher / er / kennen / sein- / Geburtstag (*pres. and past*)

C.

1. Nach / Spiel / werfen / Leute / ihr / Karten / auf / Tisch

2. Sie / zusammenzählen / / und / Verlierer / bezahlen / Zeche

3. Was / geschehen / / wenn / man / ausspielen / König / später (*subj. II pres. and past*)

4. Herr Kurt / nicken / ab und zu / / oder / er / schütteln / Kopf

5. Wenn / er / nicht / kennen / Regeln / / er / sehen / nur / rot / und / schwarz / Karten (*subj. II pres and past*)

6. Bei / sein- / Beerdigung / man / erfahren / alles / über / (*him*) (*pres., past, perf., and fut.*)

7. Man / erfahren / Todesursache / sein- / Alter / sein- / Geburtsort / sein- / Beruf (*pres. and past*)

8. Spieler / sagen / später / / daß / er / vermissen / Herr Kurt (*1st clause fut., 2nd clause pres.*)

9. Spiel / haben / ganz / bestimmt / Regeln

Express in German

A.

1. Mr. Kurt sat there and watched the game.

2. The people laid their cards on the table.

3. His glass stood in a container (filled) with hot water.

4. From time to time he raised his glass.

5. He let the water drip off.

6. Often he put the glass back without drinking.

7. He sat down at the table.

8. They brought him his beer and hot water.

B.

1. It wasn't always the same people who played cards.

2. He sat at the table and drank his beer.

3. Whenever the game was exciting he stayed a quarter of an hour longer.

4. Nobody else came every day.

5. He got a *free glass of beer*[1] on his birthday.

6. The innkeeper remembered his birthday.

C.

1. After the game the people threw their cards on the table.

2. They totaled (things) up, and the losers paid the bar bill.

3. What would have happened if he had played the king later?

4. Mr. Kurt nodded now and then, or he shook his head.

5. If he didn't know the rules, he'd only see red and black cards.

6. At his funeral they'll find out everything about him.

---

[1] Italics denote constructions that differ markedly in the two languages.

7. Later, a player will say that he misses Mr. Kurt.

8. The game has very definite rules.

Questions

A.

1. Was tut Herr Kurt in dem Wirtshaus? (das **Wirtshaus**   inn)

2. Wo steht sein Glas Bier?

3. Was tut er von Zeit zu Zeit mit seinem Glas?

4. Was tut er, wenn er um fünf Uhr hereinkommt?

5. Was bringt man ihm?

B.

1. Wie lange bleibt Herr Kurt normalerweise?

2. Wie lange bleibt er, wenn das Spiel spannend ist?

3. Warum ist der 14. Juli wichtig?

4. Was bekommt er an diesem Tag?

C.

1. Was tun die Spieler gleich nach dem Spiel?

2. Was müssen die Verlierer tun?

3. Was würde Herr Kurt sehen, wenn er die Regeln nicht kennen würde?

4. Was wird man bei seiner Beerdigung erfahren?

5. Was wird ein Spieler später sagen?

der Zettel, — slip of paper
leider unfortunately
zusammen·rechnen to add or total (things) up

einem etwas berechnen to charge a person for something   **gleichwohl**
anyway, nevertheless

kennen·lernen to meet, make the acquaintance of
einem (*dat.*) **böse sein** to be mad at someone
der **Topf, ⁻e** pot, jar; *here:* a milk jug into which the milkman pours the two
liters of milk   **verbeult** battered

lesbar legible   die **Schrift** handwriting   **sich Gedanken machen**
über+*acc.* to think or worry about (something)
die **Schuld, -en** debt   **vor·kommen*** (s) to happen, occur
der **Rappen, —** Swiss cent
ander- next

·separable prefix
*strong verb
(s)verb with auxiliary **sein**

Der Milchmann

PETER BICHSEL

D er Milchmann schrieb auf einen Zettel: „Heute keine Butter mehr, leider." Frau Blum las den Zettel und rechnete zusammen, schüttelte den Kopf und rechnete noch einmal, dann schrieb sie: „Zwei Liter, 100 Gramm Butter, Sie hatten gestern keine Butter und berechneten sie mir gleichwohl."   5
Am andern Tag schrieb der Milchmann: „Entschuldigung."

Der Milchmann kommt morgens um vier, Frau Blum kennt ihn nicht, man sollte ihn kennen, denkt sie oft, man sollte einmal um vier aufstehen, um ihn kennenzulernen.

Frau Blum fürchtet, der Milchmann könnte ihr böse sein, der   10
Milchmann könnte schlecht denken von ihr, ihr Topf ist verbeult.

Der Milchmann kennt den verbeulten Topf, es ist der von Frau Blum, sie nimmt meistens 2 Liter und 100 Gramm Butter. Der Milchmann kennt Frau Blum. Würde man ihn nach ihr fragen, würde er sagen: „Frau Blum nimmt 2 Liter und 100 Gramm, sie hat einen verbeulten Topf und eine gut   15
lesbare Schrift." Der Milchmann macht sich keine Gedanken, Frau Blum macht keine Schulden. Und wenn es vorkommt—es kann ja vorkommen—daß 10 Rappen zu wenig daliegen, dann schreibt er auf einen Zettel: „10 Rappen zu wenig." Am andern Tag hat er die 10 Rappen

anstandslos unhesitatingly, without any fuss **nicht der Rede wert** not worth mentioning, don't mention it

keine Ursache no cause, *i.e.*, no reason for saying "Entschuldigung"; *like:* don't mention it

der **Briefwechsel** correspondence

unten down below die **Treppe** steps, staircase

die **Mannschaft, -en** team; *here:* a soccer team

abstehende Ohren protruding ears

sauber clean **plump** *here:* pudgy

verwaschen pale, "washed-out" **denken* an**+*acc.* to think of

die **Nachbarin** woman next door **ins Gespräch kommen*** (s) to get into a conversation

einer von denen one of those (people) die **Pflicht** duty

fehlen (es fehlt ihnen Geld) to be missing (they are missing money, *i.e.*, are short money) **bei der Abrechnung** when the accounts are settled

Schuld haben (an+*dat.***)** to be at fault

anstandslos und auf dem Zettel steht: „Entschuldigung." „Nicht der Rede wert" oder „keine Ursache", denkt dann der Milchmann und würde er es auf den Zettel schreiben, dann wäre das schon ein Briefwechsel. Er schreibt es nicht.

Den Milchmann interessiert es nicht, in welchem Stock Frau Blum 5 wohnt, der Topf steht unten an der Treppe. Er macht sich keine Gedanken, wenn er nicht dort steht. In der ersten Mannschaft spielte einmal ein Blum, den kannte der Milchmann, und der hatte abstehende Ohren. Vielleicht hat Frau Blum abstehende Ohren.

Milchmänner haben unappetitlich saubere Hände, rosig, plump und 10 verwaschen. Frau Blum denkt daran, wenn sie seine Zettel sieht. Hoffentlich hat er die 10 Rappen gefunden. Frau Blum möchte nicht, daß der Milchmann schlecht von ihr denkt, auch möchte sie nicht, daß er mit der Nachbarin ins Gespräch käme. Aber niemand kennt den Milchmann, in unserm Quartier niemand. Bei uns kommt er morgens um vier. Der 15 Milchmann ist einer von denen, die ihre Pflicht tun. Wer morgens um vier die Milch bringt, tut seine Pflicht, täglich, sonntags und werktags. Wahrscheinlich sind Milchmänner nicht gut bezahlt und wahrscheinlich fehlt ihnen oft Geld bei der Abrechnung. Die Milchmänner haben keine Schuld daran, daß die Milch teurer wird. 20

Und eigentlich möchte Frau Blum den Milchmann gern kennenlernen.

Der Milchmann kennt Frau Blum, sie nimmt 2 Liter und 100 Gramm und hat einen verbeulten Topf.

EXERCISES

Introductory Exercises

Supply the correct forms of the verbs in parentheses. Do each sentence in the present tense, past tense, and present perfect tense, except where otherwise indicated.

A.

1. Der Milchmann _____ es auf einen Zettel.
   (schreiben*)
   Der Milchmann _____ auf einen Zettel, daß er keine Butter
   (schreiben*)
   _____ . (*pres. and past*)
   (haben)

2. Frau Blum _____ den Zettel und _____ den Kopf.
   (lesen*)   (schütteln)

3. Sie _____ noch einmal.
   (zusammen•rechnen)

4. Der Milchmann _____ keine Butter und _____ sie der Frau doch.
   (haben)   (berechnen)

5. Der Milchmann _____ morgens um vier Uhr.
   (kommen*)

6. Man _____ den Milchmann kennen. (*subj. II pres. and past*)
   (sollen)

7. Frau Blum _____ , daß man den Milchmann kennen _____ . (*1st*
   (denken*)   (sollen)
   clause pres., 2nd clause subj. II pres.)

8. Er _____ sehr früh.
   (auf•stehen*)

9. Man _____ um vier Uhr aufstehen, um den Milchmann kennenzulernen.
   (sollen)
   (*subj. II pres. and past*)

10. Er _____ mir böse.
    (sein)

11. Er _____ mir böse sein. (*subj. II pres. and past*)
    (können)

12. Der Milchmann _____ ihr böse sein und _____ schlecht von ihr
    (können)   (können)
    denken. (*subj. II pres. and past*)

B.

1. Der Milchmann _____ den verbeulten Topf.
   (kennen*)

2. Frau Blum _____ 2 Liter Milch und _____ eine lesbare Schrift.
   (nehmen*)   (haben)
   (*pres. and past*)

3. Der Milchmann _____ sich keine Gedanken, weil Frau Blum keine
   (machen)
   Schulden _____.
   (machen)

4. Es _____.
   (vor•kommen*)

5. Es _____, daß 10 Rappen zu wenig _____. (*pres. and*
   (vor•kommen*)   (da•liegen*)
   past)

6. Wenn es _____, dann _____ der Milchmann: „10 Rappen
   (vor•kommen*)   (schreiben*)
   zu wenig." (*pres. and past*)

7. Es _____ ein Briefwechsel, wenn er „keine Ursache" _____. (*subj.*
   (sein)   (schreiben*)
   II pres. and past)

8. Es _____ den Milchmann nicht, in welchem Stock Frau Blum
   (interessieren)
   _____. (*pres. and past*)
   (wohnen)

9. Ein Blum _____ in der ersten Mannschaft.
   (spielen)

10. Der Milchmann _____ einen Blum, der in der ersten Mannschaft
    (kennen*)
    _____. (*pres. and past*)
    (spielen)

C.

1. Wenn sie seine Zettel _____, _____ Frau Blum, daß Milchmänner
   (sehen*)   (denken*)
   saubere, plumpe Hände _____. (*pres.*)
   (haben)

2. Frau Blum _____ nicht, daß der Milchmann schlecht von ihr _____.
          (wollen)   (denken*)
   (*pres.*)

3. Er _____ mit einer Nachbarin ins Gespräch.
     (kommen*)

4. Frau Blum _____ nicht, daß er mit einer Nachbarin ins Gespräch
          (wollen)
   _____. (*pres.*)
   (kommen*)

5. Niemand _____ den Milchmann, weil er um vier Uhr _____.
        (kennen*)   (kommen*)

6. Wer um vier Uhr _____, _____ seine Pflicht. (*pres.*)
                 (kommen*)   (tun*)

7. Milchmänner _____ nicht gut bezahlt. (*pres. and past*)
          (sein)

8. Die Milchmänner _____ keine Schuld daran, daß die Milch teurer
                (haben)

   _____.
   (werden)

Synthetic Exercises

Use the following elements to make complete sentences. Form the present tense, past tense, and present perfect tense, except where otherwise indicated.

A.

1. Milchmann / schreiben / es / auf / Zettel
   Milchmann / schreiben / auf / Zettel / / daß / er / haben / kein / Butter (*pres. and past*)

2. Frau Blum / lesen / Zettel / / und / schütteln / Kopf

3. Sie / zusammenrechnen / noch einmal

4. Milchmann / haben / kein / Butter / / und / berechnen / sie / Frau / doch

5. Milchmann / kommen / morgens / vier Uhr

6. Man / sollen / kennen / Milchmann (*subj. II pres. and past*)

7. Frau Blum / denken / / daß / man / sollen / kennen / Milchmann (*1st clause pres., 2nd clause subj. II pres.*)

8. Er / aufstehen / sehr früh

9. Man / sollen / aufstehen / vier Uhr / / um / kennenlernen / Milchmann (*subj.
   II pres. and past; keep final clause an infinitival* [zu] *construction*)

10. Er / sein / mir / böse

11. Er / können / sein / mir / böse (*subj. II pres. and past*)

12. Milchmann / können / sein / ihr / böse / / und / können / denken / schlecht
    von ihr (*subj. II pres. and past*)

B.

1. Milchmann / kennen / verbeult / Topf

2. Frau Blum / nehmen / 2 Liter Milch / / und / haben / lesbar / Schrift (*pres.
   and past*)

3. Milchmann / machen... / kein / Gedanken / / weil / Frau Blum / machen /
   kein / Schulden

4. Es / vorkommen

5. Es / vorkommen / / daß / 10 Rappen zu wenig / daliegen (*pres. and past*)

6. Wenn / es / vorkommen / / dann / Milchmann / schreiben / „10 Rappen zu
   wenig" (*pres. and past*)

7. Es / sein / Briefwechsel / / wenn / er / schreiben / „keine Ursache" (*subj. II
   pres. and past*)

8. Es / interessieren / Milchmann / nicht / / in / welch- / Stock / Frau Blum /
   wohnen (*pres. and past*)

9. Ein Blum / spielen / in / erst / Mannschaft

10. Milchmann / kennen / ein / Blum / / der / spielen / in / erst / Mannschaft
    (*pres. and past*)

C.

1. Wenn / sie / sehen / sein / Zettel / / Frau Blum / denken / / daß / Milch-
   männer / haben / sauber / plump / Hände (*pres.*)

2. Frau Blum / wollen / nicht / / daß / Milchmann / denken / schlecht von (*her*)
   (*pres.*)

3. Er / kommen / mit / Nachbarin / in / Gespräch

4. Frau Blum / wollen / nicht / / daß / er / kommen / mit / Nachbarin / in /
   Gespräch (*pres.*)

5. Niemand / kennen / Milchmann / / weil / er / kommen / vier Uhr

6. Wer / kommen / vier Uhr / / tun / sein- / Pflicht (*pres.*)

7. Milchmänner / sein / nicht / gut bezahlt (*pres. and past*)

8. Milchmänner / haben / kein / Schuld daran / / daß / Milch / werden / teurer

Express in German

A.

1. The milkman wrote it on a slip of paper.

2. He wrote that he didn't have any butter.

3. Mrs. Blum read it and shook her head.

4. She added (it) up again.

5. The milkman didn't have any butter and *charged the woman for it* anyway. (*lit.*: "charged it to the woman anyway")

6. The milkman came at four in the morning.

7. One should know the milkman. One should have known the milkman.

8. Mrs. Blum thinks that one should know the milkman.

9. He got up very early. (*past and perf.*)

10. One should get up at four in order to meet him.

11. He's mad at me. He could be mad at her.

12. He could think badly of her.

B.

1. Mrs. Blum took two liters of milk and had a legible hand.

2. It happens now and then. (**dann und wann**)

3. Whenever it happens the milkman writes "ten rappen too little."

4. It would be a correspondence if he wrote "don't mention it."

5. That doesn't interest me.

6. The milkman knew a Blum who played on the first team.

C.

1. She doesn't *want him to* think badly of her.

2. Did he get into a conversation with a neighbor?

3. No one knows the milkman because he comes at four o'clock.

4. Whoever comes at four o'clock is doing his duty.

5. Milkmen aren't well paid.

6. It's not their fault that milk is getting more expensive.

Questions

A.

1. Was schrieb der Milchmann auf einen Zettel?

2. Was tat Frau Blum, als sie den Zettel las?

3. Warum tat sie das?

4. Wann kommt der Milchmann?

5. Was, denkt Frau Blum, sollte man einmal tun?

6. Was fürchtet Frau Blum?

7. Warum könnte der Milchmann so etwas denken?

B.

1. Was würde der Milchmann sagen, wenn man ihn nach Frau Blum fragen würde?

2. Warum macht sich der Milchmann keine Gedanken über Frau Blum?

3. Was kann vorkommen?

4. Was tut der Milchmann, wenn das vorkommt?

5. Warum schreibt der Milchmann nicht „keine Ursache"?

6. Was interessiert den Milchmann nicht?

C.

1. Was denkt Frau Blum, wenn sie die Zettel des Milchmanns sieht?

2. Was will Frau Blum nicht?

3. Warum kennt niemand den Milchmann?

4. Woran haben die Milchmänner keine Schuld?

die **Bahnverbindungen** (*pl.*)   train connections

eher = früher   **täglich** daily, every day
gedeckt set   der **Platz,** ⁓e place   **oben** *here:* at the head (of the
   table)
der **Stuhl,** ⁓e chair   **nahe** (+*dat.*)   near   die **Küchentür** kitchen
   door **leer** empty, vacant
einige Zeit some time   **dampfend** steaming   die **Butter** butter
die **Haut** skin, complexion   **fein** fine   die **Tante, -n** aunt

der **Plattenspieler,** —   record player
die **Platte, -n** record
der **Spiegel,** — mirror   **verschieden** various   das **Fläschchen,** —
   little bottle   das **Döschen,** — little box   der **Hocker,** — stool
marokkanisch Moroccan   das **Leder** leather   die **Schachtel, -n**
   box, pack
die **Lohntüte, -n** pay envelope   das **Bürofräulein,** — woman clerk
der **Stempel,** — rubber stamp   das **Gestell, -e** rack, stand, holder (for
   the rubber stamps)   **bestaunen** to be amazed by   **sanft** gentle

---

• separable prefix
* strong verb
(s) verb with auxiliary **sein**

Die Tochter

PETER BICHSEL

A bends warteten sie auf Monika. Sie arbeitete in der Stadt, die Bahnverbindungen sind schlecht. Sie, er und seine Frau, saßen am Tisch und warteten auf Monika. Seit sie in der Stadt arbeitete, aßen sie erst um halb acht. Früher hatten sie eine Stunde eher gegessen. Jetzt warteten sie täglich eine Stunde am 5 gedeckten Tisch, an ihren Plätzen, der Vater oben, die Mutter auf dem Stuhl nahe der Küchentür, sie warteten vor dem leeren Platz Monikas. Einige Zeit später dann auch vor dcm dampfenden Kaffee, vor der Butter, dem Brot, der Marmelade.

Sie war größer gewachsen als sie, sie war auch blonder und hatte die 10 Haut, die feine Haut der Tante Maria. „Sie war immer ein liebes Kind", sagte die Mutter, während sie warteten.

In ihrem Zimmer hatte sie einen Plattenspieler, und sie brachte oft Platten mit aus der Stadt, und sie wußte, wer darauf sang. Sie hatte auch einen Spiegel und verschiedene Fläschchen und Döschen, einen Hocker 15 aus marokkanischem Leder, eine Schachtel Zigaretten.

Der Vater holte sich seine Lohntüte auch bei einem Bürofräulein. Er sah dann die vielen Stempel auf einem Gestell, bestaunte das sanfte

das **Geräusch, -e** sound, noise die **Rechenmaschine, -n** adding
machine, calculator **blondiert** dyed blond
sich bedanken to say thanks
über Mittag during the lunch hour die **Kleinigkeit, -en** a little
something
lächelnd smiling(ly), with a smile
was...alles what all
Sie wußte aber nichts zu sagen. She didn't know what to say.
sich vor·stellen to imagine, picture to oneself
beiläufig casually, mechanically die **Bahn** *here:* short for **Eisenbahn**
das **Etui, -s** case das **Abonnement, -s** *here:* commuter ticket
auf·schlagen* to (flip) open
vor·weisen* to show der **Bahnsteig** platform **entlang** (+*acc.*)
along
angeregt excited(ly), animated(ly) **sich unterhalten*** (**mit**) to talk
(with) der **Gruß, -e** greeting
erwidern to return
mehrmals several times
heim·kommen* to come home, arrive home die **Tasche, -n** *here:*
purse, handbag das **Modejournal, -e** fashion magazine
das **Parfum, -s** perfume (normally spelled **Parfüm** in German) **sich**
setzen to sit down
...gäbe=...geben würde das **Warten** waiting
der **Schrank, ⁻e** cupboard die **Vase, -n** vase **schwedisch**
Swedish
der **Geschenkvorschlag, ⁻e** gift suggestion

kürzlich recently **heiraten** to get married
auf französisch in French

stenographieren to take shorthand
zueinander to one another
der **Zug, ⁻e** train

Geräusch der Rechenmaschine, die blondierten Haare des Fräuleins, sie sagte freundlich „Bitte schön", wenn er sich bedankte.

Über Mittag blieb Monika in der Stadt, sie aß eine Kleinigkeit, wie sie sagte, in einem Tearoom. Sie war dann ein Fräulein, das in Tearooms lächelnd Zigaretten raucht.

Oft fragten sie sie, was sie alles getan habe in der Stadt, im Büro. Sie wußte aber nichts zu sagen.

Dann versuchten sie wenigstens, sich genau vorzustellen, wie sie beiläufig in der Bahn ihr rotes Etui mit dem Abonnement aufschlägt und vorweist, wie sie den Bahnsteig entlang geht, wie sie sich auf dem Weg ins Büro angeregt mit Freundinnen unterhält, wie sie den Gruß eines Herrn lächelnd erwidert.

Und dann stellten sie sich mehrmals vor in dieser Stunde, wie sie heimkommt, die Tasche und ein Modejournal unter dem Arm, ihr Parfum; stellten sich vor, wie sie sich an ihren Platz setzt, wie sie dann zusammen essen würden.

Bald wird sie sich in der Stadt ein Zimmer nehmen, das wußten sie, und daß sie dann wieder um halb sieben essen würden, daß der Vater nach der Arbeit wieder seine Zeitung lesen würde, daß es dann kein Zimmer mehr mit Plattenspieler gäbe, keine Stunde des Wartens mehr. Auf dem Schrank stand eine Vase aus blauem schwedischem Glas, eine Vase aus der Stadt, ein Geschenkvorschlag aus dem Modejournal.

„Sie ist wie deine Schwester", sagte die Frau, „sie hat das alles von deiner Schwester. Erinnerst du dich, wie schön deine Schwester singen konnte."

„Andere Mädchen rauchen auch", sagte die Mutter.

„Ja", sagte er, „das habe ich auch gesagt."

„Ihre Freundin hat kürzlich geheiratet", sagte die Mutter.

Sie wird auch heiraten, dachte er, sie wird in der Stadt wohnen.

Kürzlich hatte er Monika gebeten: „Sag mal etwas auf französisch." — „Ja", hatte die Mutter wiederholt, „sag mal etwas auf französisch." Sie wußte aber nichts zu sagen.

Stenografieren kann sie auch, dachte er jetzt. „Für uns wäre das zu schwer", sagten sie oft zueinander.

Dann stellte die Mutter den Kaffee auf den Tisch. „Ich habe den Zug gehört", sagte sie.

EXERCISES

Introductory Exercises

Supply the correct forms of the verbs in parentheses. Do each sentence in the present tense, past tense, and present perfect tense, except where otherwise indicated.

A.

1. Abends _____ sie (*they*) auf Monika.
   (warten)

2. Monika _____ in der Stadt, und die Bahnverbindungen _____
   (arbeiten)   (sein)
   schlecht. (*pres. and past*)

3. Der Mann und seine Frau _____ am Tisch und _____ auf sie.
   (sitzen*)   (warten)

4. Seitdem Monika in der Stadt _____ , _____ sie (*they*) um halb acht.
   (arbeiten)   (essen*)
   (*pres.*)

5. Vorher _____ sie (*they*) eine Stunde früher. (*past, pres. perf. and past*
   (essen*)
   perf.)

6. Sie (*they*) _____ an ihren Plätzen und _____ vor Monikas leerem
   (sitzen*)   (warten)
   Platz.

7. Monika _____ größer und blonder als sie. (*pres. and past*)
   (sein)

8. Die Mutter _____ , daß Monika ein gutes Kind _____ . (*past*)
   (sagen)   (sein)

B.

1. Monika _____ einen Plattenspieler in ihrem Zimmer.
   (haben)

2. Sie _____ Platten aus der Stadt.
   (bringen*)

3. Sie _____ , wer darauf _____ . (*pres. and past*)
   (wissen*)   (singen*)

4. Sie _____ auch einen Spiegel und einen Hocker aus Leder.
   (haben)

5. Der Vater _____ sich seine Lohntüte bei einem Bürofräulein.
   (holen)

6. Er _____ die Rechenmaschine und die blondierten Haare des Fräuleins.
   (sehen*)

7. Über Mittag _____ Monika in der Stadt und _____ eine Kleinigkeit.
   (bleiben*)   (essen*)

8. Dann _____ sie ein Fräulein, das in Tearooms Zigaretten _____ .
   (sein)   (rauchen)
   (*pres. and past*)

9. Die Eltern _____ oft, was Monika _____ . (*pres. and past*)
   (fragen)   (tun*)

10. Monika _____ nichts zu sagen.
    (wissen*)

11. Die Eltern _____ sich, wie Monika den Bahnsteig _____ .
    (vor•stellen)   (entlang•gehen*)
    (*pres. and past*)

C.

1. Dann _____ sie (*they*) sich, wie Monika _____ . (*pres.
   (vor•stellen)   (heim•kommen*)
   and past*)

2. Sie (*they*) _____ sich auch, wie Monika sich an den Tisch _____ .
   (vor•stellen)   (setzen)
   (*pres and past*)

3. Bald _____ sie ein Zimmer in der Stadt. (*pres. and future*)
   (nehmen*)

4. Dann _____ die Eltern wieder um halb sieben. (*subj. II pres.*)
   (essen*)

5. Der Vater _____ seine Zeitung wieder, und es _____ keine Stunde
   (lesen*)   (geben*)
   des Wartens mehr. (*subj. II pres.*)

6. Auf dem Schrank _____ eine Vase aus blauem Glas.
   (stehen*)

D.

1. Die Frau _____ , daß Monika wie seine Schwester _____ . (*1st clause
     (sagen)   (sein)
   past, 2nd clause pres.*)

2. Sie _____ , daß andere Mädchen auch _____ . (*1st clause past, 2nd
      (sagen)   (rauchen)
   clause pres.*)

3. Der Mann _____ , daß er das auch _____ . (*1st clause past, 2nd clause
       (sagen)   (sagen)
   pres. perf.*)

4. Die Mutter _____ , Monikas Freundin _____ kürzlich. (*1st clause
        (sagen)   (heiraten)
   past, 2nd clause pres. perf.*)

5. Monika _____ und _____ in der Stadt. (*pres., past, pres. perf. and
       (heiraten)   (wohnen)
   future*)

6. Monika _____ Französisch.
        (können)

7. Sie _____ auch stenographieren.
      (können)

8. Die Eltern _____ , das _____ zu schwer für sie. (*1st clause past, 2nd
        (sagen)   (sein)
   clause subj. II pres.*)

9. Dann _____ die Mutter den Kaffee auf den Tisch.
      (stellen)

10. Sie _____ , daß sie den Zug _____ . (*1st clause past, 2nd clause pres.
       (sagen)   (hören)
    perf.*)

Synthetic Exercises

Use the following elements to make complete sentences. Form the present tense, past tense, and present perfect tense, except where otherwise indicated.

A.

1. Abends / sie / warten / auf / Monika

2. Monika / arbeiten / in / Stadt / / und / Bahnverbindungen / sein / schlecht (*pres. and past*)

3. Mann / und / sein- / Frau / sitzen / an / Tisch / / und / warten / auf / (*her*)

4. Seitdem / Monika / arbeiten / in / Stadt / / sie (*they*) / essen / halb acht (*pres.*)

5. Vorher / sie (*they*) / essen / Stunde / früher (*past, pres. perf. and past perf.*)

6. Sie / sitzen / an / ihr / Plätze / / und / warten / vor / Monikas / leer / Platz

7. Monika / sein / größer / als sie (*pres. and past*)

8. Mutter / sagen / / daß / Monika / sein / gut / Kind (*past*)

B.

1. Monika / haben / Plattenspieler / in / ihr / Zimmer

2. Sie / bringen / Platten / aus / Stadt

3. Sie / wissen / / wer / singen / darauf (*pres. and past*)

4. Sie / haben / Spiegel / und / Hocker / aus Leder

5. Vater / holen / sich / sein- / Lohntüte / bei / Bürofräulein

6. Er / sehen / Rechenmaschine / und / blondiert / Haare / Fräuleins

7. Über Mittag / Monika / bleiben / in / Stadt / / und / essen / Kleinigkeit

8. Eltern / fragen / oft / / was / Monika / machen (*pres. and past*)

9. Monika / wissen / nichts zu sagen

10. Eltern / vorstellen . . . / / wie / Monika / entlanggehen / Bahnsteig (*pres. and past*)

C.

1. Dann / sie / vorstellen . . . / / wie / Monika / heimkommen (*pres. and past*)

2. Sie / vorstellen . . . / auch / / wie / Monika / setzen . . . / an / Tisch (*pres. and past*)

3. Bald / Monika / nehmen / Zimmer / in / Stadt (*future*)

4. Dann / Eltern / essen / wieder / halb sieben (*subj. II pres.*)

5. Vater / lesen / Zeitung / wieder / / und / es / geben / kein / Stunde / Wartens / mehr (*subj. II pres.*)

6. Auf / Schrank / stehen / Vase / aus / blau / Glas

D.

1. Frau / sagen / / daß / Monika / sein / wie / sein- / Schwester (*1st clause past, 2nd clause pres.*)

2. Sie / sagen / / daß / ander- / Mädchen / rauchen / auch (*1st clause past, 2nd clause pres.*)

3. Mann / sagen / / daß / er / sagen / das / auch (*1st clause past, 2nd clause pres. perf.*)

4. Mutter / sagen / / daß / Monikas Freundin / heiraten / kürzlich (*1st clause past, 2nd clause pres. perf.*)

5. Monika / heiraten / / und / wohnen / in / Stadt (*pres., past, pres. perf. and future*)

6. Monika / können / Französisch

7. Monika / können / stenographieren / auch

8. Eltern / sagen / / das / sein / zu schwer / für / (*them*) (*1st clause past, 2nd clause subj. II pres.*)

9. Dann / Mutter / stellen / Kaffee / auf / Tisch

10. Sie / sagen / / daß / sie / hören / Zug (*1st clause past, 2nd clause pres. perf.*)

Express in German
A.

1. In the evening they waited for Monika.

2. Monika worked in town and the train connections were bad.

3. The man and his wife sat at the table and waited for her.

4. Ever since she's *been working* in town they *have been eating* at seven thirty.

5. They *used to eat* an hour earlier. (Begin the sentence with: **Vorher**...)

6. Her mother said that Monika was a good child.

B.

1. Monika had a record player in her room.

2. She brought records from town.

3. She knew who *the singers were*.

4. The father picked up his pay envelope.

5. *During the lunch hour*, Monika stayed in town and ate a little something.

6. The parents often asked what Monika did.

7. Monika didn't know what to say.

8. The parents imagined *Monika walking along* the platform. (*lit.:* "...how Monika walked along the platform.")

C.

1. Then they imagined *Monika coming home*. (*lit.:* "...how Monika came home.")

2. They imagined *Monika sitting down at the table*. (*lit.:* "...how Monika sat down at the table.")

3. Soon Monika is going to take a room in town.

4. Then the parents would eat at six thirty again.

5. The father would read the newspaper again.

D.

1. She said that other girls smoke, too.

2. The man said that he's said that, too.

3. The mother said that Monika's girl friend got married recently.

4. Monika will get married and live in town.

5. Monika knows French.

6. She can take shorthand, too.

7. The parents said that would be too hard for them.

8. Then the mother put the coffee on the table.

9. She said that she heard the train.

Questions

A.

1. Was taten die Eltern abends?

2. Wo arbeitete Monika?

3. Wo warteten die Eltern auf Monika?

4. Wann essen sie, seitdem Monika arbeitet?

5. Wann haben sie vorher gegessen?

B.

1. Was hatte Monika in ihrem Zimmer?

2. Wo bekam sie ihre Platten?

3. Was machte Monika über Mittag?

4. Was fragten die Eltern Monika?

5. Was antwortete Monika?

C.

1. Was stellen sich die Eltern vor?

2. Wo wird Monika bald wohnen?

3. Wie wird sich das Leben der Eltern dann ändern?

D.

1. Was hat Monikas Freundin kürzlich getan?

2. Was wird Monika bald tun?

3. Was kann Monika?

4. Warum glauben die Eltern, daß sie selber solche Sachen nicht lernen können?

5. Was tat die Mutter am Ende der Geschichte (*story*)? Warum?

die **Mittagspause** lunch break

das **Straßencafé** sidewalk café   **die Beine übereinander schlagen*** to cross one's legs

blättern in leaf through, flip through, turn pages in

das **Modejournal** fashion magazine

vor·stellen to introduce

herüber·schauen to look over (in this direction)   **sich vor·stellen** to imagine, visualize

das **Gesicht** face   die **Sonnenbrille** (*sing.*) sunglasses

überfüllt overcrowded

der **Nebentisch** the next table   das **Bein, -e** leg

der **Lippenstift** lipstick   der **Kaffee** coffee

der **Film, -e** movie   der **Liebesfilm, -e** romantic movie

reichen to be enough   der **Cognac** cognac   **zum Kaffee** *here:* with one's coffee

rot werden* to blush, flush

die **Zigarette, -n** cigarette   **bedauern** to regret

der **Lungenzug, ⸚e** (inhale) drag (on a cigarette)

...keine Lungenzüge kann doesn't know how to inhale

das **Spielzeug** toy, plaything   **an·sprechen*** to (come up and) speak to someone

lachen laugh   **ausweichend** evasive

·separable prefix
*strong verb
(s)verb with auxiliary **sein**

Mittagspause

WOLF WONDRATSCHEK

Sie sitzt im Straßencafé. Sie schlägt sofort die Beine übereinander. Sie hat wenig Zeit. Sie blättert in einem Modejournal. Die Eltern wissen, daß sie schön ist. Sie sehen es nicht gern.

Zum Beispiel. Sie hat Freunde. Trotzdem sagt sie nicht, das ist mein 5 bester Freund, wenn sie zu Hause einen Freund vorstellt.

Zum Beispiel. Die Männer lachen und schauen herüber und stellen sich ihr Gesicht ohne Sonnenbrille vor.

Das Straßencafé ist überfüllt. Sie weiß genau, was sie will. Auch am Nebentisch sitzt ein Mädchen mit Beinen. 10

Sie haßt Lippenstift. Sie bestellt einen Kaffee. Manchmal denkt sie an Filme und denkt an Liebesfilme. Alles muß schnell gehen.

Freitags reicht die Zeit, um einen Cognac zum Kaffee zu bestellen. Aber freitags regnet es oft.

Mit einer Sonnenbrille ist es einfacher, nicht rot zu werden. Mit 15 Zigaretten wäre es noch einfacher. Sie bedauert, daß sie keine Lungenzüge kann.

Die Mittagspause ist ein Spielzeug. Wenn sie nicht angesprochen wird, stellt sie sich vor, wie es wäre, wenn sie ein Mann ansprechen würde. Sie würde lachen. Sie würde eine ausweichende Antwort geben. 20

51

besetzt occupied, taken

froh pleased, happy

Angst haben to be afraid   **ungefährlich** safe, not dangerous
mittlerweile in the meantime   **sich entscheiden** to decide, make up
  one's mind
beantworten to answer (a question)
regelmäßig regularly
anstrengend strenuous, hard   das **Briefeschreiben** writing letters
  beobachten to observe
spüren to feel   **sofort** immediately, right away
der **Rock** skirt   **übersehen*** overlook, miss   die **Hauptsache** the
  main thing   **pünktlich** punctual, on time
der **Betrunkene** (*adj. noun*) drunk   die **Handtasche** purse, handbag
die **Katastrophe, -n** catastrophe   **passieren** to happen
sich verspäten to be late   **sich verlieben** to fall in love   **sehr** *here:*
  very much
die **Bedienung** waiter or waitress
die **Theke** counter
die **Schreibmaschine** typewriter
das **Lieblingswort** favorite word
langweilig boring

Vielleicht würde sie sagen, daß der Stuhl neben ihr besetzt sei. Gestern wurde sie angesprochen. Gestern war der Stuhl frei. Gestern war sie froh, daß in der Mittagspause alles sehr schnell geht.

Beim Abendessen sprechen die Eltern davon, daß sie auch einmal jung waren. Vater sagt, er meine es nur gut. Mutter sagt sogar, sie habe 5 eigentlich Angst. Sie antwortet, die Mittagspause ist ungefährlich.

Sie hat mittlerweile gelernt, sich nicht zu entscheiden. Sie ist ein Mädchen wie andere Mädchen. Sie beantwortet eine Frage mit einer Frage.

Obwohl sie regelmäßig im Straßencafé sitzt, ist die Mittagspause 10 anstrengender als Briefeschreiben. Sie wird von allen Seiten beobachtet. Sie spürt sofort, daß sie Hände hat.

Der Rock ist nicht zu übersehen. Hauptsache, sie ist pünktlich.

Im Straßencafé gibt es keine Betrunkenen. Sie spielt mit der Handtasche. Sie kauft jetzt keine Zeitung. 15

Es ist schön, daß in jeder Mittagspause eine Katastrophe passieren könnte. Sie könnte sich sehr verspäten. Sie könnte sich sehr verlieben. Wenn keine Bedienung kommt, geht sie hinein und bezahlt den Kaffee an der Theke.

An der Schreibmaschine hat sie viel Zeit, an Katastrophen zu 20 denken. Katastrophe ist ihr Lieblingswort. Ohne das Lieblingswort wäre die Mittagspause langweilig.

EXERCISES

Introductory Exercises

Supply the correct forms of the verbs in parentheses. Do each sentence in the present tense, past tense, and present perfect tense, except where otherwise indicated.

A.

1. Sie _____ im Straßencafé, und sie _____ die Beine übereinander.
   (sitzen*)   (schlagen*)

2. Sie _____ wenig Zeit, und sie _____ in einem Modejournal.
   (haben)   (blättern)

3. Die Eltern _____, daß sie schön _____. (*pres. and past*)
   (wissen*)   (sein)

4. Sie (*they*) _____ es nicht gern.
   (sehen*)

5. Wenn sie (*she*) einen Freund _____, _____ sie nicht, daß er ihr
   (vor•stellen)   (sagen)
   bester Freund _____. (*pres. and past*)
   (sein)

6. Die Männer _____, und sie (*they*) _____ sich ihr
   (herüber•schauen)   (vor•stellen)
   Gesicht ohne Sonnenbrille.

7. Sie (*she*) _____ genau, was sie _____. (*pres. and past*)
   (wissen*)   (wollen)

8. Ein Mädchen mit guten Beinen _____ auch am Nebentisch.
   (sitzen*)

B.

1. Sie _____ Lippenstift.
   (hassen)

2. Sie _____ einen Kaffee und _____ an Liebesfilme.
   (bestellen)   (denken*)

3. Alles _____ schnell gehen.
   (müssen)

4. Freitags _____ sie Zeit, auch einen Cognac zu bestellen.
   (haben)

5. Mit einer Sonnenbrille _____ es einfacher, nicht rot zu werden.
   (sein)

6. Mit Zigaretten _____ es noch einfacher. (*subj. II pres. and past*)
   (sein)

C.

1. Die Mittagspause _____ ein Spielzeug.
   (sein)

2. Sie _____ sich, wie es _____, wenn ein Mann sie _____.
   (vor•stellen)   (sein)   (an•sprechen)
   (*2nd and 3rd clauses subj. II pres.*)

3. Sie (*she*) _____, und sie _____ eine ausweichende Antwort. (*subj. II*
   (lachen)   (geben*)
   pres. and past)

4. Vielleicht _____ sie, daß der Stuhl neben ihr besetzt _____. (*1st clause*
   (sagen)   (sein)
   subj. II pres., 2nd clause indicative pres.)

5. Sie _____ gestern angesprochen (*passive*). (*past and pres. perf.*)
   (werden*)

6. Sie _____ froh, daß alles in der Mittagspause schnell _____. (*pres. and*
   (sein)   (gehen)
   past)

7. Beim Abendessen _____ die Eltern, daß sie (*they*) auch einmal jung
   (sagen)
   _____. (*past*)
   (sein)

8. Der Vater _____, daß er gutes _____. (*pres. and past*)
   (sagen)   (meinen)

9. Die Mutter _____ sogar, daß sie (*she*) Angst _____. (*pres. and past*)
   (sagen)   (haben)

10. Sie (*she*) _____, daß die Mittagspause ungefährlich _____. (*pres.*
    (antworten)   (sein)
    and past)

D.

1. Sie _____, sich nicht zu entscheiden.
   (lernen)

2. Sie _____ eine Frage mit einer anderen Frage.
   (beantworten)

3. Obwohl sie regelmäßig im Café _____ , _____ die Mittagspause
   (sitzen*)   (sein)
   schwerer als Briefeschreiben.

4. Sie _____ von allen Seiten beobachtet (*passive*).
   (werden*)

5. Sie _____ sofort, daß sie Hände _____ . (*pres. and past*)
   (fühlen)   (haben)

6. Man _____ den Rock nicht übersehen.
   (können)

7. Die Hauptsache _____ , daß sie pünktlich _____ . (*pres. and past*)
   (sein)   (sein)

E.

1. Im Straßencafé _____ es keine Betrunkenen.
   (geben*)

2. Es _____ schön, daß eine Katastrophe in jeder Mittagspause passieren
   (sein)
   _____ . (*1st clause past, 2nd clause subj. II pres.*)
   (können)

3. Sie _____ sich sehr verspäten. (*subj. II pres. and past*)
   (können)

4. Sie _____ sich sehr verlieben. (*subj. II pres. and past*)
   (können)

5. Wenn keine Bedienung _____ , _____ sie, und sie
   (kommen*)   (hinein·gehen*)
   _____ den Kaffee an der Theke.
   (bezahlen)

6. An der Schreibmaschine _____ sie viel Zeit, an Katastrophen zu denken.
   (haben)

7. Katastrophe _____ ihr Lieblingswort. (*pres. and past*)
   (sein)

8. Ohne das Lieblingswort _____ die Mittagspause langweilig. (*subj. II pres.*
   (sein)
   and past)

Synthetic Exercises

Use the following elements to make complete sentences. Form the present tense, past tense, and present perfect tense, except where otherwise indicated.

A.

1. Sie / sitzen / in / Straßencafé / / und / sie / schlagen / Beine / übereinander

2. Sie / haben / wenig Zeit / / und / sie / blättern / in / Modejournal

3. Eltern / wissen / / daß / sie (*she*) / sein / schön (*pres. and past*)

4. Sie (*they*) / sehen / es / nicht gern

5. Wenn / sie (*she*) / vorstellen / Freund / / sie / sagen / nicht / / daß / er / sein / ihr / best- / Freund (*pres. and past*)

6. Männer / herüberschauen / / und / sie (*they*) / vorstellen... / ihr Gesicht ohne Sonnenbrille

7. Sie (*she*) / wissen / genau / / was / sie / wollen (*pres. and past*)

8. Mädchen / mit / gut / Beine / sitzen / auch / an / Nebentisch

B.

1. Sie / hassen / Lippenstift

2. Sie / bestellen / Kaffee / / und / denken / an / Liebesfilme

3. Alles / müssen / schnell / gehen

4. Freitags / sie / haben / Zeit / / auch / Cognac / bestellen (*2nd clause infinitival*)

5. Mit / Sonnenbrille / es / sein / einfacher / / nicht / werden / rot (*2nd clause infinitival*)

6. Mit / Zigaretten / es / sein / noch einfacher (*subj. II pres. and past*)

C.

1. Mittagspause / sein / Spielzeug

2. Sie (*she*) vorstellen... / / wie / es / sein / / wenn / Mann / sie / ansprechen (*2nd and 3rd clauses subj. II pres.*)

3. Sie (*she*) / lachen / / und / sie / geben / ausweichend / Antwort (*subj. II pres. and past*)

4. Vielleicht / sie / sagen / / daß / Stuhl / neben / (*her*) / sein / besetzt (*1st clause subj. II pres.*, *2nd clause indicative pres.*)

5. Sie / gestern / angesprochen (*passive*) (*past and pres. perf.*)

6. Sie / sein / froh / / daß / alles / gehen / in / Mittagspause / sehr schnell (*pres. and past*)

7. Bei / Abendessen / Eltern / sagen / / daß / sie (*they*) / sein / auch einmal jung (*past*)

8. Vater / sagen / / daß / er / meinen / es gut (*pres. and past*)

9. Mutter / sagen / sogar / / daß / sie (*she*) / haben / Angst (*pres. and past*)

10. Sie (*she*) / antworten / / daß / Mittagspause / sein / ungefährlich

D.

1. Sie / lernen / / entscheiden. . . / nicht (*1st clause past and pres. perf.*, *final clause infinitival*)

2. Sie / beantworten / Frage / mit / ander- / Frage

3. Obwohl / sie / sitzen / regelmäßig / in / Café / / Mittagspause / sein / schwerer / als / Briefeschreiben

4. Sie / beobachtet (*passive*) / von / all- / Seiten

5. Sie / fühlen / sofort / / daß / sie / haben / Hände (*pres. and past*)

6. Man / können / übersehen / Rock / nicht

7. Hauptsache / sein / / daß / sie / sein / pünktlich (*pres. and past*)

E.

1. In / Straßencafé / es / geben / kein / Betrunkene (*adj. noun*)

2. Es / sein / schön / / daß / Katastrophe / können / passieren / in / jed- / Mittagspause (*1st clause past, 2nd clause subj. II pres.*)

3. Sie / können / verspäten. . . / sehr (*subj. II pres. and past*)

4. Sie / können / verlieben. . . / sehr (*subj. II pres. and past*)

5. Wenn / kein / Bedienung / kommen / / sie / hineingehen / / und / sie / bezahlen / Kaffee / an / Theke (*pres. and past*)

6. An / Schreibmaschine / sie / haben / viel Zeit / / denken / an / Katastrophen (*2nd clause infinitival*)

7. Katastrophe / sein / ihr Lieblingswort (*pres. and past*)

8. Ohne / Lieblingswort / Mittagspause / sein / langweilig (*subj. II pres. and past*)

Express in German

A.

1. She sat in the sidewalk café and crossed her legs.

2. She didn't have much time and she *flipped through* a fashion magazine.

3. Her parents knew that she was pretty.

4. When she introduced a friend, she didn't say he was her best friend.

5. The men looked over (at her) and imagined her face without sunglasses.

6. She knew exactly what she wanted.

7. A girl with good legs was sitting at the next table.

B.

1. She hated lipstick.

2. She ordered a coffee and thought about *romantic movies*.

3. Everything had to go fast.

4. On Fridays she had time to order a cognac.

5. With sunglasses it was easier *not to blush*.

6. With cigarettes it would be even easier.

C.

1. Lunch hour is a (kind of) toy.

3. She imagined how it would be if a man spoke to her. (*Use* **ansprechen**.)

3. She would laugh and give an evasive answer.

4. Maybe she would say that the chair next to her was taken.

5. She was happy that everything went very fast *during lunch break*.

6. At supper her parents said that they were young once, too.

7. Her mother said that she was afraid.

8. She answered that lunch break wasn't dangerous.

D.

1. She learned not to make up her mind.

2. She answered a question with another question.

3. Lunch break was harder than writing letters.

4. She was looked at from all sides.

5. You couldn't *miss* the skirt. (*Use* **man**.)

6. The main thing was that she was on time.

E.

1. There aren't any drunks in a sidewalk café.

2. It was great that a catastrophe could occur *during* any lunch break.

3. She could *be late*.

4. She could *fall in love*.

5. If the waiter didn't come, she went inside and paid for her coffee at the counter.

6. At her typewriter she had a lot of time to think about catastrophes.

7. Catastrophe was her favorite word.

8. Without that favorite word, lunch break would be boring.

Questions
A.

1. Was macht die junge Frau im Café?

2. Wie sahen die Männer sie an?

3. Wer sitzt am Nebentisch?

B.

1. Was bestellt sie und woran denkt sie im Café?

2. Was bestellt sie jeden Freitag?

3. Warum trägt sie eine Sonnenbrille?

C.

1. Was stellt sie sich vor?

2. Was würde sie tun, wenn so etwas passierte?

3. Was sagen ihre Eltern beim Abendessen?

D.

1. Was hat sie gelernt?

2. Wie beantwortet sie eine Frage?

3. Wie vergleicht sie die Mittagspause mit ihrem Beruf? (**vergleichen**   to compare)

4. Warum wird sie von allen Seiten angesehen?

E.

1. Was ist das Schönste an der Mittagspause?

2. Geben Sie Beispiele von einer Katastrophe.

3. Was macht sie, wenn die Bedienung nicht kommt?

4. Wann hat sie Zeit, an Katastrophen zu denken?

kräftig essen   to have a good meal, eat something solid

selten   seldom, rarely
die **Bekannte** (*adjectival noun*)   (woman) friend,
  acquaintance   **nahe•stehen*** (+*dat.*)   to be close to, on intimate terms
  with
einen Briefwechsel führen   to carry on a correspondence   **ausgedehnt**
  extended   **intim**   intimate
sich auf•halten*   to stay, stop over
sich widmen   to devote oneself, give one's full attention
  beschlagnahmen   to commandeer, take full possession of
mit•reißen*   to drag along
herrlich   great, terrific   **sich treffen***   to meet, run into each other
ach wo   What do you mean?
der **Haushaltstag**   day for doing housework   die **Wäsche**   washing,
  laundry
Ich denke nicht daran...   I wouldn't think of...   **wo**   *here:* when
in der Nähe   nearby   **zuerst**   first
ein•haken   to take (someone's) arm

das **Gepäck**   bags   **sich lohnen**   to be worth (the trouble)

an•tun*   to do to (someone)
nichts Besonderes   nothing special

•separable prefix
*strong verb
(s)verb with auxiliary **sein**

Kräftig essen

HELGA NOVAK

I ch bin selten in dieser Stadt. Ich bin zufällig hier.
Ich habe eine Bekannte in dieser Stadt. Sie steht mir
sehr nahe. Wir führen einen ausgedehnten, einen intimen
Briefwechsel miteinander.
Ich bin zufällig hier. Ich möchte meine Bekannte nicht treffen. Ich   5
halte mich nur einen Tag lang auf. Ich habe keine Zeit. Wenn ich sie
treffe, muß ich mich ihr widmen. Sie beschlagnahmt mich. Sie sagt, was
machst DU denn hier, oder, was MACHST du denn hier, oder, was machst du
denn HIER. Ich sage, gar nichts. Sie zieht mich. Sie reißt mich mit. Sie
sagt, und du rufst mich nicht an. Ich sage, ich wollte es gerade. Sie sagt,   10
dann ist es ja herrlich, daß wir uns treffen. Ich sage, ja. Ich frage, bist du
nicht auf dem Weg ins Geschäft. Sie sagt, ach wo, ich habe heute meinen
Haushaltstag. Ich sage, dann hast du also große Wäsche. Sie sagt, ich
denke nicht daran, zu waschen, wo du schon einmal hier bist. Ich sage, ist
hier in der Nähe ein Kino. Sie sagt, Kino. Zuerst ins Café.   15
Sie hakt mich ein. Sie sagt, wann bist du angekommen. Ich sage,
gestern abend. Sie sagt, das ist doch nicht möglich. Und wo hast du
geschlafen? Ich sage, in einem Hotel. Sie sagt, aber, aber. Wir holen
sofort dein Gepäck und bringen es zu mir. Ich sage, das lohnt sich nicht,
ich fahre am Nachmittag weiter. Sie sagt, du fährst am Nachmittag weiter,   20
das kannst du mir nicht antun. Ich sage, sei mir nicht böse, ich habe kaum
Zeit. Sie sagt, was hast du denn vor. Ich sage, nichts Besonderes. Sie

63

übrigens by the way   die **Geschichte** story, *here:* relationship
werden* aus to turn out, come of
der **vorletzte** the one before last, next to last
Wieso? What do you mean?
seitenlang for pages (and pages)
nicht ein noch aus wissen* to be at one's wits' end

die **Kaiserallee** a street name   die **Kaffeestube** café, coffee shop
Was du nur mit deinem Kino hast. You and your movies.
richtig miteinander sprechen* to have a real talk
frühstücken to have breakfast

das **belegte Brot, -e** (openfaced) sandwich   der **Kuchen** cake
das **Buffet** buffet, counter
die **Bedienung** waiters (or waitresses)   der **Ausgang Königstraße** the
Königstraße exit

sagt, was ist übrigens aus der Geschichte geworden. Ich sage, aus welcher Geschichte. Sie sagt, die Geschichte in deinem vorletzten Brief. Ich sage, in meinem vorletzten Brief. Sie sagt, er hieß Roland oder Ronald. Du weißt schon, was ich meine. Ich sage, ach der. Sie sagt, wieso der. Du hast seitenlang von ihm geschrieben und daß du nicht ein noch 5 aus wüßtest. Ich sage, er ist weg. Sie sagt, einfach weg. Das ist fantastisch. Ich sage, ja. Ist hier kein Kino?

Wir gehen die Kaiserallee hinauf. Wir setzen uns in eine Kaffeestube und rauchen. Sie sagt, was du nur mit deinem Kino hast. Wir haben noch gar nicht richtig miteinander gesprochen. Ich sage, nein. Sie sagt, hast du 10 schon gefrühstückt. Ich sage, nein. Sie sagt, ich hole uns etwas zu essen. Ich sage, ich habe keinen Hunger. Sie sagt, du mußt aber kräftig essen, möchtest du belegte Brote oder Kuchen. Ich sage, nichts.

Sie geht zum Buffet. Sie nimmt zwei Tabletts. Sie spricht mit der Bedienung. Ich verlasse die Kaffeestube durch den Ausgang 15 Königstraße.

EXERCISES

Introductory Exercises

Supply the correct forms of the verbs in parentheses. Do each sentence in the present tense, past tense, and present perfect tense, except where otherwise indicated.

A.

1. Die Erzählerin _____ selten in dieser Stadt.
   (sein)

2. Sie _____ eine Bekannte in dieser Stadt.
   (haben)

3. Sie _____ ihr sehr nahe.
   (stehen*)

4. Sie (*they*) _____ einen intimen Briefwechsel miteinander.
   (führen)

5. Sie (*she*) _____ ihre Bekannte nicht sehen.
   (wollen)

6. Sie (*she*) _____ sich nur einen Tag lang.
   (auf•halten*)

7. Sie _____ keine Zeit.
   (haben)

8. Wenn sie (*she*) die Bekannte _____, _____ sie sich ihr widmen.
   (treffen*)   (müssen)
   (*pres. and subj. II pres.*)

9. Sie _____, was die Erzählerin da _____. (*1st clause future, 2nd*
   (fragen)   (machen)
   clause pres.)

10. Die Bekannte _____ sie. (*pres., past, pres. perf., and future*)
    (mit•reißen*)

B.

1. Die Bekannte _____, warum die Erzählerin sie nicht _____. (*1st*
   (fragen)   (an•rufen*)
   clause pres., 2nd clause pres. perf.)

2. Die Erzählerin _____, sie _____ es gerade. (*1st clause pres., 2nd*
   (sagen)   (wollen)
   clause past)

3. Die Bekannte _____, es _____ herrlich, daß sie (*they*) sich _____.
   (sagen)   (sein)   (treffen*)
   (*1st and 2nd clause pres., 3rd clause pres. perf.*)

4. Sie _____, sie _____ ihren Haushaltstag heute. (*pres.*)
   (sagen)   (haben)

5. Sie _____ auch, sie _____ nicht daran, jetzt zu waschen. (*pres.*)
   (sagen)   (denken*)

6. Die Erzählerin _____ ins Kino, aber ihre Bekannte _____ ins Café.
   (wollen)   (wollen)
   (*pres.*)

C.

1. Die Bekannte _____ die Erzählerin.
   (ein•haken)

2. Sie _____, wann sie _____, und wo sie _____. (*1st clause*
   (fragen)   (an•kommen*)   (schlafen*)
   pres., 2nd and 3rd clause pres. perf.)

3. Die Bekannte _____ ihr Gepäck holen und es zu sich bringen. (*pres. and*
   (wollen)
   past)

4. Die Erzählerin _____, sie _____ am Nachmittag. (*pres.*)
   (sagen)   (weiter•fahren*)

5. Die Bekannte _____, die Erzählerin _____ ihr das nicht antun.
   (sagen)   (können)
   (*pres.*)

6. Die Erzählerin _____, sie _____ keine Zeit. (*pres.*)
   (sagen)   (haben)

7. Die Bekannte _____, was sie _____. (*pres.*)
   (fragen)   (vor•haben)

8. Die Erzählerin _____, daß es nichts Besonderes _____. (*pres.*)
   (sagen)   (sein)

D.

1. Die Bekannte _____, was aus der Geschichte _____. (*1st clause*
   (fragen)   (werden*)
   pres., 2nd clause pres. perf.)

2. Die Erzählerin _____ , welche Geschichte sie _____ . (*pres.*)
   (fragen)   (meinen)

3. Sie _____ die Geschichte in ihrem vorletzten Brief.
   (meinen)

4. Die Erzählerin _____ seitenlang von ihm. (*pres., past, pres. perf.,*
   (schreiben*)
   and past perf.)

5. Die Erzählerin _____ , daß er weg _____ . (*pres.*)
   (sagen)   (sein)

6. Die Erzählerin _____ , ob kein Kino da _____ . (*pres.*)
   (fragen)   (sein)

E.

1. Sie (*they*) _____ die Kaiserallee.
   (hinauf•gehen*)

2. Sie _____ sich in eine Kaffeestube und _____ .
   (setzen)   (rauchen)

3. Sie _____ nicht richtig miteinander.
   (sprechen*)

4. Die Bekannte _____ , ob die Erzählerin _____ . (*1st clause pres.,*
   (fragen)   (frühstücken)
   2nd clause pres. perf.)

5. Die Bekannte _____ , sie _____ etwas zu essen. (*pres.*)
   (sagen)   (holen)

6. Die Erzählerin _____ , sie _____ keinen Hunger. (*pres.*)
   (sagen)   (haben)

7. Die Bekannte _____ , die Erzählerin _____ kräftig essen. (*pres.*)
   (sagen)   (müssen)

8. Sie _____ auch, ob die Erzählerin belegte Brote _____ . (*pres.*)
   (fragen)   (wollen)

9. Die Erzählerin _____ , daß sie nichts _____ . (*pres.*)
   (sagen)   (wollen)

10. Die Bekannte _____ zum Buffet und _____ zwei Tabletts.
    (gehen*)   (nehmen*)

11. Die Erzählerin _____ die Kaffeestube durch einen anderen Ausgang.
    (verlassen*)

Synthetic Exercises

Use the following elements to make complete sentences. Form the present tense, past tense, and present perfect tense, except where otherwise indicated.

A.

1. Erzählerin / sein / selten / in / dies- / Stadt

2. Sie / haben / Bekannte / da

3. Sie / nahestehen / ihr sehr

4. Sie (*they*) / führen / intim / Briefwechsel / miteinander

5. Sie (*she*) / wollen / sehen / ihr / Bekannte / nicht

6. Sie / aufhalten.../ nur / ein / Tag / lang

7. Sie / haben / kein / Zeit

8. Wenn / sie / treffen / Bekannte / / sie / müssen / widmen.../ ihr (*pres. and subj. II pres.*)

9. Ihr / Bekannte / fragen / / was / Erzählerin / machen / da (*1st clause future, 2nd clause pres.*)

10. Bekannte / mitreißen / sie (*pres., past, pres. perf., and future*)

B.

1. Bekannte / fragen / / warum / Erzählerin / anrufen / nicht (*1st clause pres., 2nd clause pres. perf.*)

2. Erzählerin / sagen / / sie / wollen / es gerade (*1st clause pres., 2nd clause past*)

3. Bekannte / sagen / / es / sein / herrlich / / daß / sie / treffen... (*1st and 2nd clause pres., 3rd clause pres. perf.*)

4. Sie / sagen / / sie / haben / ihr- / Haushaltstag / heute (*pres.*)

5. Sie / sagen / / sie / denken / nicht daran / / waschen / jetzt (*pres., final clause infinitival*)

6. Erzählerin / wollen / in / Kino / / aber / ihr / Bekannte / wollen / in / Café (*pres.*)

C.

1. Bekannte / einhaken / Erzählerin

2. Sie / fragen / / wann / sie / ankommen / / und / wo / sie / schlafen (*1st clause pres., 2nd and 3rd clauses pres. perf.*)

3. Bekannte / wollen / holen / ihr / Gepäck / / und / bringen / es zu sich (*pres. and past*)

4. Erzählerin / sagen / / sie / weiterfahren / an / Nachmittag (*pres.*)

5. Bekannte / sagen / / sie / können / antun / ihr das nicht (*pres.*)

6. Erzählerin / sagen / / sie / haben / kein / Zeit (*pres.*)

7. Bekannte / fragen / / was / sie / vorhaben (*pres.*)

8. Erzählerin / sagen / / daß / es / sein / nichts Besonder- (*pres.*)

D.

1. Bekannte / fragen / / was / werden / aus / Geschichte (*1st clause pres., 2nd clause pres. perf.*)

2. Erzählerin / fragen / / welch- / Geschichte / sie / meinen (*pres.*)

3. Sie / meinen / Geschichte / in / ihr / vorletzt- / Brief

4. Erzählerin / schreiben / seitenlang / von ihm (*pres., past, pres. perf. and past perf.*)

5. Erzählerin / sagen / / daß / er / sein / weg (*pres.*)

6. Erzählerin / fragen / / ob / kein / Kino / sein / da (*pres.*)

E.

1. Sie (*they*) / hinaufgehen / Kaiserallee

2. Sie / setzen.../ in / Kaffeestube / / und / rauchen

3. Sie / sprechen / nicht richtig miteinander

4. Bekannte / fragen / / ob / Erzählerin / frühstücken (*1st clause pres., 2nd clause pres. perf.*)

5. Bekannte / sagen / / sie / holen / etwas zu essen (*pres.*)

6. Erzählerin / sagen / / sie / haben / kein / Hunger (*pres.*)

7. Bekannte / sagen / / Erzählerin / müssen / essen / kräftig (*pres.*)

8. Sie / fragen / auch / / ob / Erzählerin / wollen / belegt / Brote (*pres.*)

9. Erzählerin / sagen / / daß / sie / wollen / nichts (*pres.*)

10. Bekannte / gehen / zu / Buffet / / und / nehmen / zwei Tabletts

11. Erzählerin / verlassen / Kaffeestube / durch / ander- / Ausgang

Express in German

A.

1. The narrator is seldom in this city.

2. She has a friend (acquaintance) there.

3. She's very close to her. (*Use* **nahe·stehen**.)

4. They *carry on* an intimate correspondence with one another.

5. She doesn't want to see her friend.

6. She's only staying for one day.

7. She doesn't have any time.

8. If she meets her, she'll have to devote herself to her.

9. Her friend will ask what she's doing there.

10. She'll drag her along.

B.

1. The friend asks why she didn't call her up.

2. The narrator says *she was just about to*. (*lit.*: "...just wanted to.")

3. The friend says it's great that they've run into each other.

4. She says *today is her day for housework*.

5. She says she *wouldn't think of doing her washing* now. (*lit.*: "...isn't thinking...")

6. The narrator wants to go to the movies, but her friend wants to go to a café.

C.

1. The friend *takes her arm.*

2. She asks when she arrived and where she slept.

3. The friend wants to get her bags and take them to *her place.*

4. The narrator says she's leaving in the afternoon. (*Use* **weiter•fahren**.)

5. The friend says she can't do that to her.

6. The narrator says she doesn't have any time.

7. The friend asks what she *has in mind.* (*Use* **vor•haben**.)

8. The narrator says that it's nothing special.

D.

1. The friend asks *how that story turned out.*

2. The narrator asks her which story she means.

3. She means the story in her next to last letter.

4. The narrator had written for pages about him.

5. The narrator says that he is gone.

6. She asks if there isn't a movie theater (around) there.

E.

1. They walk up Kaiserallee.

2. They sit down in a coffee shop and smoke.

3. They don't really talk to each other.

4. The friend asks whether the narrator has had breakfast.

5. The friend says she'll go get something to eat.

6. The narrator says she isn't hungry.

7. The friend says that she has to *eat something solid.*

8. She asks whether the narrator wants (some) sandwiches.

9. The narrator says that she doesn't want anything.

10. The friend goes to the buffet and takes two trays.

11. The narrator leaves the café through another exit.

Questions

A.

1. Warum sieht die Erzählerin ihre Bekannte so selten?

2. Wie gut kennen sich die beiden?

3. Wielange bleibt sie in der Stadt?

4. Was muß die Erzählerin tun, wenn sie ihre Bekannte trifft?

5. Was wird die Bekannte fragen?

B.

1. Was wollte die Erzählerin gerade tun?

2. Was findet die Bekannte herrlich?

3. Was macht die Bekannte normalerweise an diesem Tag? (**normalerweise** normally)

4. Wohin will die Erzählerin gehen? Wohin will die Bekannte aber gehen?

C.

1. Was will die Bekannte wissen?

2. Warum will die Erzählerin ihr Gepäck nicht zu ihrer Bekannten bringen?

3. Wie reagiert die Bekannte darauf? (**reagieren auf** react to)

4. Was hat die Erzählerin vor?

D.

1. Welche Geschichte meint die Bekannte?

2. Warum kennt sie die Geschichte so gut?

3. Wie zeigt die Erzählerin, daß sie nicht mehr reden will?

E.

1. Was machen sie, statt ins Kino zu gehen?

2. Welche „mütterliche" Frage stellt die Bekannte? (**mütterlich** motherly)

3. Was sagt die Erzählerin dazu?

4. Was tut die Bekannte aber trotzdem?

5. Was macht die Erzählerin, während ihre Bekannte weg vom Tisch ist?

verliehen   lent (to someone)

prächtig magnificent   **mit Goldschnitt** gilt-edged   der **Damasteinband** damask binding (silken figured weave)
die **gute Stube**   parlor
langweilig boring
der **Stolz** pride
der **Festtag, -e** holiday
sonntagsangezogen dressed in his Sunday best   **vor•lesen*** + *dat.*   to
   read aloud to   **sonor** sonorous
die **Betonung** stress, emphasis (he put the emphasis in the wrong places)
würdevoll with dignity   **prätentiös** pretentiously
häufig frequently   **unterbrechen*** interrupt   die **Abbildung, -en**
   illustration
verständig intelligent   das **Gesicht, -er** face (the children put intelligent expressions on their faces)   **große Augen** a look of surprise
sich gegenseitig kneifen in* + *acc.*   to pinch each other   **heimlich**
   secretly
der **Kolonialwarenladen** grocery store   **an•schreiben*** to let (people)
   charge (things); give credit
der **Haushalt** household   das **Gehalt** salary

• separable prefix
* strong verb
(s)verb with auxiliary **sein**

Das verliehene Buch

HERMANN HARRY SCHMITZ

E s war ein prächtiges Buch mit Goldschnitt und Damasteinband, das in der guten Stube auf dem Tisch lag.
Es war ein sehr langweiliges Buch mit schlechten,
sehr schlechten Illustrationen.

Es war der Stolz der ganzen Familie.   5

Nur der Vater durfte das Buch in die Hand nehmen. An Festtagen
setzte sich der Vater sonntagsangezogen in die gute Stube und las der
Mutter und den Kindern mit sonorer Stimme und falscher Betonung aus
dem feinen Buch vor. Würdevoll und prätentiös wusch er sich vorher die
Hände. Häufig unterbrach er das Vorlesen und erklärte die Abbildungen.   10
Die Kinder machten verständige Gesichter und große, kluge Augen; sie
kniffen sich heimlich gegenseitig in die Beine.

Herr Mehlenzell war ein Bekannter des Vaters; er hatte einen
Kolonialwarenladen und schrieb an.

Man brauchte viel im Haushalt, und das Gehalt des Vaters war   15
klein.

Herr Mehlenzell bat eines Tages den Vater, er möchte ihm das

er möchte... ihm leihen   to lend him (*lit.:* "would he please lend him")
erbleichen   to turn pale   **gut**   *here:* very well
auf ein paar Tage   for a couple of days   **bestimmt**   certainly   **selbstverständlich**   it goes without saying

sich verteidigen   to defend oneself   **brummen**   growl, grumble

viereckig   square, rectangular
der Fleck   spot   **der Plüsch**   plush   **verschossen**   faded

einem schmecken   to taste good to someone   **sich kümmern um**   to
worry about, look after, take care of
über die Bleiche tollen   (**herum·tollen**)   to scamper about anywhere they
wanted   **ungestört**   without troubling about it   **unreif**   unripe
die **Stachelbeere, -n**   gooseberry
verweint   tear-reddened   **ab·schließen***   to lock up, lock, close
vernachlässigen   to neglect   **verwildern** (s)   to run wild
bekam... noch   was still owed (still was supposed to get)
wagen   dare
unheimlich   uncanny, strange, spooky
hantieren   occupy oneself with, be busy with   **zurück·gehen*** (s)   *here:*
to degenerate, deteriorate

der Rock   coat   die **Manschette, -n**   cuff (detachable cuff of a shirt)

mürrisch   in a bad mood, grouchy
gestört   disturbed
dringend   urgent
beharren   to persist

prächtige Buch leihen. Der Vater erbleichte; er konnte nicht gut „nein"
sagen.

„Auf ein paar Tage. —Bestimmt, selbstverständlich haben Sie es
nächsten Sonntag zurück", hatte Herr Mehlenzell gesagt.

Man sprach in der Familie nur über das Buch. Die Mutter meinte, 5
man hätte es ihm nicht geben sollen. Der Vater war sehr ernst.
„‚Bestimmt haben Sie es nächsten Sonntag zurück', hat Herr Mehlenzell
gesagt", verteidigte sich der Vater. „Wir wollen sehen", brummte die
Mutter.

Wo das Buch in der guten Stube gelegen hatte, war ein viereckiger 10
Fleck auf der Tischdecke; der Plüsch war da nicht so verschossen.

Der Sonntag kam. Man war schon sehr früh aufgestanden. Es wurde
Mittag; Herr Mehlenzell hatte das Buch nicht gebracht. Der Vater saß mit
der Mutter in der guten Stube und war sehr ernst. Keinem hatte das Essen
so recht geschmeckt. Um die Kinder kümmerte sich niemand. Man ließ 15
sie im Garten über die Bleiche tollen und ungestört die unreifen Stachel-
beeren essen. —Der Vater trank eine halbe Flasche Rum. Die Mutter
hatte verweinte Augen. Die gute Stube wurde abgeschlossen.

Der Vater mußte Montag und Dienstag im Bett liegen. Die Mutter
vernachlässigte den Haushalt. Die Kinder verwilderten. 20

Hundertundvierzig Mark bekam Herr Mehlenzell noch. Man durfte
nicht wagen, ihn an das Buch zu erinnern.

Es war unheimlich im Hause, wie wenn jemand gestorben wäre. Den
Vater sah man viel mit der Rumflasche hantieren. Die Familie ging
zurück. — 25

Der dritte Sonntag kam, und das Buch war noch immer nicht da.

Es konnte so nicht mehr weitergehen.

Nach dem Mittagessen schrie der Vater nach seinem schwarzen
Rock und den Manschetten, rasierte sich und ging zu Mehlenzells.

Frau Mehlenzell öffnete selbst. 30

Er fragte nach Herrn Mehlenzell.

Frau Mehlenzell war mürrisch und fragte, was es sei. Ihr Mann
wolle nach dem Essen nicht gestört sein; was es sei.

Es sei sehr dringend, er müsse mit Herrn Mehlenzell sprechen,
beharrte der Vater. 35

Frau Mehlenzell ging brummend in ein Zimmer und ließ den Vater
auf dem Korridor stehen.

Frau Mehlenzell hatte die Tür nicht fest hinter sich zugemacht. Herr

schimpfen to curse, be abusive   **einen ungeschoren lassen*** to leave a
person in peace (*lit.:* "unshorn")
der **Hungerleider** wretch
sich kurz fassen to be brief

an•stöhnen to groan at
ab•bezahlen (ab•zahlen)   to pay off (*here:* an installment, partial payment)
schüchtern shyly, timidly
sich auf•richten to sit up straight
einem etwas hin•schieben*   to push something over to someone
das **Zigarrenetui** cigar box
quittieren über to make out a receipt for (followed by the amount of money)

das **Nebenzimmer** next room   **üben** practice   **sehr** a great deal,
intensively
hervor•quetschen to force out, squeeze out
aus•haben* (**ausgelesen haben**)   to be finished with it

das **schöne Buch, <u>was</u>**... *standard German would be* "**das schöne Buch,
<u>das</u>**..."
leihen* to lend
einem ein•fallen* (s)   to occur to someone, remember
die **Angstperle, -n** pearl of sweat (caused by fear)   die **Stirn** forehead
nötig haben* to need
verlassen* to leave (a place)   **murmelnd** muttering

hinein•schauen to look in

die **Ohnmacht** fainting   **nahe**+*dat.* close to

sonst otherwise, normally   **roh** rough, harsh, coarse   **stürzen** (s)
auf+*acc.* to pounce on   der **Hinterhalt** ambush
nichtsahnend unsuspecting   der **Sitz** seat   **ergreifen*** to seize,
grab
fliehen* (s) to flee
prüfen to test; *here:* to look over, inspect   **leiden*** to suffer

80 VOCABULARY

Mehlenzell schimpfte, man solle ihn ungeschoren lassen. Was denn der Hungerleider wolle? Dann wurde von innen die Tür zugeschlagen.

Nach einer Weile kam Frau Mehlenzell zurück; ihr Mann hätte nicht viel Zeit, er möge sich kurz fassen. —

Herr Mehlenzell lag auf dem Sofa und rauchte eine Zigarre. Er 5 stöhnte den Vater an und blieb ruhig liegen.

Er wolle ihm auf die Rechnung etwas abbezahlen, fing der Vater schüchtern an.

Herr Mehlenzell richtete sich auf und bat den Vater, doch Platz zu nehmen; er schob ihm auch das Zigarrenetui hin. 10

„Über wieviel darf ich quittieren, bitte?"

„Über zwanzig Mark".

Herr Mehlenzell nahm das Zigarrenetui wieder an sich.

Im Nebenzimmer übte jemand sehr auf dem Klavier.

„. . . und dann, was ich sagen wollte", quetschte der Vater hervor, 15 „ich möchte mal nach dem Buch fragen, ob es Ihnen gefallen hat und ob Sie es vielleicht aushaben?"

„Welches Buch?"

„Sie wissen doch — das Buch von mir, das schöne Buch, was ich Ihnen vor drei Wochen geliehen habe". 20

„Ach so, ja. Jetzt fällt es mir ein. — Ja, wo habe ich das?"

Dem Vater standen dicke Angstperlen auf der Stirn.

„Warten Sie einmal, da muß ich meine Frau fragen. Haben Sie denn das Buch so nötig?"

Herr Mehlenzell verließ murmelnd das Zimmer. 25

Im Nebenzimmer spielte man zum siebenten Male „Mädchen, warum weinest Du".

Der Vater ging an die halb geöffnete Tür und schaute hinein. Lenchen Mehlenzell saß am Klavier.

Man hatte auf einen Stuhl Bücher gelegt, damit Lenchen hoch 30 genug saß.

Der Vater war einer Ohnmacht nahe; Lenchen saß auf dem prächtigen Buch!

Der Vater war sonst nicht roh. Er stürzte aus dem Hinterhalt auf das nichtsahnende Kind und warf es von seinem Sitz, ergriff das Buch und 35 floh.

Zu Hause. — Das Buch wurde geprüft, es hatte gelitten. Man hatte

der **Deckel**   cover (someone had cut something on the cover, *i.e.*, used the
cover as a carving board)   **fettig** fatty, greasy   **scheinbar**
apparently
verbogen bent
teilweise partially   **lose** loose   **im Rücken** in the spine (of the
cover)
zitternd trembling   **blättern** to turn the pages
stutzig werden* (s)   to stop short, be startled
dem Vater fiel sein Glasauge aus dem Kopf the father's glass eye fell out
schließen to conclude, stop (the last words on the page were)
der **Wanderbursche, -n** youthful wanderer   <u>zu</u>•**wandern** (s)   to <u>keep</u>
<u>on</u> wandering
gewellt waved   **erregt** excitedly   **zu•gehen*** (s) **auf**+*acc.*   to go
toward, make for
vor•kommen* (s)   *here:* to appear (a "Leonie" didn't appear in his book)
ein eiförmiger Kopf   *lit.:* "an egg-shaped head," swelled up as though it
were going to burst
erschlagen* to kill
die **Ansichtskarte** picture postcard   **an** addressed to
denkwürdig notable, memorable
der **Kragen,—** collar   das **Taschentuch** handkerchief   das **Vor-**
hemdchen small shirt front, dickey
am Fenster hinaus (zum Fenster hinaus)   out of the window
das **Genick** neck
verderben* (s)   to go to ruin
schauderhaft frightful

auf dem Deckel etwas geschnitten, etwas Fettiges, scheinbar Wurst. Es mußte häufig gefallen sein, die Ecken waren verbogen, und die Seiten saßen teilweise lose im Rücken.

Mit zitternder Hand blätterte der Vater in dem Buch.

Seite 1, 2, 3, 4, 5, 6, 7, 8, 9, 10, 11, 12, 40 – der Vater wurde stutzig ...41, 42, 43, 44, 13, 14, 15, 58, 59, 60, 61, 16 – der Vater wurde grün im Gesicht...17, 18, 19, 20, 21, 22, 23, 24, 25, 105, 106, 107, 108 – dem Vater fiel sein Glasauge aus dem Kopf...109, 110 – jetzt wurden die Seiten kleiner, sehr seltsam...111, 112. Seite 110 schloß „Wanderburschen, wandert zu in die weite Welt hinaus", und es ging weiter auf Seite 111 „mit der weißen, aristokratischen Hand durch das gewellte Haar und ging erregt auf Leonie zu". In Vaters Buch kam keine Leonie vor. Der Vater bekam einen eiförmigen Kopf.

Der Vater erschlug die Mutter.

Aus dem Buch fiel eine Ansichtskarte an Frau Mehlenzell aus Saarbrücken und ein Zettel mit den denkwürdigen Worten: „2 Paar Socken, 3 Kragen, 1 Taschentuch, 1 Vorhemdchen, 1 Paar Manschetten."

Der Vater sprang am Fenster hinaus und brach das Genick.

Die Kinder verdarben. –

Schauderhaft, höchst schauderhaft. –

EXERCISES

Introductory Exercises

Supply the correct forms of the verbs in parentheses. Do each sentence in the present tense, past tense, and present perfect tense, except where otherwise indicated.

A.

1. Es _____ ein prächtiges Buch und es _____ auf dem Tisch in der guten
   (sein)   (liegen*)
   Stube. (*pres. and past*)

2. Es _____ ein langweiliges Buch mit schlechten Illustrationen.
   (sein)

3. Es _____ der Stolz der ganzen Familie.
   (sein)

4. Nur der Vater _____ das Buch in die Hand nehmen.
   (dürfen)

5. An Festtagen _____ sich der Vater in die gute Stube und _____ aus
   (setzen)   (vor•lesen*)
   dem Buch. (*pres. and past*)

6. Er _____ sich vorher die Hände.
   (waschen*)

7. Häufig _____ er das Vorlesen und _____ die Abbildungen.
   (unterbrechen*)   (erklären)
   (*pres. and past*)

8. Die Kinder _____ kluge Augen und _____ sich gegenseitig in die
   (machen)   (kneifen*)
   Beine.

B.

1. Herr Mehlenzell _____ ein Bekannter des Vaters.
   (sein)

2. Er _____ einen Laden und _____. (*pres. and past*)
   (haben)   (an•schreiben*)

3. Man _____ viel im Haushalt, und das Gehalt des Vaters _____ klein.
   (brauchen)   (sein)

4. Herr Mehlenzell _____ den Vater eines Tages, ihm das prächtige Buch
   (bitten*)
   zu leihen.

5. Der Vater _____ . Er _____ nicht gut „nein" sagen. (*pres. and*
   (erbleichen)   (können)
   past)

6. Er _____ , daß der Vater es nächsten Sonntag _____ . (*1st clause*
   (sagen)   (zurück•haben)
   past, 2nd clause subj. II pres.)

7. In der Familie _____ man nur über das Buch.
   (sprechen*)

8. Die Mutter _____ , man _____ es ihm nicht geben. (*1st clause past,*
   (meinen)   (sollen)
   2nd clause subj. II past)

C.

1. Der Sonntag _____ , und man _____ sehr früh. (*past*)
   (kommen*)   (auf•stehen*)

2. Es _____ Mittag, aber Herr Mehlenzell _____ das Buch noch
   (werden*)   (bringen*)
   nicht. (*1st clause past, 2nd clause past perf.*)

3. Der Vater _____ mit der Mutter in der guten Stube und _____ sehr
   (sitzen*)   (sein)
   ernst. (*pres. and past*)

4. Das Essen _____ ihnen nicht.
   (schmecken)

5. Niemand _____ sich um die Kinder.
   (kümmern)

6. Man _____ die Kinder herumtollen.
   (lassen*)

7. Der Vater _____ eine halbe Flasche Rum, und die Mutter
   (trinken*)
   _____ verweinte Augen. (*pres. and past*)
   (haben)

8. Die gute Stube _____ abgeschlossen. (*passive*) (*pres., past, and perf.*)
   (werden*)

9. Am Montag und Dienstag _____ der Vater im Bett liegen.
   (müssen)

10. Die Mutter _____ den Haushalt, und die Kinder _____ .
    (vernachlässigen)   (verwildern)
    (*pres. and past*)

11. Herr Mehlenzell _____ noch hundertvierzig Mark bekommen. (*pres.*
    (sollen)
    and past)

12. Man _____ nicht, ihn an das Buch zu erinnern.
    (wagen)

13. Es _____ unheimlich im Haus, wie wenn jemand _____ . (*1st clause*
    (sein)   (sterben*)
    past, 2nd clause subj. II past)

D.

1. Der dritte Sonntag _____ , und das Buch _____ noch nicht da. (*pres.*
   (kommen*)   (sein)
   and past)

2. Es _____ nicht so weitergehen. (*pres. and past*)
   (können)

3. Der Vater _____ sich und _____ zu Mehlenzells.
   (rasieren)   (gehen*)

4. Frau Mehlenzell _____ und _____ , was es _____ . (*keep final clause*
   (öffnen)   (fragen)   (sein)
   in present tense)

5. Er _____ nach dem Essen nicht gestört sein. (*pres. and past*)
   (wollen)

6. Der Vater _____ , daß es dringend _____ , und daß er mit Herrn
   (sagen)   (sein)
   Mehlenzell sprechen _____ . (*1st clause past, 2nd and 3rd clauses pres.*)
   (müssen)

7. Frau Mehlenzell _____ den Vater auf dem Korridor stehen.
   (lassen*)

8. Frau Mehlenzell _____ die Tür nicht fest.
   (zu•machen)

9. Der Vater _____ Herrn Mehlenzell schimpfen, und dann _____ die
   (hören)   (werden)
   Tür zugeschlagen. (*pres. and past*)

10. Nach einer Weile _____ Frau Mehlenzell.
    (zurück•kommen*)

11. Sie _____ , daß der Vater sich kurz fassen _____ . (*pres. and past*)
    (sagen)   (sollen)

E.

1. Herr Mehlenzell _____ auf dem Sofa und _____ eine Zigarre.
     (liegen*)   (rauchen)
   (*pres. and past*)

2. Er _____ ruhig liegen.
     (bleiben*)

3. Der Vater _____, daß er etwas auf die Rechnung abzahlen _____.
     (sagen)   (wollen)
   (*pres. and past*)

4. Herr Mehlenzell _____ sich.
     (auf•richten)

5. Er _____ den Vater, Platz zu nehmen.
     (bitten*)

6. Er _____ ihm das Zigarrenetui.
     (hin•schieben*)

7. Im Nebenzimmer _____ jemand auf dem Klavier.
     (üben)

8. Der Vater _____ nach dem Buch, das er ihm _____. (*1st clause past,*
     (fragen)   (leihen*)
   2nd clause past perf.)

9. Er _____, daß er seine Frau fragen _____. (*1st clause past, 2nd*
     (sagen)   (müssen)
   clause pres.)

10. Er _____, ob er es _____. (*pres.*)
      (fragen)   (nötig•haben)

11. Herr Mehlenzell _____ murmelnd das Zimmer.
      (verlassen*)

F.

1. Der Vater _____ an die Tür und _____. (*pres. and past*)
     (gehen*)   (hinein•schauen)

2. Lenchen _____ am Klavier.
     (sitzen*)

3. Sie _____ auf dem prächtigen Buch.
     (sitzen*)

4. Der Vater _____ auf das Kind und _____ es von seinem Sitz. (*pres.*
     (stürzen)   (werfen*)
   and past)

5. Er _____ das Buch und _____.
   (ergreifen*)   (fliehen*)

6. Zu Hause _____ das Buch geprüft. (*passive*) (*pres., past, and perf.*)
   (werden)

7. Es _____. (*pres. perf. and past perf.*)
   (leiden*)

8. Die Ecken _____ verbogen, und die Seiten _____ los. (*pres. and past*)
   (sein)   (sein)

9. Der Vater _____ in dem Buch.
   (blättern)

10. Er _____ stutzig und grün im Gesicht. (*pres. and past*)
    (werden)

11. In seinem Buch _____ keine Leonie.
    (vor·kommen*)

12. Der Vater _____ die Mutter.
    (erschlagen*)

13. Er _____ zum Fenster, und _____ sich das Genick.
    (hinaus·springen*)   (brechen*)

Synthetic Exercises

Use the following elements to make complete sentences. Form the present tense, past tense, and present perfect tense, except where otherwise indicated.

A.

1. Es / sein / prächtig / Buch / / und / es / liegen / auf / Tisch / in / gut / Stube (*pres. and past*)

2. Es / sein / langweilig / Buch / mit / schlecht / Illustrationen

3. Es / sein / Stolz / ganz- / Familie

4. Nur / Vater / dürfen / nehmen / Buch / in / Hand

5. An / Festtage / setzen / Vater / in / gut / Stube / / und / vorlesen / aus / Buch (*pres. and past*)

6. Er / waschen . . . / vorher / Hände

7. Häufig / er / unterbrechen / Vorlesen / / und / erklären / Abbildungen (*pres. and past*)

8. Kinder / machen / klug / Augen / / und / kneifen . . . / gegenseitig / in / Beine

B.

1. Herr Mehlenzell / sein / Bekannt- / Vater

2. Er / haben / Laden / / und / anschreiben (*pres. and past*)

3. Man / brauchen / viel / in / Haushalt / / und / Gehalt / Vater / sein / klein

4. Herr Mehlenzell / bitten / Vater / ein- / Tag / / leihen / ihm / prächtig / Buch (*keep final clause infinitival*)

5. Vater / erbleichen / / Er / können / sagen / nicht gut „nein" (*pres. and past*)

6. Herr Mehlenzell / sagen / / daß / Vater / zurückhaben / es / nächst- / Sonntag (*1st clause past, 2nd clause subj. II pres.*)

7. In / Familie / man / sprechen / nur / über / Buch

8. Mutter / meinen / / man / sollen / geben / es ihm nicht (*1st clause past, 2nd clause subj. II past*)

C.

1. Sonntag / kommen / / und / man / aufstehen / sehr früh (*past*)

2. Es / werden / Mittag / / aber / Herr Mehlenzell / bringen / Buch / noch nicht (*1st clause past, 2nd clause past perf.*)

3. Vater / sitzen / mit / Mutter / in / gut / Stube / / und / sein / sehr / ernst (*pres. and past*)

4. Essen / schmecken / ihnen nicht

5. Niemand / kümmern . . . / um / Kinder

6. Man / lassen / Kinder / herumtollen

7. Vater / trinken / halb- / Flasche Rum / / und / Mutter / haben / verweint / Augen (*pres. and past*)

8. gut / Stube / abgeschlossen (*passive*) (*pres., past, and perf.*)

9. Montag und Dienstag / Vater / müssen / liegen / in / Bett

10. Mutter / vernachlässigen / Haushalt / / und / Kinder / verwildern (*pres. and past*)

11. Herr Mehlenzell / sollen / bekommen / noch / 140 Mark (*pres. and past*)

12. Man / wagen / nicht / / ihn / erinnern / an / Buch (*keep 2nd clause infinitival*)

13. Es / sein / unheimlich / in / Haus / / wie wenn / jemand / sterben (*1st clause past, 2nd clause subj. II past*)

D.

1. dritt- / Sonntag / kommen / / und / Buch / sein / noch nicht da (*pres. and past*)

2. Es / können / weitergehen / nicht so (*pres. and past*)

3. Vater / rasieren.../ / und / gehen / zu Mehlenzells

4. Frau Mehlenzell / öffnen / / und / fragen / / was / es / sein (*keep final clause in present tense*)

5. Er / wollen / sein / nach / Essen / nicht gestört (*pres. and past*)

6. Vater / sagen / / daß / es / sein / dringend / / und / daß / er / müssen / sprechen / Herr Mehlenzell (*1st clause past, 2nd and 3rd clauses pres.*)

7. Frau Mehlenzell / lassen / Vater / stehen / auf / Korridor

8. Frau Mehlenzell / zumachen / Tür / nicht fest

9. Vater / hören / Herr Mehlenzell / schimpfen / / und dann / Tür / zugeschlagen (*passive*) (*pres. and past*)

10. Nach / Weile / Frau Mehlenzell / zurückkommen

11. Sie / sagen / / daß / Vater / sollen / fassen.../ kurz (*pres. and past*)

E.

1. Herr Mehlenzell / liegen / auf / Sofa / / und / rauchen / Zigarre (*pres. and past*)

2. Er / bleiben / liegen / ruhig

3. Vater / sagen / / daß / er / wollen / abzahlen / etwas / auf / Rechnung (*pres. and past*)

4. Herr Mehlenzell / aufrichten...

5. Er / bitten / Vater / / nehmen / Platz (*keep final clause infinitival*)

6. Er / hinschieben / ihm / Zigarrenetui

7. In / Nebenzimmer / jemand / üben / auf / Klavier

8. Vater / fragen / nach / Buch / / das / er / leihen / ihm (*1st clause past, 2nd clause past perf.*)

9. Er / sagen / / daß / er / müssen / fragen / sein- / Frau (*1st clause past, 2nd clause pres.*)

10. Er / fragen / / ob / er / haben / es / nötig (*pres.*)

11. Herr Mehlenzell / verlassen / murmelnd / Zimmer

F.

1. Vater / gehen / an / Tür / / und / hineinschauen (*pres. and past*)

2. Lenchen Mehlenzell / sitzen / an / Klavier

3. Lenchen / sizten / auf / prächtig / Buch (*pres. and past*)

4. Vater / stürzen / auf / Kind / / und / werfen / es / von / Sitz (*pres. and past*)

5. Er / ergreifen / Buch / / und / fliehen

6. Zu Hause / Buch / geprüft (*passive*) (*pres., past, and perf.*)

7. Es / leiden (*pres. perf. and past perf.*)

8. Ecken / sein / verbogen / / und / Seiten / sein / los (*pres. and past*)

9. Vater / blättern / in / Buch (*pres. and past*)

10. Er / werden / stutzig / und / grün / in / Gesicht (*pres. and past*)

11. In / sein- / Buch / keine Leonie / vorkommen

12. Vater / erschlagen / Mutter

13. Er / hinausspringen / zu / Fenster / und / brechen... / Genick

Express in German
A.

1. It was a magnificent book and it lay on the table in the parlor.

2. It was a boring book with bad illustrations.

3. It was the pride of the whole family.

4. Only the father was allowed to *handle* the book (*lit.:* "take the book into his hand").

5. On holidays he read from the book.

6. But he washed his hands before (doing it).

B.

1. Mr. Mehlenzell was an acquaintance of the father's.

2. He had a store and *let you charge things*.

3. They needed a lot in the household, and the father's salary was small.

4. One day Mr. Mehlenzell asked him to lend him the book.

5. He turned pale. He couldn't very well say "no."

6. He said that he would have it back next Sunday.

7. In the family they only talked about the book.

8. The mother thought they shouldn't have given it to him.

C.

1. Sunday came and they got up very early.

2. Mr. Mehlenzell still hadn't brought the book.

3. The meal didn't taste good to them.

4. No one looked after the children.

5. The father drank a half bottle of rum.

6. The parlor was closed. (*passive*)

7. On Monday and Tuesday the father had to stay (lie) in bed.

8. The mother neglected the household and the children ran wild.

9. Mr. Mehlenzell was still supposed to get 140 marks.

10. They didn't dare to remind him of the book.

11. It was strange in the house, as if someone had died.

D.

1. The third Sunday came and the book still wasn't there.

2. It couldn't go on like that.

3. He shaved and went to Mehlenzell's.

4. Mrs. Mehlenzell asks what it is.

5. Mr. Mehlenzell didn't want to be disturbed after dinner.

6. He said that it's urgent and that he has to speak to Mr. Mehlenzell.

7. She left him standing in the corridor.

8. She didn't close the door tightly.

9. He heard Mr. Mehlenzell cursing.

10. Then the door was slammed shut.

11. After a while the woman came back.

12. She said that he *should be* brief.

E.

1. Mr. Mehlenzell was lying on the sofa and smoking a cigar.

2. The father said that he wanted to pay something on the bill.

3. Mr. Mehlenzell sat up.

4. He asked him to take a seat.

5. In the next room someone was practicing on the piano.

6. He asked about the book that he had lent him.

7. He asks if he needs it.

8. Mr. Mehlenzell left the room muttering.

F.

1. He went to the door and looked in.

2. Lenchen was sitting at the piano.

3. He pounced on the child and threw her off the seat.

4. He grabbed the book and fled.

5. The book was inspected at home. It had suffered.

6. The pages were loose.

7. He turned green in the face.

8. No(body named) Leonie appeared in his book.

9. He jumped out of the window and broke his neck.

Questions

A.

1. Wo lag das Buch?

2. Was war es für ein Buch? (**was...für**   what kind of)

3. Was hielt die Familie von dem Buch? (**halten von**   to think of)

4. Wann wurde aus dem Buch vorgelesen? (Es wurde...)

5. Was tat der Vater, bevor er aus dem Buch vorlas?

6. Warum unterbrach der Vater häufig das Vorlesen? (Abbildungen)

B.

1. Wer war Herr Mehlenzell?

2. Warum mußte der Vater bei Herrn Mehlenzell anschreiben?

3. Worum hat Herr Mehlenzell den Vater gebeten?

4. Was hat die Mutter dazu gemeint? (**meinen dazu**   to say about it)

C.

1. Warum schmeckte der Familie das Essen nicht?

2. Was tat der Vater?

3. Was tat die Mutter?

4. Was geschah mit der guten Stube?

5. Warum wagten sie nicht, Herrn Mehlenzell an das Buch zu erinnern?

D.

1. Was tat der Vater am dritten Sonntag?

2. Was sagt Frau Mehlenzell über ihren Mann? (nicht gestört)

3. Was hat der Vater darauf geantwortet?

4. Wo ließ Frau Mehlenzell den Vater stehen?

5. Warum konnte der Vater Herrn Mehlenzell schimpfen hören?

6. Was sagte Frau Mehlenzell, als sie zurückkam? (kurz)

E.

1. Was tat Herr Mehlenzell, als der Vater hereinkam?

2. Warum richtete sich Herr Mehlenzell auf?

3. Was tat man im Nebenzimmer?

4. Wonach fragte der Vater?

5. Was hat Herr Mehlenzell darauf geantwortet?

F.

1. Wo saß Lenchen?

2. Was tat der Vater, als er das Buch sah?

3. Wie sah das Buch jetzt aus?

4. Was tat der Vater, nachdem er das Buch geprüft hatte?

plötzlich suddenly   **auf·wachen** (s)   to wake up   **überlegen** to reflect, ponder over; *here:* to wonder

stoßen* (s) **(gegen)**   to bump (into)   **horchen nach** + *dat.*   to listen (hearken) toward

fuhr mit der Hand über das Bett   ran her hand over the bed

leer   empty

der **Atem**   breath   (**atmen**   to breath)   **fehlen**   to be missing, lacking   (**sich**) **tappen**   to grope (one's way)

(**sich**) **treffen***   to meet (each other)

der **Küchenschrank, ⁻e**   kitchen cupboard

das **Hemd, -en**   *here:* nightshirt   **sich gegenüber**   facing each other

ab·schneiden*   to cut off (a loaf)   das **Messer, —**   knife

der **Teller, —**   plate

die **Decke, -n**   tablecloth   die **Brotkrümel**   bread crumbs

das **Tischtuch, ⁻er**   tablecloth

die **Kälte**   cold, coldness   die **Fliese, -n**   tile

(**an einem**) **hoch kriechen*** (s)   to creep up (a person)

hier wäre (et)was   something might be here   **umher·sehen***   to look around

dabei   *here:* at the same time (as she said that)

tagsüber   during the day   **manchmal**   sometimes

Note: in standard German, *stoßen* takes **sein** as its auxiliary.
   ·separable prefix (**zu·schauen**)
   *strong verb (See page 307 for a list of strong and irregular verbs.)
   (s)verb with auxiliary **sein**

Das Brot

WOLFGANG BORCHERT

Plötzlich wachte sie auf. Es war halb drei. Sie überlegte, warum sie aufgewacht war. Ach so! In der Küche hatte jemand gegen einen Stuhl gestoßen. Sie horchte nach der Küche. Es war still. Es war zu still, und als sie mit der Hand über das Bett neben sich fuhr, fand sie es leer. Das war es, was es so besonders still 5 gemacht hatte: sein Atem fehlte. Sie stand auf und tappte durch die dunkle Wohnung zur Küche. In der Küche trafen sie sich. Die Uhr war halb drei. Sie sah etwas Weißes am Küchenschrank stehen. Sie machte Licht. Sie standen sich im Hemd gegenüber. Nachts. Um halb drei. In der Küche. 10

Auf dem Küchentisch stand der Brotteller. Sie sah, daß er sich Brot abgeschnitten hatte. Das Messer lag noch neben dem Teller. Und auf der Decke lagen Brotkrümel. Wenn sie abends zu Bett gingen, machte sie immer das Tischtuch sauber. Jeden Abend. Aber nun lagen Krümel auf dem Tuch. Und das Messer lag da. Sie fühlte, wie die Kälte der Fliesen 15 langsam an ihr hoch kroch. Und sie sah von dem Teller weg.

„Ich dachte, hier wäre was", sagte er und sah in der Küche umher.

„Ich habe auch was gehört", antwortete sie, und dabei fand sie, daß er nachts im Hemd doch schon recht alt aussah. So alt wie er war. Dreiundsechzig. Tagsüber sah er manchmal jünger aus. Sie sieht doch 20

es liegt an + *dat.*   it's due to, because of   **bei**   with, in the case of
auf einmal   all at once
so barfuß   barefoot like that
sich erkälten   to catch a cold
ertragen*   to bear, stand (something)   **lügen***   to lie
verheiratet   married

sinnlos   senselessly, aimlessly

Sie stellte den Teller vom Tisch   She took the plate off the table
schnippen   to snip, whisk

einem zu Hilfe kommen* (s)   to come to someone's help
   draußen   outside   **komm man**   man *is a north German form akin to*
  mal. *The translation of these words depends a great deal upon context, and*
  they are often not directly translatable; here: **komm man**   come on; *later:*
  Iß du man eine mehr. You go ahead and eat one more.
der **Lichtschalter,** –   light switch
sonst   otherwise
die **Dachrinne, -n**   gutter (of a roof)
bei Wind   in the wind, when there's a wind
klappern   to rattle, clatter
beide   both
nackt   bare   **platschen**   to plop; splash   der **Fußboden,** ⁚   floor

halb im Schlaf   half asleep
unecht   not genuine, artificial   **klingen***   to sound
gähnen   to yawn   **kriechen*** (s)   to crawl, creep

vorsichtig   cautiously   **kauen**   to chew   **absichtlich**   intentionally
  tief   deeply   **gleichmäßig**   evenly, uniformly
regelmäßig   regularly   **ein·schlafen*** (s)   to go to sleep
schieben*   to shove
die **Scheibe, -n**   slice
ruhig   *here: It's all right* for you to eat four.

schon alt aus, dachte er, im Hemd sieht sie doch ziemlich alt aus. Aber das liegt vielleicht an den Haaren. Bei den Frauen liegt das nachts immer an den Haaren. Die machen dann auf einmal so alt.

„Du hättest Schuhe anziehen sollen. So barfuß auf den kalten Fliesen. Du erkältest dich noch." 5

Sie sah ihn nicht an, weil sie nicht ertragen konnte, daß er log. Daß er log, nachdem sie neununddreißig Jahre verheiratet waren.

„Ich dachte, hier wäre was", sagte er noch einmal und sah wieder so sinnlos von einer Ecke in die andere, „ich hörte hier was. Da dachte ich, hier wäre was." 10

„Ich hab auch was gehört. Aber es war wohl nichts." Sie stellte den Teller vom Tisch und schnippte die Krümel von der Decke.

„Nein, es war wohl nichts", echote er unsicher.

Sie kam ihm zu Hilfe: „Komm man. Das war wohl draußen. Komm man zu Bett. Du erkältest dich noch. Auf den kalten Fliesen." 15

Er sah zum Fenster hin. „Ja, das muß wohl draußen gewesen sein. Ich dachte, es wäre hier."

Sie hob die Hand zum Lichtschalter. Ich muß das Licht jetzt ausmachen, sonst muß ich nach dem Teller sehen, dachte sie. Ich darf doch nicht nach dem Teller sehen. „Komm man", sagte sie und machte das 20 Licht aus, „das war wohl draußen. Die Dachrinne schlägt immer bei Wind gegen die Wand. Es war sicher die Dachrinne. Bei Wind klappert sie immer."

Sie tappten sich beide über den dunklen Korridor zum Schlafzimmer. Ihre nackten Füße platschten auf den Fußboden. 25

„Wind ist ja", meinte er. „Wind war schon die ganze Nacht. Es war wohl die Dachrinne."

„Ja, ich dachte, es wäre in der Küche. Es war wohl die Dachrinne." Er sagte das, als ob er schon halb im Schlaf wäre.

Aber sie merkte, wie unecht seine Stimme klang, wenn er log. 30

„Es ist kalt", sagte sie und gähnte leise, „ich krieche unter die Decke. Gute Nacht."

„Nacht", antwortete er und noch: „Ja, kalt ist es schon ganz schön."

Dann war es still. Nach vielen Minuten hörte sie, daß er leise und vorsichtig kaute. Sie atmete absichtlich tief und gleichmäßig, damit er 35 nicht merken sollte, daß sie noch wach war. Aber sein Kauen war so regelmäßig, daß sie davon langsam einschlief.

Als er am nächsten Abend nach Hause kam, schob sie ihm vier Scheiben Brot hin. Sonst hatte er immer nur drei essen können.

„Du kannst ruhig vier essen", sagte sie und ging von der Lampe weg. 40

ich kann es nicht vertragen* it doesn't agree with me

sich beugen über + *acc.* to bend over (something)

einem leid tun* to be sorry (Es tut **mir** leid. I am sorry about it. Er tut **mir** leid. I am sorry for him. Er tut **ihr** leid. She is sorry for him.)

auf seinen Teller (talking) in the direction of his plate

doch oh yes (sure) *When a person has made a* negative *statement* (*using* **nicht, nie,** *etc.*), **doch** *may be used to contradict it, e.g.,* Er kommt **nicht**. (He's *not* coming.) **Doch!** (Oh yes, he is.)

Erst nach einer Weile only after a while

„Ich kann dieses Brot nicht so recht vertragen. Iß du man eine mehr. Ich vertrage es nicht so gut."

Sie sah, wie er sich tief über den Teller beugte. Er sah nicht auf. In diesem Augenblick tat er ihr leid.

„Du kannst doch nicht nur zwei Scheiben essen", sagte er auf seinen 5 Teller.

„Doch. Abends vertrag ich das Brot nicht gut. Iß man. Iß man."

Erst nach einer Weile setzte sie sich unter die Lampe an den Tisch.

EXERCISES

Introductory Exercises

Supply the correct forms of the verbs in parentheses. Do each sentence in the present tense, past tense, and present perfect tense, except where otherwise indicated.

A.

1. Um halb drei _____ die Frau plötzlich. Ich _____
   (auf·wachen)   (ein·schlafen*)
   erst spät.

2. Die Frau _____ , warum sie _____ . (*1st clause past, 2nd*
   (überlegen)   (auf·wachen)
   clause past perf.)

3. In der Küche _____ jemand gegen einen Stuhl. (*pres., past, pres. perf.,*
   (stoßen*)
   and past perf.)

4. Die Frau _____ das Bett leer.
   (finden*)

5. Sie _____ und _____ durch die Wohnung zur Küche. (*pres.*
   (auf·stehen*)   (tappen)
   and past)

6. Er _____ zur Küche und _____ sich eine Scheibe Brot.
   (gehen*)   (ab·schneiden*)
   (*pres., past, pres. perf., and past perf.*)

7. Bevor sie ins Bett _____ , _____ sie das Tischtuch.
   (gehen*)   (sauber·machen)

8. Die Frau _____ vom Teller.
   (weg·sehen*)

B.

1. Der Mann _____ , er _____ etwas. (*1st clause past, 2nd clause subj. II*
   (sagen)   (hören)
   past)

2. Du _____ Schuhe anziehen. (*subj. II pres. and past*)
   (sollen)

3. Sie _____ es nicht ertragen.
   (können)

4. Sie _____ ihren Mann nicht, weil sie es nicht ertragen _____ , daß
   (an•sehen*)   (können)
   er _____. (*pres. and past*)
   (lügen*)

5. Wenn du nicht ins Bett _____ , _____ du dich (*pres.*)
                          (gehen*)   (erkälten)

C.

1. Sie _____ die Hand zum Lichtschalter.
   (heben*)

2. Sonst _____ sie nach dem Teller sehen. (*subj. II pres. and past*)
   (müssen)

3. Sie _____ das Licht und _____ ins Bett.
   (aus•machen)   (gehen*)

4. Der Mann _____ , als ob er halb im Schlaf _____. (*1st clause past,*
   (sprechen*)   (sein)
   2nd clause subj. II pres.)

5. Sie _____ , daß seine Stimme unecht _____. (*pres. and past*)
   (merken)   (klingen*)

6. Die Frau _____ und _____ unter die Decke. (*pres. and past*)
   (gähnen)   (kriechen*)

7. Die Frau _____ , daß er leise _____. (*pres. and past*)
   (hören)   (kauen)

8. Sein Kauen _____ so regelmäßig, daß die Frau davon _____ .
   (sein)   (ein•schlafen*)

D.

1. Die Frau _____ dem Mann vier Scheiben Brot.
   (hin•schieben*)

2. Sie _____ von der Lampe. Sie _____ von der Lampe
   (weg•gehen*)   (müssen)
   weggehen.

3. Sie _____ das Brot nicht vertragen. (*pres. and past*) Die Frau
   (können)
   _____ , sie _____ das Brot nicht vertragen (*pres.*)
   (sagen)   (können)

4. Er _____ sich über den Teller und _____ nicht. (*pres. and past*)
     (beugen)   (auf·sehen*)

5. Der Mann _____ der Frau leid. Er _____ ihr leid.
         (tun*)   (tun*)

6. Nach einer Weile _____ sich die Frau an den Tisch.
                   (setzen)

Synthetic Exercises

Use the following elements to make complete sentences. Form the present tense, past tense, and present perfect tense, except where otherwise indicated.

A.

1. Um 2:30 / Frau / aufwachen / plötzlich
   Ich / einschlafen / erst spät

2. Frau / überlegen / / warum / sie / aufwachen (*1st clause past, 2nd clause past perf.*)

3. In / Küche / stoßen / jemand / gegen / Stuhl

4. Frau / finden / Bett / leer

5. Sie / aufstehen / / und / tappen / durch / Wohnung / zu / Küche (*pres. and past*)

6. Er / gehen / zu / Küche / / und / abschneiden / sich / Scheibe Brot (*pres. perf. and past perf.*)

7. Bevor / sie / gehen / in / Bett / / sie / saubermachen / Tischtuch

8. Frau / wegsehen / von / Teller (*pres. and past*)

B.

1. Mann / sagen / / er / hören / etwas (*1st clause past, 2nd clause subj. II past*)

2. Du / sollen / anziehen / Schuhe (*subj. II pres. and past*)

3. Sie / können / ertragen / es / nicht

4. Sie / ansehen / Mann / nicht / / weil / sie / nicht / können / ertragen / / daß / er / lügen (*pres. and past*)

5. Wenn / du / gehen / nicht / in / Bett / / erkälten . . . / du (*pres.*)

C.

1. Sie / heben / Hand / zu / Lichtschalter

2. Sonst / sie / müssen / sehen / nach / Teller (*subj. II pres. and past*)

3. Sie / ausmachen / Licht / / und / gehen / in / Bett

4. Mann / sprechen / / als ob / er / sein / halb / in / Schlaf (*1st clause past, 2nd clause subj. II pres.*)

5. Sie / merken / / daß / sein- / Stimme / klingen / unecht (*pres. and past*)

6. Frau / gähnen / / und / kriechen / unter / Decke (*pres. and past*)

7. Frau / hören / / daß / er / kauen / leise (*pres. and past*)

8. Kauen / sein / so regelmäßig / / daß / Frau / einschlafen / davon

D.

1. Frau / hinschieben / Mann / vier Scheiben Brot

2. Sie / weggehen / von / Lampe
   Sie / müssen / weggehen / von / Lampe

3. Sie / können / vertragen / Brot / nicht (*pres. and past*)
   Frau / sagen / / sie / können / vertragen / Brot / nicht (*pres.*)

4. Er / beugen . . . / über / Teller / / und / aufsehen / nicht (*pres. and past*)

5. Mann / leid tun / Frau

6. Nach / Weile / Frau / setzen . . . / an / Tisch

Express in German
A.

1. The woman woke up suddenly.

2. In the kitchen someone had bumped into a chair.

3. She found the bed empty.

4. She got up and groped through the apartment to the kitchen.

5. He had gone to the kitchen and had cut himself a slice of bread.

6. Before they went to bed she cleaned off the tablecloth.

7. She looked away from the plate.

B.

1. The man said that he had heard something.

2. He should have put on shoes.

3. She didn't look at her husband.

4. She couldn't stand his lying. (. . . that he was lying)

5. He caught cold.

C.

1. She raised her hand to the light switch.

2. Otherwise she would have had to look toward the plate.

3. She turned out the light and went to bed.

4. He said it as if he were half asleep.

5. She noticed that his voice sounded false.

6. She yawned and crept under the blanket.

7. She heard him chewing softly. (. . . that he was . . .)

D.

1. She pushed four slices of bread over to him.

2. She walked away from the lamp.

3. He bent over his plate and didn't look up.

4. She was sorry for him.

5. After a while she sat down at the table.

Questions
A.

1. Was ist um halb drei geschehen?

106 EXERCISES

2. Was hat sie aufgeweckt?

3. Was tat die Frau, als sie entdeckte, daß ihr Mann nicht da war?

4. Was lag auf dem Küchentisch?

5. Was hatte ihr Mann getan?

6. Was machte die Frau immer abends?

B.

1. Wie versuchte der Mann zu erklären, daß er in der Küche war?

2. Was hätte der Mann machen sollen?

3. Warum sah die Frau den Mann nicht an?

C.

1. Warum mußte sie das Licht ausmachen?

2. Wie sprach der Mann?

3. Was merkte die Frau an seiner Stimme?

4. Was hörte sie nach einiger Zeit?

5. Was wird über das Kauen des Mannes gesagt?

D.

1. Was tat die Frau am nächsten Abend?

2. Was sagte sie, als sie es tat?

3. Was tat der Mann?

4. Was tat die Frau am Ende der Geschichte?

hellgrau light gray
der **Frühjahrsmantel** spring coat

der **Vetter** cousin

verlassen* to leave   **behaupten** to maintain, assert
der **Kasten**, der **Briefkasten** mailbox   **stecken** *here:* to put
zurück•kehren (s) to return   **seitdem** since then

nämlich *here:* really
empfindlich noticeably, uncomfortably   **vor allem** above all, especially
das **Taschenbuch** handbook   der **Pilzsammler, —** mushroom collector
behalten* to keep   **eßbar** edible   der **Pilz, -e** mushroom
Im voraus vielen Dank many thanks in advance
herzlichst best regards

Der hellgraue Frühjahrsmantel

WOLFGANG HILDESHEIMER

V or zwei Monaten—wir saßen gerade beim Frühstück—
kam ein Brief von meinem Vetter Eduard. Mein Vetter
Eduard hatte an einem Frühlingsabend vor zwölf
Jahren das Haus verlassen, um, wie er behauptete, einen Brief in den
Kasten zu stecken, und war nicht zurückgekehrt. Seitdem hatte niemand   5
etwas von ihm gehört. Der Brief kam aus Sydney in Australien. Ich
öffnete ihn und las:

Lieber Paul!
Könntest Du mir meinen hellgrauen Frühjahrsmantel nachschicken? Ich kann ihn nämlich brauchen, da es hier oft emp-   10
findlich kalt ist, vor allem nachts. In der linken Tasche ist ein
„Taschenbuch für Pilzsammler." Das kannst Du herausnehmen
und behalten. Eßbare Pilze gibt es hier nämlich nicht. Im voraus
vielen Dank.

                       Herzlichst Dein Eduard   15

Ich sagte zu meiner Frau: „Ich habe einen Brief von meinem Vetter

gerade dabei sein   to be just doing something
der **Tauchsieder**   immersion heater   die **Blumenvase**   flower vase
das **Ei, -er**   egg

der **Klavierstimmer**   piano tuner   **schüchtern**   shy
zerstreut   absentminded, preoccupied   **weltfremd**   unworldly

das **Saiteninstrument, -e**   stringed instrument   **Blockflötenunterricht
erteilen**   to give recorder lessons
der **Akkord, -e**   chord   **an·schlagen***   to strike (a chord)
die **Garderobe**   closet
der **Speicher**   attic   **wundern**   to surprise
gewöhnlich   usually   **die Dinge tun**   to do things   **gleichgültig**   of
no importance
ein·packen   to pack, wrap up
sorgfältig   carefully   die **Post**   post office   **ein·fallen***   to strike,
occur to
das **Pilzbuch**   mushroom book   **heraus·nehmen***   to take out, remove
umher·irren   to wander around
schauen   to look   der **Schrank, ⁚e** cupboard, clothes closet

der **Irrtum**   mistake   **soeben**   just

aus Versehen   by mistake   **stören**   to disturb, bother
betreten   crestfallen   **wenn auch nicht**   although not   **erstaunt**
surprised, astonished
sich entschuldigen   to take one's leave
dafür   (in exchange) for it
verstaubt   dusty   der **Koffer**   trunk
zerknittert   crumpled
schließlich   after all
der **Zustand**   condition
auf·bügeln   to press (with an iron)
an·ziehen*   to put on   **sich verabschieden**   to say goodbye
erhalten*   to get, receive   der **Steinpilz, -e**   a highly prized mushroom
(*boletus edulis*)
das **Kilo(gramm), -e**   kilogram (2.2 pounds)

Eduard aus Australien bekommen." Sie war gerade dabei, den Tauchsieder in die Blumenvase zu stecken, um Eier darin zu kochen, und
fragte: „So? Was schreibt er?"

„Daß er seinen hellgrauen Mantel braucht und daß es in Australien
keine eßbaren Pilze gibt." – „Dann soll er doch etwas anderes essen",   5
sagte sie. – „Da hast du recht", sagte ich.

Später kam der Klavierstimmer. Er war ein etwas schüchterner und
zerstreuter Mann, ein wenig weltfremd sogar, aber er war sehr nett, und
natürlich sehr musikalisch. Er stimmte nicht nur Klaviere, sondern
reparierte auch Saiteninstrumente und erteilte Blockflötenunterricht. Er   10
hieß Kolhaas. Als ich vom Tisch aufstand, hörte ich ihn schon im Nebenzimmer Akkorde anschlagen.

In der Garderobe sah ich den hellgrauen Mantel hängen. Meine Frau
hatte ihn also schon vom Speicher geholt. Das wunderte mich, denn
gewöhnlich tut meine Frau die Dinge erst dann, wenn es gleichgültig   15
geworden ist, ob sie getan sind oder nicht. Ich packte den Mantel
sorgfältig ein, trug das Paket zur Post und schickte es ab. Erst dann fiel
mir ein, daß ich vergessen hatte, das Pilzbuch herauszunehmen. Aber ich
bin kein Pilzsammler.

Ich ging noch ein wenig spazieren, und als ich nach Hause kam,   20
irrten der Klavierstimmer und meine Frau in der Wohnung umher und
schauten in die Schränke und unter die Tische.

„Kann ich helfen?" fragte ich.

„Wir suchen Herrn Kolhaas' Mantel", sagte meine Frau.

„Ach so", sagte ich, meines Irrtums bewußt, „den habe ich soeben   25
nach Australien geschickt." – „Warum nach Australien?" fragte meine
Frau. „Aus Versehen", sagte ich. „Dann will ich nicht weiter stören",
sagte Herr Kolhaas, etwas betreten, wenn auch nicht besonders erstaunt,
und wollte sich entschuldigen, aber ich sagte: „Warten Sie, Sie können
dafür den Mantel von meinem Vetter bekommen."   30

Ich ging auf den Speicher und fand dort in einem verstaubten Koffer
den hellgrauen Mantel meines Vetters. Er war etwas zerknittert –
schließlich hatte er zwölf Jahre im Koffer gelegen – aber sonst in gutem
Zustand.

Meine Frau bügelte ihn noch ein wenig auf, während ich mit Herrn   35
Kolhaas ein Glas Sherry trank und er mir von einigen Klavieren erzählte,
die er gestimmt hatte. Dann zog er ihn an, verabschiedete sich und ging.

Wenige Tage später erhielten wir ein Paket. Darin waren Steinpilze,
etwa ein Kilo. Auf den Pilzen lagen zwei Briefe. Ich öffnete den ersten
und las: 40

liebenswürdig kind

die **Pilzsuche** mushroom hunt **zu·schicken** to send
schmecken+*dat.* to taste good (to someone) **außerdem** in addition
irrtümlich by mistake **mit·geben*** to include (along with)
hiermit herewith, enclosed (in a letter or package)
ergebenst very sincerely

der **Brief, um den es sich hier handelte** the letter he was referring to
offenbar apparently
mitsamt along with **zu Hause vergessen*** to leave at home
gerichtet an+*acc.* addressed to
der **Umschlag** envelope die **Theaterkarte** theater ticket, ticket to the
  opera der **Zettel** note

Gebrauch machen to make use
verreisen to take a trip
(sich) aus·spannen to relax (*usually reflexive in German*) **Lust haben**
  to want to (do something)
hin·gehen* to go (there), *i.e.,* to the opera die **Schmidt-Hohlweg** la
  Schmidt-Hohlweg (*in German and French famous singers and actors are
  referred to by their last names and the definite article*) **Elisabeth** *a
  role in Wagner's* Tannhäuser
schwärmen to be effusive about, rave **Gis** G-sharp
herzliche Grüße best regards
zum Mittagessen for lunch
eigentlich actually **her·kommen*** to come from
doch gar nicht nötig not at all necessary
eben just
hoffentlich hopefully, I hope **giftig** poisonous **übrigens** by the
  way
Was wird denn gespielt? What are they performing?
die **Aufführung** performance
ohnehin anyway
die **Bitte** request
die **Tenorblockflöte** tenor recorder **nämlich** namely (in explanation of
  his request)

Lieber Herr Holle, (so heiße ich)
da Sie so liebenswürdig waren, mir ein „Taschenbuch für Pilzsammler" in die Tasche zu stecken, möchte ich Ihnen als Dank
das Resultat meiner ersten Pilzsuche zuschicken und hoffe, daß
es Ihnen schmecken wird. Außerdem fand ich in der anderen 5
Tasche einen Brief, den Sie wohl irrtümlich mitgegeben haben.
Ich schicke ihn hiermit zurück.
                              Ergebenst Ihr A. M. Kolhaas

Der Brief, um den es sich hier handelte, war also wohl der, den mein
Vetter damals in den Kasten stecken wollte. Offenbar hatte er ihn dann 10
mitsamt dem Mantel zu Hause vergessen. Er war an Herrn Bernhard
Haase gerichtet, der, wie ich mich erinnerte, ein Freund meines Vetters
gewesen war. Ich öffnete den Umschlag. Eine Theaterkarte und ein Zettel
fielen heraus. Auf dem Zettel stand:

Lieber Bernhard! 15
Ich schicke Dir eine Karte zu „Tannhäuser" nächsten Montag,
von der ich keinen Gebrauch machen werde, da ich verreisen
möchte, um ein wenig auszuspannen. Vielleicht hast Du Lust,
hinzugehen. Die Schmidt-Hohlweg singt die Elisabeth. Du
schwärmst doch immer so von ihrem hohen Gis. 20
                              Herzliche Grüße, Dein Eduard

Zum Mittagessen gab es Steinpilze. „Die Pilze habe ich hier auf dem
Tisch gefunden. Wo kommen sie eigentlich her?" fragte meine Frau.
„Herr Kolhaas hat sie uns geschickt." — „Wie nett von ihm. Es wäre doch
gar nicht nötig gewesen." 25
„Nötig nicht", sagte ich, „aber er ist eben sehr nett."
„Hoffentlich sind sie nicht giftig. — Übrigens habe ich auch eine
Theaterkarte gefunden. Was wird denn gespielt?"
„Die Karte, die du gefunden hast", sagte ich, „ist zu einer Auf-
führung von ,Tannhäuser', aber die war vor zwölf Jahren!" — „Na ja", 30
sagte meine Frau, „zu ,Tannhäuser' hätte ich ohnehin keine große Lust
gehabt."
Heute morgen kam wieder ein Brief von Eduard mit der Bitte, ihm
eine Tenorblockflöte zu schicken. Er habe nämlich in dem Mantel (der

seltsamerweise for some strange reason **es sei denn** unless
zur Erlernung for learning das **Blockflötenspiel** playing the recorder
gedenken to have in mind, intend
erhältlich available

die **Kaffeemühle** coffee grinder **auseinander·nehmen*** to take apart

Das finde ich auch. I think so too.
erfrischend refreshing **entwaffnend** disarming die **Sachlichkeit**
  down-to-earth nature
die **Replik, -en** reply, retort **zwar** to be sure **nüchtern** sober,
  matter-of-fact, prosaic **erschöpfend** exhaustive, completely
  exhausting the subject matter

übrigens seltsamerweise länger geworden sei, es sei denn, er selbst sei kürzer geworden) ein Buch zur Erlernung des Blockflötenspiels gefunden und gedenke, davon Gebrauch zu machen. Aber Blockflöten seien in Australien nicht erhältlich.

„Wieder ein Brief von Eduard", sagte ich zu meiner Frau. Sie war gerade dabei, die Kaffeemühle auseinanderzunehmen und fragte: „Was schreibt er?" – „Daß es in Australien keine Blockflöten gibt." – „Dann soll er doch ein anderes Instrument spielen", sagte sie.

„Das finde ich auch", meinte ich.

Meine Frau ist von erfrischender, entwaffnender Sachlichkeit. Ihre Repliken sind zwar nüchtern aber erschöpfend.

EXERCISES

Introductory Exercises

Supply the correct forms of the verbs in parentheses. Do each sentence in the present tense, past tense, and present perfect tense, except where otherwise indicated.

A.

1. Vor zwei Monaten _____ ein Brief von meinem Vetter Eduard. (*past*
   (kommen*)
   and perf.)

2. Eduard _____ das Haus vor zwölf Jahren, um einen Brief in den
   (verlassen*)
   Kasten _____. (*past and past perf., keep final clause infinitival*)
   (stecken)

3. Er _____ das Haus, und er _____ nicht. (*pres. perf. and*
   (verlassen*)   (zurück·kehren)
   past perf.)

4. Seitdem _____ niemand etwas von ihm. (*pres. perf. and past perf.*)
   (hören)

5. Ein Brief _____ aus Sydney. (*past*)
   (kommen*)

6. Paul _____ den Brief und _____. (*past*)
   (öffnen)   (lesen*)

7. Er _____ Eduards hellgrauen Frühjahrsmantel nachschicken. (*pres. and*
   (sollen)
   past)

8. Paul _____ das „Taschenbuch für Pilzsammler" behalten. (*pres.*)
   (können)

9. Er _____ es behalten, weil es keine eßbaren Pilze da _____. (*pres.*)
   (können)   (geben*)

B.

1. Paul _____ seiner Frau, daß er einen Brief von seinem Vetter aus Aus-
   (sagen)
   tralien _____. (*1st clause past, 2nd clause pres. perf.*)
   (bekommen*)

2. Die Frau _____ , was er _____ . (*1st clause past, 2nd clause pres.*)
         (fragen)   (schreiben*)

3. Eduard _____ , daß er seinen hellgrauen Mantel _____ , und
         (schreiben*)   (brauchen)
   daß es keine eßbaren Pilze in Australien _____ . (*1st clause past, 2nd and*
                           (geben*)
   3rd clauses pres.)

4. Die Frau _____ , daß er etwas anderes essen _____ . (*pres. and past*)
         (sagen)   (sollen)

5. Später _____ der Klavierstimmer.
         (kommen*)

6. Er _____ ein schüchterner Mann, aber er _____ sehr musikalisch. (*past*)
      (sein)   (sein)

7. Er _____ nicht nur Klaviere, sondern _____ auch Blockflötenun-
      (stimmen)   (geben*)
   terricht. (*past*)

8. Paul _____ einen hellgrauen Mantel in der Garderobe.
      (sehen*)

9. Er _____ den Mantel sorgfältig, und _____ das Paket zur Post.
      (ein・packen)   (tragen*)
   (*past*)

10. Aber er _____ , das Pilzbuch _____ . (*past and past*
         (vergessen*)   (heraus・nehmen*)
    perf., keep final clause infinitival)

C.

1. Er _____ ein wenig.
      (spazieren・gehen*)

2. Als er nach Hause _____ , _____ seine Frau und der Klavier-
              (kommen*)   (umher・irren)
   stimmer in der Wohnung. (*past*)

3. Sie _____ in die Schränke und unter die Tische. (*past and pres. perf.*)
      (schauen)

4. Die Frau _____ , daß sie Herrn Kolhaas' Mantel _____ . (*1st clause*
         (sagen)   (suchen)
   past, 2nd clause pres.)

5. Paul _____ , daß er den Mantel gerade nach Australien _____ . (*1st*
         (sagen)   (schicken)
   clause past, 2nd clause pres. perf.)

6. Herr Kolhaas _____ , daß er nicht weiter stören _____ . (*past*)
            (sagen)   (wollen)

7. Er _____ dafür Eduards Mantel.
    (bekommen*)

8. Der Mantel _____ etwas zerknittert, aber sonst in gutem Zustand. (*past*)
            (sein)

9. Die Frau _____ den Mantel, während Paul und Herr Kolhaas ein Glas
            (bügeln)
   Sherry _____ . (*past*)
       (trinken*)

10. Herr Kolhaas _____ sich und _____ .
            (verabschieden)   (gehen*)

11. Später _____ sie ein Paket.
       (erhalten*)

12. In dem Paket _____ Steinpilze, und auf den Pilzen _____ zwei Briefe.
              (sein)   (liegen*)
   (*past*)

D.

1. Der eine Brief _____ von Kolhaas. (*past and pres. perf.*)
            (sein)

2. Er _____ für das Pilzbuch und _____ Herrn Holle das Resultat
    (danken)   (zu•schicken)
   seiner ersten Pilzsuche. (*pres. and past*)

3. Er _____ auch einen Brief in der Tasche. (*past, pres. perf., and past*
   (finden*)
   perf.)

4. Und er _____ den Brief.
       (zurück•schicken)

5. Er _____ einen Brief in der Tasche und _____ ihn. (*1st*
   (finden*)   (zurück•schicken)
   clause past perf., 2nd clause past)

6. Es _____ der Brief, den der Vetter in den Kasten stecken _____ . (*past*)
    (sein)   (wollen)

7. Paul _____ den Umschlag, und eine Theaterkarte und ein Zettel
      (öffnen)
   _____ . (*pres. and past*)
   (heraus•fallen*)

8. Eduard _____ seinem Freund Bernhard eine Karte zu „Tannhäuser"
   (schicken)
   (*past and past perf.*)

9. Eduard _____ verreisen, um sich ein wenig _____. (*keep final
   (wollen)   (aus•ruhen)
   clause infinitival*)

E.

1. Die Frau _____ die Pilze auf dem Tisch.
   (finden*)

2. Und so _____ es Pilze zum Mittagessen.
   (geben*)

3. Die Frau _____, wo die Pilze _____. (*past*)
   (fragen)   (her•kommen*)

4. Paul _____, daß Herr Kolhaas sie _____. (*1st clause past, 2nd
   (sagen)   (schicken)
   clause pres. perf.*)

5. Die Frau _____, daß sie auch eine Theaterkarte _____. (*1st clause
   (sagen)   (finden*)
   past, 2nd clause pres. perf.*)

6. Sie _____, was gespielt _____. (*1st clause past, 2nd clause pres.*)
   (fragen)   (werden)

7. Paul _____, daß die Karte zu „Tannhäuser" _____, aber daß die
   (antworten)   (sein)
   Karte 12 Jahre alt _____. (*1st clause past, 2nd and 3rd clauses pres.*)
   (sein)

8. Die Frau _____, daß sie „Tannhäuser" sowieso nicht _____. (*pres.*)
   (sagen)   (mögen)

9. Paul _____ noch einen Brief von Eduard.
   (bekommen*)

10. Er _____ ein Blockflötenbuch im Mantel, aber es _____ keine
    (finden*)   (geben*)
    Blockflöten in Australien. (*1st clause pres. perf., 2nd clause pres.*)

11. Er _____ Paul, ihm eine Tenorblockflöte _____. (*past, final clause
    (bitten*)   (schicken)
    infinitival*)

12. Die Frau _____, was Eduard _____. (*1st clause past, 2nd clause
    (fragen)   (schreiben*)
    pres. perf.*)

13. Die Frau _____, er _____ ein anderes Instrument spielen. (*pres. and*
       (sagen)   (sollen)
    past)

Synthetic Exercises

Use the following elements to make complete sentences. Form the present tense, past tense, and present perfect tense, except where otherwise indicated.

A.

1. Vor / zwei Monate/ kommen / Brief / von / mein / Vetter Eduard (*past and perf.*)

2. Eduard / verlassen / Haus / vor / zwölf Jahre / / um / stecken / Brief / in / Kasten (*past and past perf., keep final clause infinitival*)

3. Er/ verlassen / Haus / / und / er / zurückkehren / nicht (*pres. perf. and past perf.*)

4. Seitdem / niemand / hören / etwas / von / (*him*) (*pres. perf. and past perf.*)

5. Brief / kommen / aus Sydney (*past*)

6. Paul / öffnen / Brief / / und / lesen (*past*)

7. Er / sollen / nachschicken / Eduards / hellgrau / Frühjahrsmantel (*pres. and past*)

8. Paul / können / behalten / „Taschenbuch für Pilzsammler" (*pres.*)

9. Er / können / behalten / es / / weil / es / geben / kein / eßbar / Pilze / da (*pres.*)

B.

1. Paul / sagen / Frau / / daß / er / bekommen / Brief / von / Vetter / aus Australien (*1st clause past, 2nd clause pres. perf.*)

2. Frau / fragen / / was / er / schreiben (*1st clause past, 2nd clause pres.*)

3. Eduard / schreiben / / daß / er / brauchen / sein- / hellgrau / Mantel / / und / daß / es / geben / kein / eßbar / Pilze / in Australien (*1st clause past, 2nd and 3rd clauses pres.*)

4. Frau / sagen / / daß / er / sollen / essen / etwas ander- (*pres. and past*)

5. Später / Klavierstimmer / kommen (*past and pres. perf.*)

6. Er / sein / schüchtern / Mann / / aber / er / sein / sehr musikalisch (*past*)

7. Er / stimmen / nicht nur / Klaviere / / sondern / geben / auch / Blockflöten-unterricht (*past*)

8. Paul / sehen / hellgrau / Mantel / in / Garderobe (*past and pres. perf.*)

9. Er / einpacken / Mantel / sorgfältig / / und / tragen / Paket / zu / Post (*past*)

10. Aber / er / vergessen / / herausnehmen / Pilzbuch (*past and past perf.*, *keep final clause infinitival*)

C.

1. Er / spazierengehen / ein wenig

2. Als / er / kommen / nach Hause / / Klavierstimmer / und / Frau / umher-irren / in / Wohnung (*past*)

3. Sie / schauen / in / Schränke / und / unter / Tische (*past and pres. perf.*)

4. Frau / sagen / / daß / sie / suchen / Herr Kolhaas / Mantel (*1st clause past, 2nd clause pres.*)

5. Paul / sagen / / daß / er / schicken / Mantel / gerade / nach Australien (*1st clause past, 2nd clause pres. perf.*)

6. Herr Kolhaas / sagen / / daß / er / wollen / stören / nicht weiter (*past*)

7. Er / bekommen / dafür / Eduards Mantel

8. Mantel / sein / etwas zerknittert / / aber / sonst / in / gut / Zustand (*past*)

9. Frau / bügeln / Mantel / / während / Paul und Herr Kolhaas / trinken / Glas Sherry (*past*)

10. Herr Kolhaas / verabschieden . . . / / und / gehen

11. Später / sie (*they*) / erhalten / Paket

12. In / Paket / sein / Steinpilze / / und / auf / Pilze / liegen / zwei Briefe (*past*)

D.

1. Der ein- / Brief / sein / von / Kolhaas (*past and pres. perf.*)

2. Er / danken / für / Pilzbuch / / und / zuschicken / Herr Holle / Resultat / sein- / erst- / Pilzsuche (*pres. and past*)

3. Er / finden / auch / Brief / in / Tasche (*past, pres. perf., and past perf.*)

4. Und / er / zurückschicken / Brief

5. Er / finden / Brief / in / Tasche / / und / zurückschicken / (*it*) (*1st clause past perf., 2nd clause past*)

6. Es / sein / Brief / / (*that*) / Vetter / wollen / stecken / in / Kasten (*past*)

7. Paul / öffnen / Umschlag / / und / Theaterkarte / und / Zettel / herausfallen (*pres. and past*)

8. Eduard / schicken / Bernhard / Karte / zu „Tannhäuser" (*past and past perf.*)

9. Eduard / wollen / verreisen / / um / ausruhen . . . / ein wenig (*keep final clause infinitival*)

E.

1. Frau / finden / Pilze / auf / Tisch / / und / so / es / geben / Pilze / zu / Mittagessen

2. Frau / fragen / / wo / Pilze / herkommen (*past*)

3. Paul / sagen / / daß / Herr Kolhaas / schicken / sie (*1st clause past, 2nd clause pres. perf.*)

4. Frau / sagen / / daß / sie / finden / auch / Theaterkarte (*1st clause past, 2nd clause pres. perf.*)

5. Sie / fragen / / was / gespielt (*passive*) (*1st clause past, 2nd clause pres.*)

6. Paul / antworten / / daß / Karte / sein / zu „Tannhäuser" / / aber / daß / Karte / sein / 12 Jahre alt (*1st clause past, 2nd and 3rd clauses pres.*)

7. Frau / sagen / / daß / sie / mögen / „Tannhäuser" / sowieso nicht (*pres.*)

8. Paul / bekommen / noch ein- / Brief von Eduard

9. Er / finden / Blockflötenbuch / in / Mantel / / aber / es / geben / kein / Blockflöten / in / Australien (*1st clause pres. perf., 2nd clause pres.*)

10. Er / bitten / Paul / / schicken / (*to him*) / Tenorblockflöte (*past, final clause infinitival*)

11. Frau / fragen / / was / Eduard / schreiben (*1st clause past, 2nd clause pres. perf.*)

12. Frau / sagen / / er / sollen / spielen / ander- / Instrument (*pres. and past*)

Express in German

A.

1. Two months ago a letter came from my cousin Eduard.

2. Eduard had left the house twelve years ago.

3. He had left the house and hadn't returned.

4. Since then nobody had heard from him.

5. Then a letter came from Sydney.

6. Paul was supposed to send Eduard's light gray coat.

7. Paul can keep the mushroom book (**Pilzbuch**).

8. There aren't any edible mushrooms in Australia.

B.

1. Paul said that he had got a letter from his cousin.

2. He writes that he needs his light gray coat.

3. He also wrote that there aren't any edible mushrooms in Australia.

4. Paul's wife said that he should eat something else.

5. Later the piano tuner came.

6. He was a shy man but he was very musical.

7. He gave recorder lessons.

8. Paul saw a light gray coat in the closet.

9. He wrapped it up and took it to the post office.

10. But he forgot to take out the mushroom book.

C.

1. When Paul came home his wife was wandering around in the apartment.

2. She was looking for Mr. Kolhaas' coat.

3. Paul said that he has just sent the coat (off) to Australia.

4. Mr. Kolhaas got Eduard's coat.

5. Paul's wife pressed the coat while Paul and Mr. Kolhaas drank a glass of sherry.

6. Later they got a package.

7. In the package were (some) mushrooms and two letters.

D.

1. One letter was from Mr. Kolhaas.

2. He thanked Paul for the mushroom book.

3. He had also found a letter in the pocket.

4. And he was sending the letter back.

5. Paul opened the envelope and a theater ticket and a note fell out.

6. Eduard had wanted to take a trip.

E.

1. There were mushrooms for lunch.

2. Paul's wife asked where the mushrooms came from.

3. Mr. Kolhaas had sent them.

4. Paul says that the theater ticket is twelve years old.

5. His wife says that she doesn't like "Tannhäuser" anyway.

6. Paul got another letter from Eduard.

7. He asked Paul to send him a recorder.

8. Paul's wife said that he should play another instrument.

Questions

A.

1. Was hat der Erzähler vor zwei Monaten bekommen?

2. Was hatte Eduard vor zwölf Jahren getan?

3. Warum hatte er es angeblich (*supposedly*) getan?

4. Wo wohnt Eduard jetzt?

5. Was soll Paul Eduard nachschicken?

6. Was kann Paul behalten?

7. Warum kann er es behalten?

B.

1. Was sagt Pauls Frau dazu, daß es keine eßbaren Pilze in Australien gibt?

2. Beschreiben Sie den Klavierstimmer!

3. Stimmt Herr Kolhaas nur Klaviere? (Blockflötenunterricht)

4. Was sieht Paul in der Garderobe?

5. Wem gehört dieser Mantel?

6. Was tut Paul mit dem Mantel?

7. Was vergißt Paul?

C.

1. Was tun Pauls Frau und der Klavierstimmer, als Paul nach Hause kommt?

2. Was bekommt Herr Kolhaas?

3. Was tun Paul und Herr Kolhaas, während Pauls Frau den Mantel bügelt?

4. Was ist in dem Paket, das Herr Kolhaas Paul schickt?

D.

1. Wie drückt Herr Kolhaas seinen Dank aus? (**aus•drücken**   to express)

2. Was findet Paul in dem Umschlag?

3. Warum wollte Eduard verreisen?

E.

1. Warum können sie die Theaterkarte nicht gebrauchen?

2. Was sagt die Frau dazu?

3. Warum soll Paul Eduard eine Blockflöte schicken?

4. Was sagt die Frau dazu?

der **Stift, -e**   pin

die **Türklinke, -en**   doorhandle   **bestehen* aus**+*dat.*   to consist of
  der **Teil, -e**   part
stecken   to fit   **ineinander**   into one another
zerfallen* (s)   to fall apart (*or* to pieces)
die **Herrlichkeit**   splendor; *here:* the whole shebang, the whole works
die **Obertertia**   upper third form, *approximately equivalent to the 9th grade*
  bewährt   proven
der **Grundsatz, ⁻e**   principle   **konstruieren**   to construct
mit...Energie   with his customary concentrated energy; *lit.:* with the to him
  customary concentrated energy   **behalten***   to keep, retain
draußen   outside   **klirren**   to clank, clatter   der **Gang, ⁻e**   hallway,
  corridor
viereckig   square   das **Loch, ⁻er**   hole   **desgleichen**   likewise
den Atem an·halten*   to hold one's breath   **unbändig**   unrestrained,
  tremendous
römisch eins   Roman numeral one
ausführlich   extensive, detailed   die **Untersuchung, -en**   investigation
  schuldbeladen   guilt-laden   der **Schüler, —**   elementary- or high-
  school student
heraus·ziehen*   to pull out   der **Versuch, -e**   attempt, experiment
herum·gehen* (s)   to pass (*referring to time*)
weder...noch   neither...nor
erfahren   experienced   **ausgerechnet**   expressly, of all things

Der Stift

HEINRICH SPOERL

E ine Türklinke besteht aus zwei Teilen, einem positiven und einem negativen. Sie stecken ineinander, der kleine wichtige Stift hält sie zusammen. Ohne ihn zerfällt die Herrlichkeit.

Auch die Türklinke an der Obertertia ist nach diesem bewährten Grundsatz konstruiert.

Als der Lehrer für Englisch um zwölf in die Klasse kam und mit der ihm gewohnten konzentrierten Energie die Tür hinter sich schloß, behielt er den negativen Teil der Klinke in der Hand. Der positive Teil flog draußen klirrend auf den Gang.

Mit dem negativen Teil kann man keine Tür öffnen. Die Tür hat nur ein viereckiges Loch. Der negative Teil desgleichen.

Die Klasse hatte den Atem angehalten und bricht jetzt in unbändige Freude aus. Sie weiß, was kommt. Nämlich römisch eins: Eine ausführliche Untersuchung, welcher schuldbeladene Schüler den Stift herausgezogen hat. Und römisch zwei: Technische Versuche, wie man ohne Klinke die Tür öffnen kann. Damit wird die Stunde herumgehen.

Aber es kam nichts. Weder römisch eins noch römisch zwei. Professor Heimbach war ein viel zu erfahrener Pädagoge, um sich ausgerechnet mit seiner Obertertia auf kriminalistische Untersuchungen und

sich ein·lassen* auf+*acc.*   to get involved in   **erwarten**   to expect
das **Gegenteil, -e**   opposite
gleichgültig   indifferently   **an·fangen***   to begin   das **Kapitel, —**
chapter   der **Absatz, ⁻e**   paragraph

verpufft   fizzled, shot, "blown"
schlau   clever, sly
auf einmal   all at once, suddenly

trotzdem   nonetheless, anyway

behaupten   to maintain
der **Pflaumenkuchen, —**   plum cakes or tarts

widerlegen   to refute, disprove   die **Folge -n**   consequence
nach·geben*   to give in   **herum·stochern**   to poke around
der **Schlüssel, —**   key
hinein·klemmen   to jam in
merkwürdig   remarkable
krabbeln   to grope   **geschäftig**   busily   **feixen**   to give a snorting,
half-repressed laugh; grin
unvorsichtigerweise   incautiously
der **Menschenkenner, —**   keen observer of human nature

das **Gewissen**   conscience
das **Grinsen**   grinning

es schellt   the bell rings   die **Anstalt, -en**   institution, school
schütten   to pour   der **Insasse, -n** inmate   **erlösen**   to release, set free

der **Unterricht**   instruction
das **Katheder, —**   lecture platform

außerdem   besides that
die **Backe, -n**   cheek   **kauen an**+*dat.*   to chew on
betreten   crestfallen

technische Probleme einzulassen. Er wußte, was man erwartete, und tat das Gegenteil.

„Wir werden schon mal wieder herauskommen", meinte er gleichgültig. „Mathiesen, fang mal an. Kapitel siebzehn, zweiter Absatz."

Mathiesen fing an, bekam eine drei minus. Dann ging es weiter; die 5 Stunde lief wie jede andere. Die Sache mit dem Stift war verpufft.

Aber die Jungens waren doch noch schlauer. Wenigstens einer von ihnen. Auf einmal steht der lange Klostermann auf und sage, er muß raus.

„Wir gehen nachher alle." 10

Er muß aber trotzdem.

„Setz dich hin!"

Der lange Klostermann steht immer noch; er behauptet, er habe Pflaumenkuchen gegessen und so weiter.

Professor Heimbach steht vor einem Problem. Pflaumenkuchen 15 kann man nicht widerlegen. Wer will die Folgen auf sich nehmen?

Der Professor gibt nach. Er stochert mit seinen Hausschlüsseln in dem viereckigen Loch an der Tür herum. Aber keiner läßt sich hineinklemmen.

„Gebt mal eure Schlüssel her." Merkwürdig, niemand hat einen 20 Schlüssel. Sie krabbeln geschäftig in ihren Hosentaschen und feixen.

Unvorsichtigerweise feixt auch der Pflaumenkuchenmann. Professor Heimbach ist Menschenkenner. Wer Pflaumenkuchen gegessen hat und so weiter, der feixt nicht.

„Klostermann, ich kann dir nicht helfen. Setz dich ruhig hin. Die 25 Rechnung kannst du dem schicken, der den Stift auf dem Gewissen hat. —Kebben, laß das Grinsen und fahr fort."

Also wieder nichts.

Langsam, viel zu langsam, wird es ein Uhr. Es schellt. Die Anstalt schüttet ihre Insassen auf die Straße. Die Obertertia wird nicht erlöst. Sie 30 liegt im dritten Stock am toten Ende eines langen Ganges.

Professor Heimbach schließt den Unterricht und bleibt auf dem Katheder. Die Jungens packen ihre Bücher. „Wann können wir gehen?" — „Ich weiß nicht. Wir müssen eben warten."

Warten ist nichts für Jungens. Außerdem haben sie Hunger. Der 35 dicke Schrader hat noch ein Butterbrot und kaut mit vollen Backen; die andern kauen betreten an ihren Bleistiften.

„Können wir nicht vielleicht unsere Hausarbeiten machen?"

„Nein! Erstens werden Hausarbeiten, wie der Name sagt, zu Hause gemacht. Und zweitens habt ihr fünf Stunden hinter euch und müßt eure 40

zart delicate   **schonen** to spare   **sich aus•ruhen** to rest
meinethalben (meinetwegen) for all I care
die **Bank, ⁼e** bench   **genügend** enough, satisfactorily   **üben** to practice
empfehlen* to recommend
öd(e) desolate, dull   die **Langeweile** boredom   **kriechen*** (s) to creep   **dösen** to doze
korrigieren to correct   das **Heft, -e** notebook
die **Putzfrau, -en** cleaning woman
stolz auf+*acc.* proud of   **Klassenhiebe** punishment administered by the class (*i.e.*, they jump him after class)

zarte Gesundheit schonen. Ruht euch aus; meinethalben könnt ihr schlafen."

Schlafen in den Bänken hat man genügend geübt. Es ist wundervoll. Aber es geht nur, wenn es verboten ist. Jetzt, wo es empfohlen wird, macht es keinen Spaß und funktioniert nicht. 5
Eine öde Langeweile kriecht durch das Zimmer. Die Jungen dösen. Der Professor hat es besser: er korrigiert Hefte.

Kurz nach zwei kamen die Putzfrauen, die Obertertia konnte nach Hause, und der lange Klostermann, der das mit dem Stift gemacht hatte und sehr stolz darauf war, bekam Klassenhiebe. 10

EXERCISES

Introductory Exercises

Supply the correct forms of the verbs in parentheses. Do each sentence in the present tense, past tense, and present perfect tense, except where otherwise indicated.

A.

1. Die Türklinke _____ aus zwei Teilen, einem positiven und einem
   (bestehen*)
   negativen. (*pres. and past*)

2. Die zwei Teile _____ ineinander. (*pres. and past*)
   (stecken)

3. Der Stift _____ den positiven und den negativen Teil.
   (zusammen•halten*)

4. Ohne den Stift _____ die Türklinke. (*pres. and subj. II pres.*)
   (zerfallen*)

5. Der Lehrer _____ in die Klasse und _____ die Tür hinter sich.
   (kommen*)   (schließen*)

6. Als er die Tür _____ , _____ er den negativen Teil in der Hand.
   (schließen*)   (behalten*)
   (*past*)

7. Der positive Teil _____ auf den Gang. Er _____ auf den Boden.
   (fliegen*)   (fallen*)
   (der **Boden** floor)

8. Man _____ keine Tür mit dem negativen Teil öffnen.
   (können)

9. Die Klasse _____ den Atem.
   (an•halten*)

10. Römisch eins _____ , wer den Stift _____ . (*1st clause pres., 2nd*
    (sein)   (heraus•ziehen*)
    clause pres. perf.)

11. Römisch zwei _____ , wie man die Tür öffnen _____ . (*pres.*)
    (sein)   (können)

B.

1. Es _____ weder römisch eins noch römisch zwei.
   (kommen*)

2. Er _____ sich nicht darauf.
   (ein·lassen*)
   Er _____ zu intelligent, um sich darauf _____. (*pres. and past,*
   (sein)   (ein·lassen*)
   keep final clause infinitival)
   Professor Heimbach _____ ein zu erfahrener Pädagoge, um sich darauf
   (sein)
   _____. (*pres. and past, keep final clause infinitival*)
   (ein·lassen*)

3. Der Professor _____, was man _____, und er _____ das Gegen-
   (wissen*)   (erwarten)   (tun*)
   teil. (*pres. and past*)

4. Auf einmal _____ Klostermann und _____, daß er heraus
   (auf·stehen*)   (sagen)
   _____. (*1st and 2nd clauses past, final clause subj. II pres.*)
   (müssen)

5. Professor Heimbach _____, daß Klostermann sich hinsetzen _____.
   (sagen)   (sollen)
   (*pres. and past*)

6. Er _____ die Folgen nicht auf sich nehmen.
   (wollen)

7. Der Professor _____ endlich.
   (nach·geben*)

C.

1. Kein Schlüssel _____ sich hineinklemmen.
   (lassen*)

2. Es _____ merkwürdig, daß niemand einen Schlüssel _____. (*pres. and*
   (sein)   (haben)
   past)

3. Wer Pflaumenkuchen _____, _____ nicht (*pres.*)
   (essen*)   (feixen)

4. Er _____ dem die Rechnung schicken, der den Stift auf dem Gewissen
   (können)
   _____. (*pres.*)
   (haben)

5. Er _____ das Grinsen und _____. (*pres. and past*)
   (lassen*)   (fort·fahren*)
   Kebben! _____ das Grinsen und _____. (*imperative*)
   (lassen*)   (fort·fahren*)

6. Die Obertertia _____ im dritten Stock am toten Ende eines langen
   (liegen*)
   Ganges. (*pres. and past*)

7. Professor Heimbach _____ den Unterricht und _____ auf dem
   (schließen*)   (bleiben*)
   Katheder.

8. Die Schüler _____ an ihren Bleistiften.
   (kauen)
   Einer _____ an einem Butterbrot, und die anderen _____ an ihren Blei-
   (kauen)   (kauen)
   stiften. (*pres. and past*)

D.

1. Hausarbeiten _____ zu Hause gemacht. (*passive*)
   (werden)
   Hausarbeiten _____ zu Hause gemacht werden. (*passive*)
   (müssen)

2. Die Schüler _____ ihre Gesundheit schonen. (*pres. and past*)
   (müssen)

3. Er _____, daß die Schüler schlafen _____. (*past*)
   (sagen)   (sollen)

4. Es _____ nur, wenn es verboten _____. (*pres. and past*)
   (gehen*)   (sein)

5. Er _____ stolz auf seine Arbeit. (*pres. and past*)
   (sein)
   Er _____ stolz darauf, daß seine Arbeit gut _____. (*pres. and past*)
   (sein)   (sein)
   Klostermann _____ stolz darauf, daß er den Stift _____ (*1st*
   (sein)   (heraus·ziehen*)
   clause past, 2nd clause past perf.)

Synthetic Exercises

Use the following elements to make complete sentences. Form the
present tense, past tense, and present perfect tense, except where otherwise indicated.

A.

1. Türklinke / bestehen / aus / zwei / Teile / / positiv / negativ (*pres. and past*)

2. Stift / zusammenhalten / positiv / und / negativ / Teil (*pres.*)

3. Ohne / Stift / zerfallen / Türklinke (*pres. and subj. II pres.*)

4. Lehrer / kommen / in / Klasse / / und / schließen / Tür / hinter... (*past*)

5. Als / er / schließen / Tür / / er / behalten / negativ / Teil / in / Hand (*past*)

6. Positiv / Teil / fliegen / auf / Gang
   Er / fallen / auf / Boden

7. Man / können / öffnen / kein / Tür / mit / negativ / Teil (*pres.*)

8. Klasse / anhalten / Atem

9. „I" / sein / / wer / herausziehen / Stift (*1st clause pres., 2nd clause pres. perf.*)

10. „II" / sein / / wie / man / können / öffnen / Tür (*pres.*)

B.

1. Es / kommen / weder I noch II

2. Er / einlassen.../ nicht / darauf
   Er / sein / zu intelligent / / um / einlassen.../ darauf (*pres. and past, keep final clause infinitival*)
   Professor Heimbach / sein / zu erfahren / Pädagoge / / um / einlassen.../ darauf (*pres. and past, keep final clause infinitival*)

3. Professor / wissen / / was / man / erwarten / / und / er / tun / Gegenteil (*pres. and past*)

4. Auf einmal / Klostermann / aufstehen / / und / sagen / / daß / er / müssen / hinaus (*1st and 2nd clauses past, final clause subj. II pres.*)

5. Professor Heimbach / sagen / / daß / Klostermann / sollen / hinsetzen... (*past*)

6. Professor / nachgeben / endlich

C.

1. Kein Schlüssel / lassen / hineinklemmen...

2. Es / sein / merkwürdig / / daß / niemand / haben / Schlüssel (*pres. and past*)

3. Wer / essen / Pflaumenkuchen / / feixen / nicht (*pres.*)

4. Er / lassen / Grinsen / / und / fortfahren (*pres. and past*)

5. Obertertia / liegen / an / tot / Ende / lang / Gang (*pres. and past*)

6. Professor Heimbach / schließen / Unterricht / / und / bleiben / auf / Katheder

7. Schüler / kauen / an / ihr / Bleistifte
   Einer / kauen / an / Butterbrot / / und / andere / kauen / an / Bleistifte

D.

1. Hausarbeiten / gemacht (*passive*) / zu Hause
   Hausarbeiten / müssen / gemacht (*passive*) / zu Hause

2. Schüler / müssen / schonen / Gesundheit (*pres. and past*)

3. Er sagen / / daß / Schüler / sollen / schlafen (*past*)

4. Es / gehen / nur / / wenn / es / sein / verboten (*pres. and past*)

5. Er / sein / stolz / auf / Arbeit (*pres. and past*)
   Er / sein / stolz darauf / / daß / Arbeit / sein / gut (*pres. and past*)
   Klostermann / sein / stolz / darauf / / daß / er / herausziehen / Stift (*1st clause past, 2nd clause past perf.*)

Express in German

A.

1. A doorhandle consists of two parts: a positive (part) and a negative (part).

2. The two parts fit into one another.

3. The pin holds the positive and the negative part(s) together.

4. Without the pin the door handle would fall apart.

5. The teacher came into class and shut the door behind him.

6. He was left holding (kept) the negative part in his hand.

7. It fell onto the floor (der **Boden**).

8. One can't open a door with the negative part.

9. The class held its breath.

10. Roman numeral I was who had pulled out the pin.

11. Roman numeral II was how one can open the door.

B.

1. He was too intelligent to let himself in for it.

2. He knew what they expected and did the opposite.

3. All at once Klostermann stood up and said that he had to *leave*.

4. Professor Heimbach said that Klostermann should sit down.

5. The professor gave in.

C.

1. *None of the keys* could be jammed in. (*Use* **lassen**.)

2. It was remarkable that no one had a key.

3. Anyone who has eaten something like that (**so etwas**) doesn't grin.

4. Kebben! Stop grinning and continue.

5. It's at the dead end of a long corridor.

6. The students chewed on their pencils.

D.

1. Homework (plural!) has to be done at home.

2. He said that they should sleep.

3. It only works when it's forbidden.

4. He was proud of his work.

5. Klostermann was proud that he had pulled out the pin.

Questions

A.

1. Beschreiben Sie eine Türklinke!

2. Was tat der Lehrer, als er in die Klasse kam?

3. Was ist mit der Klinke geschehen?

4. Was ist die Reaktion der Klasse?

5. Was soll römisch eins sein?

6. Römisch zwei?

B.

1. Was kam nicht?

2. Warum nicht?

3. Was tat der Lehrer? (Gegenteil)

4. Wie lief die Stunde? (jed- ander-)

5. Was sagt der lange Klostermann?

6. Was tut der Professor?

C.

1. Was ist merkwürdig?

2. Was tut Klostermann und warum hätte er es nicht tun sollen?

3. Was geschieht um ein Uhr?

4. Wo liegt die Obertertia?

5. Woran kauen die Schüler?

D.

1. Was wollen die Schüler machen?

2. Warum dürfen sie es nicht?

3. Was empfiehlt Professor Heimbach?

4. Warum können die Schüler es nicht?

5. Was tut der Professor selbst? (korrigieren / Hefte)

frischgebacken brand new, *lit.:* "freshly baked"   der **Bauingenieur**
  civil engineer
rundherum knusperig *lit.:* "crisp on the outside," young but lacking
  experience   **und er wäre <u>es</u> noch...**   and he'd still be <u>that</u>
das **Schaufenster** shop window   **gucken** to look, peer
freilich to be sure   **ahnen** to suspect   die **Glasscheibe** pane of
  glass
lauern auf+*acc.* to lie in wait for
eine Stellung an•treten* to take or start a job
(sich) melden bei to report to, check in with   **bis an die Zähne...ein-**
  gekleidet dressed to the teeth
einen Eindruck machen to make an impression   **sich <u>eins</u> pfeifen*** to
  whistle a <u>tune</u> to oneself   der **Koffer, —** suitcase   **pendeln** to
  swing back and forth
nach•gucken+*dat.* to look at
die **Auslage** display   der **Buchladen** bookstore
die **Leseware, -n** book (or any reading material)   der **Schutzumschlag**
  dustjacket (of a book)   die **Aufschrift** title
der **Sakko** jacket   der **Schlips** tie   **verrutscht** crooked, askew
unwillkürlich without thinking about it, involuntarily   **zurecht•rücken**
  to straighten
betrachten to look at
glaubte zu träumen thought he was dreaming   **zwicken** to pinch

Es steht geschrieben

HANS DAIBER

K arl Kornemann war ein frischgebackener Bauingenieur, rundherum knusperig, und er wäre es noch,
wenn er nicht in ein gewisses Schaufenster geguckt
hätte. Freilich hat er nicht ahnen können, was dort hinter der Glasscheibe
auf ihn lauerte. 5

Er kam vom Hauptbahnhof, war gerade angekommen, wollte hier
seine erste Stellung antreten, aber die Stadt ein wenig ansehen, bevor er
sich bei der Firma meldete. Er war bis an die Zähne neu eingekleidet, um
guten Eindruck zu machen, pfiff sich eins, ließ den Koffer pendeln,
guckte den Mädchen nach und in die Schaufenster. 10

Plötzlich erblickte er in der Auslage eines Buchladens zwischen
anderen Lesewaren einen roten Schutzumschlag mit der Aufschrift
„Kornemann kommt in die Stadt". Darüber ein Foto, das ihn zeigte, mit
dem Koffer, dem neuen Sakko. Der Schlips auf dem Foto war verrutscht.
Unwillkürlich rückte Kornemann seine Krawatte zurecht. Dann be- 15
trachtete er wieder das Buch. Der Schlips des jungen Mannes auf dem
Foto war jetzt in Ordnung. Kornemann glaubte zu träumen, zwickte sich

Hans Daiber, "Es steht geschrieben," from *Argumente für Lazarus*, 1966. Reprinted by
permission of the author.

verschwinden* to disappear
de**r Band** volume (of a book)   **sich etwas geben lassen*** to have
someone hand you something   **verlassen*** to leave
das **Geschäft** store   **auf·fallen*** (s) + *dat.* to register on, to notice; *lit.:*
"Nothing had registered on the saleslady," *i.e.*, She hadn't noticed anything.

eilig quickly, in a hurry
eingewickelt wrapped up (in paper)   die **Promenaden-Bank** park bench
freundlich *here:* pleasant, cheerful   der **Goldfischteich** goldfish pond
aus·packen *here:* to unwrap
verblüfft nonplused, dumbfounded   **inne·halten*** to stop (reading)
die **Gänsehaut** gooseflesh   **umher·blicken** to look around
um ihn herum round about him   der **Alltag** routine, normalcy
(everything was normal)   die **Großstadt** large city   **keiner** no
one   **beachten** to pay attention to   **hastig** hastily
der **Buchkauf** purchase of the book
Und dann las er, daß er las. And then he read that he was reading.
die **Umgebung** surroundings   **entsetzt** horrified   **auf·springen*** (s)
to jump up   **wobei** *lit.:* whereby; *so that* (the book fell off his lap)
herunter·fallen* to fall down   **lackiert** glossy   **glänzen** to shine
der **Kerl** guy, fellow   **entgegen·starren** + *dat.* to stare at   **mit**
schreckgeweiteten Augen *lit.:* with fear-widened eyes; wide-eyed with
fear
sich ab·wenden* to turn away (from the book)
rief . . . hinter ihm her called after him
sich bedanken to express one's thanks   **auf·schlagen*** to open
die **Szene** scene   **gerade** just   **erleben** to experience
die **Zukunft** future
der **Schluß** *here:* the end of the book   **fort·fahren*** (s) to continue
weiter vorn further back toward the front of the book
wahllos herum·blättern to turn pages at random   **beliebig** "any old"
(sentence), at random
aufschreiend with a scream
packen to seize   das **Verlangen** desire   **kontrollieren** *here:* to find
out, check
die **Schreckreaktion** reaction of panic or fear (*here:* throwing the book in
the pond)   **bereits** already   **drin** in it (*i.e.*, in the book)
gleichzeitig at the same time   die **Atemnot** difficulty in breathing
als liege er selber . . . as if he himself were lying . . .   **stürzen** to rush
der **Rand** edge   das **Bassin** basin, pond

ins Bein. Doch das Buch im Schaufenster verschwand nicht.

Er ging in den Laden, ließ sich den Band geben, zahlte und verließ das Geschäft. Der Verkäuferin war nichts aufgefallen. Eilig suchte sich der junge Mann, das eingewickelte Buch unterm Arm, eine Promenaden-Bank, fand auch bald eine neben einem freundlichen Goldfischteich, setzte sich, packte das Buch aus und las: „Karl Kornemann war ein frischgebackener Bauingenieur, rundherum knusperig, und er wäre es noch, wenn er nicht in ein gewisses Schaufenster geguckt hätte. Freilich hat er nicht ahnen können..." 5

Verblüfft hielt der Leser inne. Er bekam Gänsehaut, blickte umher. Um ihn herum der Alltag einer Großstadt. Keiner beachtete ihn. Hastig las er weiter. Es stand alles da: der Buchkauf, die Promenaden-Bank. Und dann las er, daß er las. Und daß er verblüfft aufblickte, aber die Umgebung ganz normal war. Entsetzt sprang er auf, wobei das Buch herunterfiel. Der lackierte Schutzumschlag glänzte in der Sonne. Der Kerl auf der Fotografie starrte ihm mit schreckgeweiteten Augen entgegen. Kornemann wandte sich ab, nahm den Koffer auf und ging weg. „He, Sie haben Ihr Buch verloren!" rief ein Junge hinter ihm her und brachte es ihm. Kornemann bedankte sich und schlug das Buch noch einmal auf. Da stand die Szene, die er gerade erlebt hatte. 10

Er setzte sich noch einmal und versuchte, in die Zukunft zu lesen. Aber er las nur, daß er in die Zukunft zu lesen versuchte. Da wollte er den Schluß lesen, doch der Text am Schluß des Buches fuhr dort fort, wo er weiter vorn gerade aufgehört hatte: „Er versuchte, den Schluß zu lesen." Er blätterte wahllos herum, las einen beliebigen Satz und da stand: „Er blätterte wahllos herum, las einen beliebigen Satz und da stand: Er blätterte..." Aufschreiend warf Kornemann das Buch in den Teich. 25

Sofort packte ihn wieder das Verlangen zu kontrollieren, ob auch diese Schreckreaktion bereits drinstehe. Gleichzeitig bekam er Atemnot, als liege er selber unter Wasser. Er stürzte zum Rand des Bassins und war 30

im Begriff sein to be about to   **eben** just   der **Parkwächter**
watchman, attendant
zurück•reißen* to pull back   **flach** shallow
der **Retter** rescuer   **begütigend** soothingly, appeasingly   **dann erst**
not until then   **auf•fallen*** (s) + *dat.* to register on, notice (Not until
then did Kornemann's difficulty in breathing register on him. . .did he
notice it.)   **vermeintlich** supposed, presumed
der **Selbstmörder** suicide (person attempting suicide)   **sich verfärben** to
grow pale   **sich krallen an** + *acc.* to cling to
um•fallen* (s) to collapse   **röchelnd** with a rattling noise in his throat
laden* to load   der **Ohnmächtige** (adj. noun) unconscious man   der
Karren cart
das **städtische Gartenamt** the municipal park commission
   wobei *here:* in which   der **Passant, -en, -en** passerby
die **Sauerstoffmaske** oxygen mask   **zu sich kommen*** (s) to regain
consciousness, come to   **fest•stellen** to ascertain
die **Kreislaufstörung, -en** circulatory trouble   die **Ursache** cause
   der **Ohnmachtsanfall** fainting spell
sich erholen to recover   **rasch** quickly   die **Untersuchung** (*here:*
medical) examination
das **Bücherregal** bookcase   **hinaus•werfen*** to throw out   **legte**
sich in das oberste Fach lay down on the top shelf

eben im Begriff, das Buch herauszuziehen, als er von einem Parkwächter zurückgerissen wurde. „Das Wasser ist doch viel zu flach", sagte der Retter begütigend. Dann erst fiel ihm die Atemnot des vermeintlichen Selbstmörders auf. Kornemann verfärbte sich, krallte sich an seinen Retter und fiel röchelnd um.

Der Parkwächter lud den Ohnmächtigen auf einen Karren des städtischen Gartenamts, wobei Passanten halfen, und fuhr ihn ins nächste Krankenhaus. Unter der Sauerstoffmaske kam er zu sich. Der Arzt stellte Kreislaufstörungen als Ursache der Atemnot und des Ohnmachtsanfalls fest. Der Patient erholte sich rasch. Nach der Untersuchung trat er vor ein Bücherregal, warf die medizinische Literatur hinaus und legte sich in das oberste Fach.

EXERCISES

Introductory Exercises

Supply the correct forms of the verbs in parentheses. Do each sentence in the present tense, past tense, and present perfect tense, except where otherwise indicated.

A.

1. Karl Kornemann _____ ein frischgebackener Bauingenieur.
   (sein)

2. Er _____ in ein gewisses Schaufenster.
   (schauen)

3. Er _____ nicht ahnen, was hinter der Glasscheibe auf ihn _____.
   (können)   (lauern)

4. Kornemann _____ gerade. (*pres. perf. and past perf.*)
   (an·kommen*)

5. Er _____ hier seine erste Stellung antreten.
   (wollen)

6. Er _____ die Stadt ansehen, bevor er sich bei der Firma _____.
   (wollen)   (melden)
   (*past*)

7. Er _____ neu eingekleidet, um einen guten Eindruck _____. (*pres.*
   (sein)   (machen)
   and past, final clause infinitival)

8. Er _____ den Mädchen, und _____ in die Schaufenster.
   (nach·gucken)   (gucken)

B.

1. In einem Buchladen _____ er plötzlich einen Schutzumschlag mit der
   (erblicken)
   Aufschrift „Kornemann kommt in die Stadt". (*pres. and past*)

2. Darüber _____ ein Foto, das ihn mit seinem Koffer und seinem neuen
   (sein)
   Sakko _____. (*pres. and past*)
   (zeigen)

3. Der Schlips auf dem Foto _____ verrutscht. (*pres. and past*)
   (sein)

4. Unwillkürlich _____ seine Krawatte.
   (zurecht·rücken)

5. Dann _____ er wieder das Buch.
   (betrachten)

6. Der Schlips auf dem Foto _____ jetzt in Ordnung. (*pres. and past*)
   (sein)

7. Kornemann _____, daß er _____. (*pres. and past*)
   (glauben)   (träumen)

8. Er _____ sich ins Bein, aber das Buch in dem Schaufenster
   (zwicken)
   _____ nicht.
   (verschwinden*)

C.

1. Kornemann _____ in den Laden und _____ sich das Buch geben.
   (gehen*)   (lassen*)
   (*pres. and past*)

2. Er _____ und _____ das Geschäft. (*pres. and past*)
   (zahlen)   (verlassen*)

3. Der junge Mann _____eilig eine Promenaden-Bank.
   (suchen)

4. Er _____ sich und _____ das Buch.
   (setzen)   (aus·packen)

5. Er _____, daß Karl Kornemann ein frischgebackener Bauingenieur
   (lesen*)
   _____. (*pres. and past*)
   (sein)

6. Er _____ auch, daß er in ein gewisses Schaufenster _____.
   (lesen*)   (schauen)

D.

1. Der Leser _____ verblüfft, _____ Gänsehaut und
   (inne·halten*)   (bekommen*)
   _____. (*pres. and past*)
   (umher·blicken)

2. Er _____ hastig.
   (weiter·lesen*)

3. Es _____ alles da: der Buchkauf und die Promenaden-Bank.
   (stehen*)

4. Dann _____ er, daß er _____ . (*pres. and past*)
        (lesen*)   (lesen*)

5. Er _____ entsetzt, und das Buch _____ .
      (auf•springen*)   (herunter•fallen*)

6. Der Kerl auf dem Foto _____ ihm mit schreckgeweiteten
                 (entgegen•starren)
   Augen.

7. Kornemann _____ sich, und _____ weggehen.
        (ab•wenden*)   (wollen)

8. Ein Junge _____ ihm, daß er sein Buch _____ . (*1st clause*
        (nach•rufen*)   (vergessen*)
   past, 2nd clause past perf.)

9. Kornemann _____ sich und _____ das Buch noch einmal.
        (bedanken)   (auf•schlagen*)

10. Da _____ die Szene, die er gerade _____ . (*1st clause past, 2nd*
       (stehen*)   (erleben)
    clause past perf.)

E.

1. Er _____ sich wieder und _____ , in die Zukunft _____ . (*pres.*
      (setzen)   (versuchen)   (lesen*)
   and past, final clause infinitival)

2. Er _____ nur, daß er _____ , in die Zukunft _____ . (*pres. and*
      (lesen*)   (versuchen)   (lesen*)
   past, final clause infinitival)

3. Dann _____ er den Schluß lesen.
      (wollen)

4. Aber der Text am Schluß _____ dort, wo Kornemann gerade
                (fort•fahren*)
   _____ . (*1st clause past, 2nd clause past perf.*)
   (auf•hören)

5. Er _____ wahllos und _____ einen beliebigen Satz.
      (herum•blättern)   (lesen*)

6. Da _____ , daß er wahllos _____ , und daß er einen be-
      (stehen*)   (herum•blättern)
   liebigen Satz _____ . (*pres. and past*)
      (lesen*)

7. Kornemann _____ das Buch in den Teich.
      (werfen*)

F.

1. Er _____ sofort wissen, ob diese Schreckreaktion schon _____.
   (wollen)   (drin•stehen*)
   (*pres. and past*)

2. Er _____ gleichzeitig Atemnot, als ob er selber unter Wasser
   (bekommen*)
   _____. (*1st clause past, 2nd clause subj. II pres.*)
   (sein)

3. Er _____ im Begriff, das Buch _____, als er von einem Park-
   (sein)   (heraus•ziehen*)
   wächter zurückgerissen _____. (*past, 2nd clause infinitival*)
                          (werden)

4. Seine Atemnot _____ dem Parkwächter.
                 (auf•fallen*)

5. Kornemann _____ sich und _____.
             (verfärben)   (um•fallen*)

6. Der Parkwächter _____ Kornemann auf einen Karren und _____ ihn
                   (laden*)   (fahren*)
   ins nächste Krankenhaus.

7. Unter der Sauerstoffmaske _____ er zu sich.
                             (kommen*)

8. Der Patient _____ sich rasch.
               (erholen)

9. Nach der Untersuchung _____ er vor ein Bücherregal,
                         (treten*)
   _____ die medizinische Literatur und _____ sich in das
   (hinaus•werfen*)   (legen)
   oberste Fach. (*pres. and past*)

Synthetic Exercises

Use the following elements to make complete sentences. Form the
present tense, past tense, and present perfect tense, except where otherwise indicated.

A.

1. Karl Kornemann / sein / frischgebacken / Bauingenieur

2. Er / schauen / in / gewiß / Schaufenster

3. Er / können / ahnen / nicht / / was / lauern / hinter / Glasscheibe / auf / (*him*) (*pres. and past*)

4. Kornemann / ankommen / gerade (*pres. perf. and past perf.*)

5. Er / wollen / antreten / hier / sein- / erst / Stellung

6. Er / wollen / ansehen / Stadt / / bevor / er / melden... / bei / Firma (*pres. and past*)

7. Er / sein / neu eingekleidet / / um / machen / gut / Eindruck (*pres. and past, 2nd clause infinitival*)

8. Er / nachgucken / Mädchen / / und / gucken / in / Schaufenster

B.

1. In / ein / Buchladen / er / erblicken / plötzlich / Schutzumschlag / mit / Aufschrift / „Kornemann / kommen / in / Stadt" (*pres. and past, keep quotation in pres.*)

2. Darüber / sein / Foto / / das / zeigen / ihn / mit / sein- / Koffer / und / sein- / neu / Sakko (*pres. and past*)

3. Schlips / auf / Foto / sein / verrutscht (*pres. and past*)

4. Unwillkürlich / Kornemann / zurechtrücken / Krawatte

5. Dann / er / betrachten / wieder / Buch

6. Schlips / auf / Foto / sein / jetzt / Ordnung (*pres. and past*)

7. Kornemann / glauben / / daß / er / träumen (*pres. and past*)

8. Er / zwicken / sich / in / Bein / / aber / Buch / in / Schaufenster / verschwinden / nicht

C.

1. Kornemann / gehen / in / Laden / / und / kaufen / Buch (*pres. and past*)

2. Er / zahlen / / und / verlassen / Geschäft (*pres. and past*)

3. jung / Mann / suchen / eilig / Promenaden-Bank

4. Er / setzen... / / und / auspacken / Buch

5. Er / lesen / / daß / Karl Kornemann / sein / frischgebacken / Bauingenieur (*pres. and past*)

6. Er / lesen / auch / / daß / er / schauen / in / gewiß / Schaufenster (*pres. and past*)

D.

1. Leser / innehalten / verblüfft // bekommen / Gänsehaut // und / umherblicken (*pres. and past*)

2. Er / weiterlesen / hastig

3. Es / stehen / alles da / : / Buchkauf / und / Promenaden-Bank (*pres. and past*)

4. Dann / er / lesen // daß / er / lesen (pres. and past)

5. Er / aufspringen / entsetzt // und / Buch / herunterfallen

6. Kerl / auf / Foto / entgegenstarren / (*him*) / mit / schreckgeweitet / Augen

7. Kornemann / abwenden... // und / wollen / weggehen

8. Junge / nachrufen / (*him*) // daß / er / vergessen / Buch (*1st clause past, 2nd clause past perf.*)

9. Kornemann / bedanken... // und / aufschlagen / Buch / noch einmal

10. Da / stehen / Szene // − / er / erleben / gerade (*1st clause past, 2nd clause past perf.*)

E.

1. Er / setzen ... / wieder // und / versuchen // lesen / in / Zukunft (*pres. and past, final clause infinitival*)

2. Er / lesen / nur // daß / er / versuchen // lesen / in / Zukunft (*pres. and past, final clause infinitival*)

3. Dann / er / wollen / lesen / Schluß (*pres. and past*)

4. Aber / Text / an / Schluß / fortfahren / dort // wo / Kornemann / aufhören / gerade (*1st clause past, 2nd clause past perf.*)

5. Er / herumblättern / wahllos // und / lesen / ein / bclicbig / Satz

6. Da / stehen // daß / er / herumblättern / wahllos // und / daß / er / lesen / ein / beliebig / Satz (*pres. and past*)

7. Kornemann / werfen / Buch / in / Teich

F.

1. Er / wollen / wissen / sofort // ob / dies- / Schreckreaktion / drinstehen / schon (*pres. and past*)

2. Er / bekommen / gleichzeitig / Atemnot / / als ob / er selber / sein / unter Wasser (*1st clause past, 2nd clause subj. II pres.*)

3. Er / sein / im Begriff / / herausziehen / Buch / / als / er / zurückgerissen (*passive*) / von / Parkwächter / (*past tense, 2nd clause infinitival*)

4. Sein- / Atemnot / auffallen / Parkwächter

5. Kornemann / verfärben. . . / / und / umfallen

6. Parkwächter / laden / Kornemann / auf / Karren / / und / fahren / (*him*) / in / nächst- / Krankenhaus

7. Unter / Sauerstoffmaske / er / kommen / zu sich

8. Patient / erholen. . . / rasch

9. Nach / Untersuchung / er / treten / vor / Bücherregal / / hinauswerfen / medizinisch / Literatur / / und legen. . . / in / oberst- / Fach (*pres. and past*)

Express in German

A.

1. Karl Kornemann was a brand new engineer.

2. He looked into a certain display window.

3. Kornemann had just arrived.

4. He wanted to have a look at (**ansehen**) the city.

5. He wanted to make a good impression.

B.

1. In a bookstore he saw a book with the title "Kornemann Comes to Town."

2. Above it there was a picture of Kornemann.

3. It showed him with his suitcase and his new jacket.

4. The necktie in the picture was crooked.

5. Kornemann straightened his tie.

6. Then he looked at the picture again.

7. Now the tie in the picture was straight. (*lit.: in order*)

8. Kornemann thought he was dreaming.

C.

1. Kornemann went into the store and bought the book.

2. He looked for a park bench.

3. He sat down and unwrapped the book.

4. He read that Karl Kornemann was a brand new engineer.

5. He got gooseflesh.

D.

1. Everything was there.

2. Then he read that he was reading.

3. He jumped up and wanted to leave.

4. A boy called after him that he had forgotten his book.

E.

1. He sat down again.

2. He tried to read into the future.

3. He read that he was trying to read into the future.

4. Then he wanted to read the ending.

5. Kornemann threw the book into the pond.

F.

1. He felt (**sich fühlen**) as if he were under water.

2. Kornemann fell down and the park attendant took him to the hospital.

3. He recovered quickly.

4. He went to the bookcase.

5. He threw out the medical literature and lay down (*use* **sich**) on the top shelf.

Questions

A.

1. Wer ist Karl Kornemann?

2. Warum kommt er in die Stadt?

3. Was tut er am Anfang der Geschichte?

4. Warum ist er neu eingekleidet?

B.

1. Was sieht er im Schaufenster des Buchladens?

2. Beschreiben Sie das Foto über der Aufschrift!

3. Was tut Kornemann, als er sieht, daß der Schlips auf dem Foto verrutscht ist?

4. Warum glaubt er, daß er träumt?

C.

1. Warum geht Kornemann in den Laden?

2. Wo geht er dann hin?

3. Was liest er in dem Buch? (Bauingenieur / / Schaufenster)

D.

1. Was tut Kornemann, als er liest, daß er liest? (aufspringen / / weggehen)

2. Was ruft der Junge ihm nach?

3. Was findet Kornemann jetzt Neues in dem Buch?

E.

1. Was versucht er jetzt zu tun? (Zukunft)

2. Was liest er aber nur? (versuchen / / Zukunft)

3. Was tut er jetzt mit dem Buch? (Teich)

F.

1. Wie fühlt sich Kornemann, nachdem er das Buch ins Wasser geworfen hat? (als ob)

2. Was tut der Parkwächter mit Kornemann? (Krankenhaus)

3. Was tut Kornemann nach der Untersuchung?

der **Diebstahl** theft

die **Türe**=die **Tür**   **fremd** strange, unknown
den Hut ziehen* to take off one's hat   der **Ausländer** foreigner
der **Schnitt** cut   **hierzulande** in these parts, in this country
bunt colorful   der **Kolibri** hummingbird   **dabei** *here:* moreover

die **Schläfe, -n** temple

sprechen* + *acc.* =**sprechen* mit** + *dat.*   **erwidern** reply
dabei *here:* in so doing
die **Handbewegung** hand gesture   **die über die Hauswand. . .**
    zurücklief *freely:* which took in the wall of the house and the garden gate.
das **Schild** nameplate   **mochte sie bedeuten** it seemed to say

bestürzt crestfallen, dismayed   **verreist** off on a trip

lächeln to smile   **verlegen** embarrassedly

baden to bathe, take a bath
offenbar apparent(ly)   **aufrichtig** *here:* genuine   die **Freude** joy
beenden finish

Der Diebstahl

HEINZ RISSE

D as Mädchen öffnete die Türe; ein fremder Herr stand davor und zog den Hut. Ausländer, dachte das Mädchen, der Schnitt des Anzugs, hierzulande trug man sich anders, und erst der Schlips, bunt wie ein Kolibri. Dabei war es ein älterer Herr, seine Haare waren schon grau, nicht nur an den 5 Schläfen.

„Sie wünschen?" fragte das Mädchen.

„Ich möchte Herrn Nissing sprechen", erwiderte der Fremde.

„Er wohnt doch hier, nicht wahr?" Dabei machte er eine Handbewegung, die über die Hauswand zum Gartentor zurücklief—es ist 10 nämlich kein Schild hier, mochte sie bedeuten.

„Ja", sagte das Mädchen, „Herr Nissing wohnt hier. Aber Sie können ihn nicht sprechen."

„Ich kann ihn nicht sprechen?" fragte der Herr; er machte ein bestürztes Gesicht. „Herr Nissing ist doch nicht tot? Er wird verreist 15 sein, wie?"

Das Mädchen lächelte verlegen.

„Nein", erwiderte sie. „Herr Nissing ist weder tot noch verreist. Er badet gerade."

„Aber", rief der fremde Herr in offenbar aufrichtiger Freude, „aber 20 das ändert ja alles. Ich werde warten, bis Herr Nissing sein Bad beendet haben wird. In sein Büro werde ich mich setzen, es ist doch gleich hier rechts die erste Tür, nicht wahr, mein kleines Fräulein?"

Reprinted by permission of the author.

157

betreten* to enter, step into   der **Flur**   hallway   **zur Seite**
   weichen* to step aside
ausgezeichnet   very well indeed
dabei   *here:* there, present
ins Leben getreten sein=**geboren sein**
wie man zu sagen pflegt   as one says

das **Büro**   *here:* study

die **Garderobe**   coatrack
einige Zeit dauern   to take some time

der **Betende**   supplicant

Wert legen auf   to attach importance to
eine historisch einwandfreie Darstellung   an historically impeccable
   account
fort·bringen*   *here:* to take

betrachten   to examine   **sich befinden***   to be, find oneself
alles beim alten   everything as it was back then   **stillgesetzt**   stopped,
   suspended   der **Stich**   engraving
der **Bücherschrank**   bookcase   der **Sessel**   armchair   die **Lederhaut**   leather upholstery
schäbig   shabby   **Beklemmung empfinden***   to feel depressed
die **Möbel** (*pl.*)   furniture   **jahraus jahrein**   year in, year out
behütet   preserved   **abgestaubt**   dusted (off)   **Fangball spielen
mit**   *lit.:* to play catch with, *here:* to toy with
behütet   preserved   **abgestaubt**   dusted (off)   **Fangball spielen
mit**   *lit.:* to play catch with, *here:* to toy with
drüben   abroad   **sonstwo**   elsewhere   **die Angst vor dem Sturz** fear
   of collapse
weichen*   to ease   **der ärmliche Auswanderer**   impoverished
   emigrant   der **Herr**   (successful) gentleman

Der Herr betrat den Flur, das Mädchen wich ein wenig zur Seite.
„Sie scheinen das Haus gut zu kennen?" sagte sie.
„Gut?" erwiderte der Herr. „Ausgezeichnet . . . sagen Sie aus-
gezeichnet – ich war dabei, als es von Herrn Nissings Vater gebaut wurde
. . . Sie dürften zu jener Zeit noch nicht ins Leben getreten sein, wie man   5
zu sagen pflegt . . . "
„Nein", sagte das Mädchen, „ich war damals noch nicht geboren."
„Interessant", antwortete der Herr und öffnete die Tür zu dem Büro.
„Ja . . . und nun gehen Sie an Ihre Arbeit – Sie werden doch zu arbeiten
haben, wie? Meinen Hut hängen Sie an die Garderobe, ja?"   10
Das Mädchen nahm den Hut: „Es wird vielleicht einige Zeit
dauern", sagte sie, „bis Herr Nissing herunterkommen wird. Er ist erst
vor wenigen Minuten ins Badezimmer gegangen."
„Einige Zeit?" rief der Herr und hob wie ein Betender die Arme.
„Was ist das: einige Zeit? Wie wenig mag das sein, mein Kind? Und wenn   15
es Stunden wären oder Tage . . . ich habe Herrn Nissing seit mehr als
dreißig Jahren nicht gesehen – vor dreiunddreißig Jahren und vier
Monaten sahen wir uns zum letzten Male, wenn Sie Wert auf eine
historisch einwandfreie Darstellung legen."
Das Mädchen schüttelte den Kopf.   20
„So lange ist das her?" fragte sie. „Ich werde Ihren Hut fortbringen."
Sie schloß die Türe hinter sich und ging.
Der fremde Herr betrachtete das Zimmer, in dem er sich befand,
alles beim alten, stillgesetzte Zeit. Der Stich an der Wand, der Bücherschrank, der Schreibtisch, auch der Sessel davor, nur die Lederhaut ein   25
wenig schäbig geworden inzwischen – der Fremde empfand Beklemmung bei dem Gedanken, daß die Möbel jahraus, jahrein da gestanden
hatten, behütet, abgestaubt, während mit ihm Fangball gespielt worden
war, hier, drüben, sonstwo. Und wenn die Angst vor dem Sturz einmal
wich – denn erst in Jahren war aus dem ärmlichen Auswanderer ein Herr   30

das **Schuldgefühl**   feeling of guilt   **die böse Tat**   evil deed
die schäbige Tat   shabby deed
mittler-   middle   die **Schublade**   drawer
die **Rosette**   rosette, keyhole ornament   **lose**   loose   **klappern**   to
   rattle   der **Schlüssel**   key
um·drehen   to turn   **fest·schrauben**   to screw down tight
stecken   to be (in the lock)
vor dir   *here:* in your sight   das **Ereignis, -se**   events
aus·füllen   to fill
sonderbar   strange
einer = man
plötzlich   suddenly   **wiederum = wieder**
drehen   to turn   **nichts, was nach Heimlichkeit verlangte**   nothing that
   required secrecy
gestehen*   to admit, confess
peccavi (*Latin*)   I have sinned
vielleicht sollte das gar nicht sein   perhaps that was not meant to be
der **Inhalt**   the contents   **musterhaft geordnet**   arranged in exemplary
   fashion
schwarzgebunden   black-bound   das **Kontobuch, ∵er**   ledger   **nach**
   der Mitte zu   over towards the middle
der **Bankauszug, ∵e**   withdrawal statements   das **Scheckbuch, ∵er**
   checkbook
der **Haufen**   pile   **säuberlich**   neat(ly)   **gebündelt**   bundled, stacked
hinein·greifen*   to reach in   **überhaupt**   at all   **zweifelhaft**   doubtful
sich an·bieten*   to present (itself)
die **Lade = die Schublade**
fort·sein*   to be gone, missing   das **Zauberkunststück**   magic
   trick   **Zauberkunststück der Seele**   mental trick
hervor·ziehen*   to pull out   das **Bündel**   bundle, roll   **Noten =**
   Banknoten   **hastig**   hasty, hurried   **blättern**   to leaf, riffle
der **Tausender**   a thousand (*here:* a thousand-crown bill)   das **Anfangs-**
   kapital   start-up capital   **vermehrt um die Zinsen**   with interest
sühnen   to make up for, do penance for
der **Schritt, -e**   footstep
sogleich danach   immediately thereafter
auf den ersten Blick   immediately
das **Ausland**   abroad
es zu etwas bringen*   to make something of oneself, be successful   **man**
   sieht es dir an   one can tell by looking at you

geworden—, so blieb das Schuldgefühl nach der bösen Tat. Nein, nicht nach der bösen Tat. Nach der schäbigen Tat. Ja, nach der schäbigen Tat. Der Herr sah den Schreibtisch an, die mittlere Schublade, damals war die Rosette lose gewesen, sie hatte geklappert, als er den Schlüssel umdrehte, inzwischen war sie festgeschraubt worden. Aber der Schlüssel steckte auch heute, steckte—auch—heute... hundert Jahre sind vor dir wie ein Tag, aber was bedeutet das schon für die Ereignisse, die diesen Tag ausfüllen? Der Herr hatte den Schlüssel in der Hand gehalten, das war nun dreiunddreißig Jahre und vier Monate her, sonderbar, wie die Dinge sich wiederholen, ohne daß einer sie rufen müßte, der Herr fand plötzlich, daß er den Schlüssel wiederum in der Hand hielt und im Schloß drehte, aber heute wollte er doch nichts tun, was nach Heimlichkeit verlangte, nur alles gestehen. Offen und klar. Ein Wort: peccavi.

Aber vielleicht sollte das gar nicht sein, der Herr zog an dem Schlüssel, und die Schublade folgte, der Inhalt war musterhaft geordnet, links lagen ein paar schwarzgebundene Kontobücher, nach der Mitte zu Bankauszüge und Scheckbücher, rechts aber... rechts lag das Geld, ein Haufen Banknoten, säuberlich gebündelt, man brauchte nur hineinzugreifen, alles wie damals, ob Nissing die Scheine überhaupt gezählt hatte, war zweifelhaft. Der fremde Herr hatte gestehen wollen, nun bot sich der leichtere Weg an, was sind schon dreiunddreißig Jahre und vier Monate? Weniger als ein Tag: am Morgen nimmt man Geld aus einer Lade, und am Mittag legt man es wieder hinein, das Geld ist nie fortgewesen, Zauberkunststück der Seele. Der Herr griff in die Tasche und zog ein Bündel Noten hervor, mit hastiger Hand blätterte er, bis er drei Tausender gefunden hatte, das Anfangskapital, dachte er, vermehrt um die Zinsen. Er steckte den Rest wieder ein, aber die drei Tausender legte er nicht sogleich zu dem Bündel in die Schublade, so leicht, dachte er, kann es nicht sein, eine schäbige Tat zu sühnen; ich wollte doch gestehen. Erst die plötzlichen Schritte im Flur zwangen ihn, sich zu entscheiden — er legte die Scheine unter das Notenbündel und schob die Lade zu. Sogleich danach betrat Nissing das Zimmer, er erkannte den Gast auf den ersten Blick—„Du bist es?" fragte er. „Ich freue mich aufrichtig, wie lange haben wir uns nicht gesehen, du lebst im Ausland, hast es zu etwas gebracht, man sieht es dir an, ich sprach auch einmal mit

die **Zeile**   line

drüber weg sein   to have that all behind one

besitzen*   to have, possess   **sind wir nicht geschaffen**   we are made for
   (that)
mißverstehen*   to misunderstand   das **Beisammensein**   a time together
aus•reichen   to suffice, be enough

völlig unnötig   absolutely unnecessary   **ab•hängen* von**   to depend on
schallend   loud(ly)   die **Schulter**   shoulder

der **Anlauf**   approach (*e.g.*, to a jump), *here:* an opening   **wagen**   to
   dare   **springen***   *here:* to take the leap
hinüber   over (to the living room)
verheiratet   married
die **Abreise**   departure   **heiraten**   to marry

hoffnungsvoll   promising, hopeful   das **Alter**   age

schweigen*   to fall silent   der **Augenblick**   moment
in bezug auf   in regard to, when it comes to
der **Unterton**   undertone   **sich irren**   to be mistaken, wrong
nichts Bestimmtes   nothing definite
die **Probe**   test, trial
bestehen*   to pass

zurück•weichen*   to step back

jemandem, der dich getroffen hatte, er ist, glaube ich, in deiner Fabrik gewesen, vor fünf oder sechs Jahren war das. Aber du hast mir nie eine Zeile geschrieben..."

„Nein."

„Du hattest eine schwere Zeit, wie? Aber nun bist du ja wohl drüber   5
weg? Du wirst länger bleiben, ein paar Wochen, ja? Natürlich bist du mein Gast, es ist Platz genug hier im Hause."

„Verzeih", erwiderte der Besucher, „ich muß morgen weiter, das Schiff geht am Abend. Früher hatte ich Zeit, heute habe ich Geld, beides zugleich zu besitzen, sind wir nicht geschaffen. Ich wollte dich auch nur   10
wiedersehen, mißversteh mich nicht, für mich würde ein Beisammensein von fünf Minuten ausreichen. Ich wünschte, dich um Verzeihung zu bitten."

Herr Nissing lachte.

„Du mich um Verzeihung bitten", rief er, „aber nein, du bist ja   15
sonderbar. Weil du nicht geschrieben hast, wie? Aber das war doch völlig unnötig, davon hat unsere Freundschaft nie abgehangen."

Er lachte schallend und schlug dem Gast auf die Schulter.

„Komm ins Wohnzimmer", sagte er, „wir wollen eine Flasche Wein trinken."   20

Ein Anlauf, dachte der Fremde, aber ich wage nicht zu springen. Sie gingen hinüber.

„Du bist verheiratet?" fragte der Gast.

„Ich war es", erwiderte Nissing. „Meine Frau ist gestorben. Vor zehn Jahren. Zwei Jahre nach deiner Abreise hatte ich sie geheiratet. Und   25
du?"

„Ich lebe allein. Du hast Kinder?"

„Ja. Einen Sohn. Er ist zweiundzwanzig."

„So, zweiundzwanzig? Ein hoffnungsvolles Alter."

„Ja, hoffnungsvoll."   30

Der Gast schwieg einen Augenblick. „Du sagst das", erwiderte er, „als ob du skeptisch wärest in bezug auf die Hoffnungen... verzeih mir, aber ich glaubte einen Unterton zu hören, vielleicht irre ich mich."

„Nein, du irrst dich nicht. Aber ich könnte dir nichts Bestimmtes darüber sagen, noch nicht, vielleicht später. Es hängt alles von der Probe   35
ab—ob er sie besteht, begreifst du? Ich stelle ihn auf die Probe."

„Ja. Auf was für eine Probe?"

Nissing wich zurück. „Ich weiß nicht", sagte er, „ob ich davon

das **Ergebnis** result   **ab·warten** to wait for
betrachten to observe   **zweifelnd** dubiously   **andererseits** on the
    other hand   **murmeln** to murmur, mumble
schließlich after all
gefühlvoll emotional
verlegen embarrassed, uneasy
bestohlen werden* to be robbed   der **Betrag** amount
die **Krone, -n** crown (unit of currency)
das **Honorar** fee, honorarium
die **Erfindung** invention
verwahren to keep   **zuvor=vorher**
aus·wandern to emigrate, leave the country
die **Kehle** throat   **trocken** dry
ab·schließen* to lock up

etwa about   die **Hälfte** half   der **Rest** rest   der **Dieb** thief
der **Verdacht** suspicion
die **Haushälterin** housekeeper
die **Vermutung** conjecture, guess   der **Diebstahl** theft, robbery
    aus·führen to carry out, commit
entlassen* to fire, dismiss
der **Grund** reason
zwecklos pointless   **sicherlich** certainly   **leugnen** to deny
beweisen* to prove
geschehen* to happen
mißtrauisch mistrustful, suspicious
in seine Nähe near it, *lit:* in its vicinity   **auf die Probe stellen** to put to
    the test

die **Versuchung** temptation

auf meinem Büro=in meinem Büro
die **Nummer, -n** *here:* serial number   der **Schein, -e** bill, banknote

auf·schreiben* to write down, note
Wozu? What for?   **auswendig** by heart
die **Achseln zucken** to shrug one's shoulders
die **Zahl** figure, number   **sich irren** to be mistaken, make a mistake

sprechen soll, jetzt schon, vielleicht sollte ich das Ergebnis abwarten." Er betrachtete den Gast zweifelnd. „Aber andererseits", murmelte er, „was ist verloren? Schließlich sind wir gute Freunde, nicht wahr?"

„Ja, gute Freunde", erwiderte der Gast; die gefühlvollen Worte Nissings machten ihn verlegen.

„Erinnerst du dich", fragte Nissing plötzlich, „daß ich vor vielen Jahren einmal bestohlen worden bin? Der Betrag war nicht allzu hoch, tausend oder zwölfhundert Kronen, wenn ich mich recht erinnere, nur war es damals für mich ziemlich viel Geld, der größte Teil des Honorars für meine erste Erfindung, ich hatte es im Schreibtisch meines Vaters verwahrt, der kurz zuvor gestorben war, doch nein, du kannst davon nichts wissen, ich glaube, du warst damals schon ausgewandert."

Meine Kehle wird trocken, dachte der Gast. „Du hattest das Geld im Schreibtisch verwahrt?", fragte er, „und die Lade nicht abgeschlossen?"

„Nein, nicht abgeschlossen."

„Und das Geld wurde gestohlen?"

„Nicht alles. Etwa die Hälfte. Den Rest ließ der Dieb liegen."

„Du hattest keinen Verdacht?"

„Doch, natürlich. Ich hatte damals eine Haushälterin, nach meiner Vermutung die einzige Person, die den Diebstahl ausgeführt haben konnte. Ich entließ sie."

„Du nanntest ihr den Grund?"

„Nein. Ich hielt es für zwecklos; sicherlich hätte sie geleugnet, und ich konnte ihr nichts beweisen."

„Was geschah dann?"

„Nichts. Ich bin ein wenig mißtrauisch geworden, damals. Zwar lasse ich dann und wann noch Geld liegen, aber ich zähle es ab und beobachte die, die in seine Nähe kommen. So stelle ich sie auf die Probe."

„Auch deinen Sohn?"

„Ja."

„Wo verwahrst du das Geld, mit dem du ihn in Versuchung zu führen wünschest?"

„Im Schreibtisch auf meinem Büro."

„Du hast die Nummern der Scheine notiert, die dort liegen?"

„Nein."

„Aber den Betrag hast du aufgeschrieben?"

„Wozu? Ich kenne ihn auswendig."

Der Gast zuckte die Achseln.

„Mit einer Zahl irrt man sich leicht", sagte er.

Sie hörten, daß die Haustüre geöffnet wurde: „das ist er", sagte

an·kündigen to announce

fort·schicken to send away
sich entfernen *here:* to move away, become more distant
sich um·ziehen* to change clothes
der Argwohn gegen suspicion of
etwas Schreckliches something terrible

der Aufwand expense(s)
die Schulden (*pl.*) debts   **ersparen** to spare   **auf·zählen** to list, enumerate
mißtrauen to mistrust
klappen to close (to make the sound of a door closing)
nicken to nod
eine kaum noch erträgliche Spannung an almost unbearable tension
belastet loaded with, burdened with   **die Stille** silence
flüstern to whisper
furchtbar terrible   **Miene machen** to seem to be about to   **sich erheben*** to get up
ohnehin anyway   **bereits** already   **entschieden** decided

der Fallensteller setter of traps   **zusammen·sinken*** to sink down, collapse

Es stimmt nicht. It's not right. It doesn't add up.

beinahe almost

Nissing. „Er hat mir schon heute mittag angekündigt, daß er den Abend mit Freunden verbringen werde, und ich habe die Frage offengelassen, ob ich nicht ins Theater gehen würde. Das Mädchen habe ich soeben fortgeschickt; er wird glauben, daß ich nicht im Hause bin." Die Schritte entfernten sich die Treppe hinauf. 5

„Er wird sich umziehen", sagte Nissing.

„Findest du nicht", fragte der Gast, „daß dieser Argwohn gegen deinen Sohn etwas Schreckliches ist? Hast du wenigstens einen Grund für deinen Verdacht?"

Nissing neigte sich zu dem Gast hinüber. 10

„Einen?" fragte er. „Drei, vier oder fünf, seinen Aufwand, seine Schulden, du wirst mir ersparen, sie alle aufzuzählen. Aber heute will ich *wissen*, ob ich ihm mißtrauen muß oder nicht."

Sie saßen und tranken, ohne zu sprechen; nach einiger Zeit hörte man Schritte die Treppe herabkommen, eine Tür klappte, „er ist ins Büro 15 gegangen", sagte Nissing, der Gast nickte.

Zwei oder drei Minuten folgten, die mit einer kaum noch erträglichen Spannung belastet waren, dann klappte die Türe wieder, Stille.

„Man müßte es ihm sagen, bevor er geht", flüsterte der Gast, „dies ist ja furchtbar." Er machte Miene, sich zu erheben. 20

„Was willst du?" fragte Nissing. „Bleib sitzen, ich bitte dich, es ist ohnehin bereits alles entschieden."

„Du bist sicher, daß nicht das Mädchen...?"

„Völlig sicher."

Die Haustüre schlug zu, Nissing erhob sich sofort. „Zwei Minuten", 25 sagte er, der Gast nickte, ich hätte gestehen sollen, dachte er. Wem denn? Dem—dem Fallensteller. Unmöglich, er sank in seinem Sessel zusammen.

Es dauerte fast zehn Minuten, bis Nissing zurückkehrte.

„Das ist sonderbar", sagte er, „wirklich sonderbar." 30

„Was ist sonderbar?"

„Es stimmt nicht. Das Geld stimmt nicht."

„Er hat also gestohlen?"

„Nein", sagte Nissing, und er schrie nun beinahe, „nein, er hat nicht gestohlen...oder ich habe mich geirrt...was weiß ich? Es stimmt 35 nicht, vielleicht hätte ich die Summe doch aufschreiben sollen..."

„Was ist denn nun?" fragte der Gast.

„Es sind", rief Nissing, „es sind mehr Kronen im Schreibtisch, als ich hineingelegt habe. Ich habe das Bündel fünfmal gezählt und fand jedesmal das gleiche Ergebnis, hier jedenfalls irre ich mich nicht—es 40

die **Erinnerung**   memory

verhindern, daß er zitterte   stop trembling

ein Rechenkunststück der Seele   tricky psychological bookkeeping
stützen   to prop
kommen* dazu   to come to

besäße (*subjunctive II form of* **besitzen**)

zu Abend essen*   to have supper

die **Brücke**   bridge   **an den Menschen**   *here:* in human beings
zerbrechen*   to break down, fail
der **Sumpf**   swamp   die **Schuld**   guilt   **überall**   everywhere
...da reitet keiner aufrechten Hauptes.   Nobody can ride there with
his head held high.
das **Gastzimmer**   guest room
auf morgen   until tomorrow

an·starren   to stare at
schlimmer   worse
die **Unschuldige** (*adj. noun*)   innocent woman   **in Verdacht stürzen**   to
plunge into suspicion   **jagen**   to chase, hound
angelegt   invested
ironisch   ironic   **retten vor**   to save from
der ihm auf den Leib geschnitten ist   that fits him perfectly
Gott gefällig   pleasing to God   die **Kapitalanlage**   capital investment
in Fülle   in abundance   **scheitern an**   to fail because of
im gleichen Atemzug   in the same breath
die **Bezichtigung**   incrimination   **zu·geben***   to admit
aus·führen   to carry out, commit
verschweigen*   to keep (something) quiet
die **Heimkehr**   return (home)   **möge=sollte**
eingestehen*   to admit, confess

liegen um genau tausend Kronen mehr im Schreibtisch, als nach meiner Erinnerung dort liegen müßten."

„Du hast also doch", sagte der Gast, „die Summe nicht richtig behalten, die du hineingelegt hast"; er konnte nicht verhindern, daß er zitterte. Tausend Kronen zuviel sind zweitausend Kronen zu wenig, Rechenkunststück der Seele. 5

Nissing stützte den Kopf in die Hände.

„Ja", murmelte er, „es kann nicht anders sein, nicht wahr? Wie käme mein Sohn dazu, tausend Kronen in meinen Schreibtisch zu legen? Er besitzt sie ja nicht einmal. Wenn er sie besäße, müßte er sie gestohlen haben." 10

„Ja. Er wird sie gestohlen haben."

„Was sagst du?"

„Nichts."

Sie schwiegen, schließlich aßen sie etwas zu Abend und sprachen von anderen Dingen. Ich müßte gestehen, dachte der Gast, aber nicht hier, wie furchtbar ist das alles, Gott kann man auf die Probe stellen und einen Hund oder eine Brücke, aber an den Menschen zerbricht doch alles, Schuld überall, ein Sumpf von Schuld, da reitet keiner aufrechten Hauptes. 20

„Ich bin müde", sagte er schließlich; Nissing brachte ihn ins Gastzimmer.

„Gute Nacht und auf morgen."

„Ja. Gute Nacht."

Der Gast ging nicht zu Bett, sondern setzte sich in einen Sessel und 25 starrte die Wand an, zweitausend Kronen gestohlen und die Probe bestanden: aber das war wohl nicht schlimmer als tausend Kronen stehlen und eine Unschuldige in Verdacht stürzen, aus dem Haus jagen. Schlimmer? Sicherlich war es besser — mein Geld ist gut angelegt, dachte er mit ironischem Gesicht, ein schlechter Mensch vor einem Verdacht gerettet, 30 der ihm auf den Leib geschnitten ist, das ist eine goldene, eine Gott gefällige Kapitalanlage.

Was nun aber? Es gab Möglichkeiten in Fülle, doch scheiterten sie daran, daß keiner einem Menschen glaubt, der im gleichen Atemzug mit der Bezichtigung eines jungen Menschen zugeben muß, dreiunddreißig 35 Jahre und vier Monate zuvor eine schäbige Tat ausgeführt und sie so lange verschwiegen zu haben — nein, dem glaubt keiner. Der Gast konnte auch auf die Heimkehr des jungen Mannes warten und ihm sagen, *er* möge die Tat eingestehen, der Gast konnte dem jungen Manne erklären, daß er von dem Diebstahl der zweitausend Kronen wisse, aber war es nicht sehr 40

sich scheuen to be reluctant
das **Gewissen** conscience
der **Kläger** plaintiff   der **Richter** judge   **herbei·rufen*** to call for

hell light
ein·fallen* to occur (to someone)
die **Hafenstadt** port city   **einen Besuch aus·führen** to make a call
sofortig immediate   die **Abreise** departure   **überstürzt**
precipitous, hasty
abschiedslos without saying good-bye   der **Aufbruch** departure
entschuldigen to excuse   **Was den Sohn angehe...** As far as the
son is concerned
das **Werk** factory
hart hard, demanding   **sich eignen für** to be suited to
der **Erbe, -n, -n** heir   **Die im Verdacht stehen...** Those under
suspicion
ähnlich like, similar to
die **Erfahrung** experience   **wie ihnen zumute ist** how they feel   der
Augenblick moment
streichen* to scratch out
Verschiedenes (*adj. noun*) various things   **heraus·lesen* aus** to read
into
heilen to heal, cure   **vertrauen**+*dat.* to trust
blind ausgewählt blindly chosen   **jeder guten Tat fähig** capable of
any good deed   das **Geständnis** confession
die **Rechtfertigung** justification
auf Strümpfen schleichen* to go on stocking feet, slip quietly
die **Amsel** blackbird   der **Tau** dew   **die Pforte** garden gate
sich um·wenden* to turn around   **scheinen*** to seem
brennen* to burn   **durchaus** thoroughly, completely
der **Widerschein** reflection   **aufgehend** rising   **täuschen** to
deceive

wahrscheinlich, daß der junge Mann die Achseln zucken und sich zu Bett legen würde? Sehr wahrscheinlich war das; wer jung ist, scheut sich, eine Schuld in der zu sehen, die nicht bewiesen wird, und das Gewissen ist nicht immer der Kläger, der den Richter herbeiruft.

Es war vier Uhr morgens, hinter den Bäumen vor dem Fenster 5 begann es hell zu werden, als der Gast sich an den Tisch setzte und einen Brief begann: es sei ihm plötzlich eingefallen, schrieb er dem Freunde, daß er noch einen Besuch in der Hafenstadt auszuführen habe, der die sofortige Abreise notwendig mache; er bitte, seinen überstürzten und abschiedlosen Aufbruch zu entschuldigen. Was den Sohn angehe: ob 10 Nissing nicht bereit sei, ihn in sein, des Gastes, Werk zu schicken? Zu irgendeiner harten Arbeit, für die er sich eigne. Auch habe ja er, der Gast, wie der Freund wisse, keine Erben. „Die im Verdacht stehen zu stehlen", schrieb er, „sind den Dieben ähnlich, und ich weiß aus Erfahrung, wie ihnen zumute ist." Er dachte einen Augenblick daran, die 15 Worte „aus Erfahrung" zu streichen, aber dann fand er, daß aus ihnen sehr Verschiedenes herausgelesen werden konnte, er ließ sie stehen. „Man kann sie heilen", schrieb er weiter, „indem man ihnen vertraut. Man darf sie nicht auf die Probe stellen, denn die bestehen sie nicht. Aber als blind ausgewählte Erben sind sie jeder guten Tat fähig." Geständnis, 20 dachte er, Geständnis und Rechtfertigung.

Er ließ den Brief auf dem Tisch liegen und schlich auf Strümpfen die Treppe hinab; erst vor dem Hause zog er die Schuhe wieder an. Eine Amsel sang, und der Tau lag auf den Blumen des Gartens. An der Pforte wandte er sich um und blickte zurück; es schien ihm, daß im Schlaf- 25 zimmer des Freundes noch Licht brannte, aber es war durchaus möglich, daß der Widerschein der aufgehenden Sonne im Fenster ihn täuschte.

EXERCISES

Introductory Exercises

Supply the correct forms of the verbs in parentheses using the tenses indicated.

A.

1. Das Mädchen _____ die Tür. (*past and pres. perf.*)
   (öffnen)

2. Ein fremder Herr _____ da. (*past and pres. perf.*)
   (stehen*)

3. Das Mädchen _____, daß der Mann Ausländer _____. (*past*)
   (denken*)   (sein)

4. Der Mann _____ Herrn Nissing sprechen. (*past and pres. perf.*)
   (wollen)

5. Herr Nissing _____ da, aber der Mann _____ ihn nicht sprechen.
   (sein)   (können)
   (*past*)

6. Herr Nissing _____, und der Mann _____ warten, bis er fertig
   (baden)   (wollen)
   _____. (*past*)
   (sein)

7. Er _____ den Flur, und das Mädchen _____ zur Seite. (*past*)
   (betreten*)   (treten*)

B.

1. Der Herr _____ das Haus gut zu kennen. (*past*)
   (scheinen*)

2. Er _____ dabei, als es gebaut _____. (*past and pres. perf.*)
   (sein)   (werden)

3. Er _____ die Tür zum Büro, und das Mädchen _____ seinen Hut.
   (öffnen)   (nehmen*)
   (*past and pres. perf.*)

4. Es _____ einige Zeit. (*subj. II pres.*)
   (dauern)

5. Herr Nissing _____ gerade ins Badezimmer. (*pres. perf. and past perf.*)
             (gehen*)

6. Der Mann _____ Herrn Nissing seit mehr als dreißig Jahren nicht. (*pres.*
          (sehen*)
perf. and past perf.)

7. Das Mädchen _____ die Tür hinter sich und _____ . (*past and*
           (schließen*)   (gehen*)
pres. perf.)

C.

1. Der fremde Herr _____ das Zimmer. (*past and pres. perf.*)
          (an·sehen*)

2. Alles _____ wie damals. (*past and pres. perf.*)
     (sein)

3. Der arme Auswanderer _____ ein Herr. (*pres. perf. and past perf.*)
          (werden)

4. Aber das Schuldgefühl _____ . (*pres perf. and past perf.*)
          (bleiben*)

5. Der Herr _____ den Schreibtisch. (*past and pres. perf.*)
      (an·sehen*)

6. Der Schlüssel _____ auch heute. (*past*)
         (stecken)

7. Der Herr _____ , daß er den Schlüssel wieder _____ . (*past*)
     (finden*)   (halten*)

8. Aber heute _____ er alles gestehen. (*past*)
        (wollen)

D.

1. Der Herr _____ an dem Schlüssel, und die Schublade _____ . (*past*)
     (ziehen*)   (folgen)

2. Die Scheckbücher _____ in der Mitte, und ein Haufen Geld _____
         (liegen*)   (liegen*)
rechts. (*past*)

3. Alles _____ wie damals. Man _____ nur hineinzugreifen. (*past*)
     (sein)   (brauchen)

4. Es _____ zweifelhaft, ob Nissing das Geld _____ . (*1st clause past, 2nd*
   (sein)   (zählen)
clause past perf.)

5. Der Herr _____ gestehen, aber er _____ einen leichteren Weg. (*past*
      (wollen)   (sehen*)
   and pres. perf.)

6. Dreiunddreißig Jahre _____ weniger als ein Tag. (*pres.*)
                          (sein)

7. Am Morgen _____ man Geld aus einer Lade, und am Mittag
                 (nehmen*)
   _____ man es wieder. (*pres.*)
   (hinein•legen)

8. Das Geld _____ also nie fort. (*past and pres. perf.*)
            (sein)

9. Der Herr _____ in die Tasche. (*past and pres. perf.*)
            (greifen*)

10. Er _____ ein Bündel Noten. (*past and pres. perf.*)
       (hervor•ziehen*)

11. Er _____ drei Tausender. (*past*)
       (nehmen*)

12. Es _____ sein Anfangskapital mit Zinsen. (*past*)
       (sein)

E.

1. Er _____ den Rest wieder. (*past and pres. perf.*)
      (ein•stecken)

2. Er _____ Schritte, und er _____ sich entscheiden. (*past and pres.*
      (hören)   (müssen)
   perf.)

3. Er _____ die Scheine unter den Haufen Geld und _____ die
      (legen)   (zu•schieben*)
   Lade. (*past and pres. perf.*)

4. Nissing _____ ins Zimmer und _____ den Gast sofort. (*past*
           (kommen*)   (erkennen*)
   and pres. perf.)

5. Nissing _____ sich aufrichtig. (*past and pres. perf.*)
           (freuen)

6. Der Herr _____ im Ausland. (*pres. perf. and past perf.*)
            (leben)

7. Nissing _____ mit jemand, der den Mann _____ . (*pres. perf. and*
  (sprechen*)   (treffen*)
  past perf.)

8. Aber er _____ nie. (*past perf.*)
  (schreiben*)

F.

1. Nissing _____ , daß der Gast ein paar Wochen bleiben _____ . (*past*)
  (wollen)   (sollen)

2. Der Besucher _____ , daß er morgen weiterfahren _____ . (*past*)
  (sagen)   (müssen)

3. Er _____ Nissing um Verzeihung bitten. (*past and pres. perf.*)
  (wollen)
  Er _____ , Nissing um Verzeihung zu bitten. (*past and pres. perf.*)
  (wünschen)

4. Er _____ den Gast, ins Wohnzimmer zu kommen. (*past and pres. perf.*)
  (bitten*)

5. Nissing _____ verheiratet und er _____ einen Sohn. (*1st clause past
  (sein)   (haben)
  perf., 2nd clause past*)

6. Nissing _____ seinem Sohn nicht. (*past*)
  (trauen)

7. Aber alles _____ von einer Probe. (*past*)
  (ab·hängen*)

8. Nissing _____ seinen Sohn auf die Probe. (*past and pres. perf.*)
  (stellen)

G.

1. Nissing _____ nicht, ob er davon sprechen _____ . (*past*)
  (wissen*)   (sollen)

2. Aber er _____ , sie _____ gute Freunde. (*past*)
  (meinen)   (sein)

3. Nissing _____ (*passive*) vor vielen Jahren bestohlen. (*past, pres. perf.
  (werden)
  and past perf.*)

4. Das Geld _____ im Schreibtisch seines Vaters. (*pres. perf. and past perf.*)
  (sein)

5. Die Lade _____ nicht abgeschlossen, und das Geld _____ gestohlen.
   (sein)   (werden)
   (*past*)

6. Nur die Hälfte _____ (*passive*) gestohlen. (*past and pres. perf.*)
   (werden)

7. Der Dieb _____ den Rest. (*past and pres. perf.*)
   (liegen•lassen*)

H.

1. Die Haushälterin _____ die einzige Person, die das Geld stehlen
   (sein)
   _____. (*1st clause past, 2nd clause subj. II past*)
   (können)

2. Nissing _____ sie, aber er _____ den Grund nicht. (*pres. perf.*
   (entlassen*)   (nennen*)
   and past perf.)

3. Seitdem _____ Nissing mißtrauisch. (*pres. perf. and past perf.*)
   (werden)

4. Er _____ Geld noch, aber er _____ es. (*past and pres.*
   (liegen•lassen*)   (ab•zählen)
   perf.)

5. Das Geld _____ in seinem Schreibtisch. (*past and pres. perf.*)
   (sein)

6. Er _____ den Betrag auswendig. (*past*)
   (kennen)

I.

1. Sie _____ , daß die Haustür geöffnet _____. (*past*)
   (hören)   (werden)

2. Der Sohn _____ nicht, daß Nissing im Haus _____. (*past*)
   (glauben)   (sein)

3. Nissing _____ einen Grund für seinen Verdacht. (*past and pres. perf.*)
   (haben)

4. Und er _____ wissen, ob er seinem Sohn mißtrauen _____. (*past*)
   (wollen)   (sollen)

5. Nach einiger Zeit _____ man Schritte. (*past and pres. perf.*)
   (hören)

6. Der Sohn _____ ins Büro. (*past, pres. perf. and past perf.*)
   (gehen*)

7. Die Haustür _____, und Nissing _____. (*past*)
   (zu • schlagen*)   (auf • stehen*)

8. Der Gast _____, er _____ alles gestehen. (*1st clause past, 2nd clause*
   (meinen)   (sollen)
   subj. II past)

J.

1. Es _____ 10 Minuten, bis Nissing _____. (*past and pres.*
   (dauern)   (zurück • kehren)
   perf.)

2. Nissing _____, daß das Geld nicht _____. (*past*)
   (sagen)   (stimmen)

3. Der Gast _____, ob der Sohn es _____. (*1st clause past, 2nd clause*
   (fragen)   (stehlen*)
   past perf.)

4. Er _____ es nicht, oder Nissing _____ sich. (*1st clause past perf.,*
   (stehlen*)   (irren)
   2nd clause past)

5. Es _____ mehr Geld im Schreibtisch, als Nissing _____. (*1st*
   (geben*)   (hinein • legen)
   clause past, 2nd clause past perf.)

6. Tausend Kronen mehr _____ im Schreibtisch. (*past*)
   (liegen*)

7. Der Gast _____, daß Nissing die Summe nicht richtig _____. (*1st*
   (meinen)   (behalten*)
   clause past, 2nd clause past perf.)

K.

1. Der Sohn _____ so viel Geld nicht. (*past*)
   (haben)

2. Schließlich _____ sie zusammen und _____ von anderen Dingen.
   (essen*)   (sprechen*)
   (*past*)

3. Der Gast _____, er _____ gestehen. (*1st clause past, 2nd clause*
   (denken*)   (müssen)
   subj. II pres.)

4. Der Gast _____ müde, und Nissing _____ ihn ins Gastzimmer. (*past*)
            (sein)   (bringen*)

5. Der Gast _____ sich in einen Sessel. (*past and pres. perf.*)
            (setzen)

6. Der Sohn _____ 2,000 Kronen und _____ die Probe. (*pres. perf.*
           (stehlen*)   (bestehen*)
   and past perf.)

L.

1. Es _____ viele Möglichkeiten. (*past*)
       (geben*)

2. Aber keiner _____ ihm. (*subj. II pres. and past*)
           (glauben)

3. Er _____ zugeben, daß er Geld selber _____. (*1st clause subj. II*
       (müssen)   (stehlen*)
   pres., 2nd clause past perf.)

4. Er _____ dem jungen Mann sagen, daß er alles _____. (*1st clause*
       (können)   (wissen*)
   subj. II pres., 2nd clause past)

5. Es _____ vier Uhr morgens, und es _____ hell zu werden. (*past*)
       (sein)   (beginnen*)

6. Der Gast _____ sich an den Tisch und _____ einen Brief. (*past*
           (setzen)   (beginnen*)
   and pres. perf.)

7. Er _____, daß er sofort abreisen _____. (*past*)
       (schreiben*)   (müssen)

M.

1. Er _____, ob Nissing seinen Sohn in sein Werk schicken _____.
       (fragen)   (wollen)
   (*past*)

2. Der Sohn _____ hart. (*subj. II pres.*, use *würde*-construction.)
           (arbeiten)

3. Man _____ Leute heilen, indem man ihnen _____. (*pres.*)
       (können)   (vertrauen)

4. Man _____ sie nicht auf die Probe stellen. (*pres.*)
       (dürfen)

5. Denn sie _____ die Probe nicht. (*pres.*)
  (bestehen*)

6. Er _____ den Brief auf dem Tisch und _____ die
  (liegen•lassen*)   (hinab•gehen*)
  Treppe. (*past and pres. perf.*).

7. An der Pforte _____ er sich und _____. (*past and pres.*
  (um•wenden*)   (zurück•blicken)
  perf.)

8. Es _____ ihm, daß Licht im Schlafzimmer seines Freundes
  (scheinen*)
  _____. (*past*)
  (brennen*)

Synthetic Exercises

Supply the correct forms of the verbs in parentheses using the tenses indicated.

A.

1. Mädchen / öffnen / Tür (*past and pres. perf.*)

2. fremd / Herr / stehen / da (*past and pres. perf.*)

3. Mädchen / denken / / daß / Mann / sein / Ausländer (*past*)

4. Mann / wollen / sprechen / Herr Nissing (*past and pres. perf.*)

5. Herr Nissing / sein / da / / aber / Mann / können / sprechen / ihn / nicht (*past*)

6. Herr Nissing / baden / / und / Mann / wollen / warten / / bis / er / sein / fertig (*past*)

7. Er / betreten / Flur / / und / Mädchen / treten / zu / Seite (*past*)

B.

1. Herr / scheinen / kennen / Haus / gut (*past*)

2. Er / sein / dabei / / als / es / gebaut (*passive*) (*past and pres. perf.*)

3. Er / öffnen / Tür / zu / Büro / / und / Mädchen / nehmen / sein- / Hut (*past and pres. perf.*)

4. Es / dauern / einig- / Zeit (*subj. II pres.*)

5. Herr Nissing / gehen / gerade / in / Badezimmer (*pres. perf. and past perf.*)

6. Mann / sehen / Herr Nissing / seit / mehr als / dreißig / Jahre / nicht (*pres. perf. and past perf.*)

7. Mädchen / schließen / Tür / hinter . . . / / und / gehen (*past and pres. perf.*)

C.

1. fremd / Herr / ansehen / Zimmer (*past and pres. perf.*)

2. Alles / sein / wie damals (*past and pres. perf.*)

3. arm / Auswanderer / werden / Herr (*pres. perf. and past perf.*)

4. Aber / Schuldgefühl / bleiben (*pres. perf. and past perf.*)

5. Herr / ansehen / Schreibtisch (*past and pres. perf.*)

6. Schlüssel / stecken / auch heute (*past*)

7. Herr / finden / / daß / er / halten / Schlüssel / wieder (*past*)

8. Aber / heute / er / wollen / gestehen / alles (*past*)

D.

1. Herr / ziehen / an / Schlüssel / / und / Schublade / folgen (*past*)

2. Scheckbücher / liegen / in / Mitte / / und / Haufen Geld / liegen / rechts (*past*)

3. Alles / sein / wie damals. Man / brauchen / nur / hineingreifen (*past*)

4. Es / sein / zweifelhaft / / ob / Nissing / zählen / Geld (*1st clause past, 2nd clause past perf.*)

5. Herr / wollen / gestehen / / aber / er / sehen / leichter / Weg (*past and pres. perf.*)

6. 33 Jahre / sein / weniger als ein Tag (*pres.*)

7. An / Morgen / man / nehmen / Geld / aus / Lade / / und / an / Mittag / man / hineinlegen / es wieder (*pres.*)

8. Geld / sein / also / nie / fort (*past and pres. perf.*)

9. Herr / greifen / in / Tasche (*past and pres. perf.*)

10. Er / hervorziehen / Bündel Noten (*past and pres. perf.*)

11. Er / nehmen / drei Tausender (*past*)

12. Es / sein / sein- / Anfangskapital / mit Zinsen (*past*)

E.

1. Er / einstecken / Rest / wieder (*past and pres. perf.*)

2. Er / hören / Schritte / / und / er / müssen / entscheiden... (*past and pres. perf.*)

3. Er / legen / Scheine / unter / Haufen Geld / / und / zuschieben / Lade (*past and pres. perf.*)

4. Nissing / kommen / in / Zimmer / / und / erkennen / Gast / sofort (*past and pres. perf.*)

5. Nissing / freuen.../ aufrichtig (*past and pres. perf.*)

6. Herr / leben / in / Ausland (*pres. perf. and past perf.*)

7. Nissing / sprechen / mit jemand / / – / treffen / Mann (*pres. perf. and past perf.*)

8. Aber / er / schreiben / nie (*pres. perf. and past perf.*)

F.

1. Nissing / wollen / / daß / Gast / sollen / bleiben / ein paar Wochen (*past*)

2. Besucher / sagen / / daß / er / müssen / weiterfahren / morgen (*past*)

3. Er / wollen / bitten / Nissing / um Verzeihung (*past and pres. perf.*)
   Er / wünschen / / bitten / Nissing / um Verzeihung (*past and pres. perf., keep final clause infinitival*)

4. Er / bitten / Gast / / kommen / in / Wohnzimmer (*past and pres. perf., keep final clause infinitival*)

5. Nissing / sein / verheiratet / / und / er / haben / Sohn (*1st clause past perf., 2nd clause past*)

6. Nissing / trauen (*dative*) / sein- / Sohn / nicht (*past*)

7. Aber / alles / abhängen / von / Probe (*past*)

8. Nissing / stellen / sein- / Sohn / auf / Probe (*past and pres. perf.*)

G.

1. Nissing / wissen / nicht / / ob / er / sollen / sprechen / davon (*past*)

2. Aber / er / meinen / / sie / sein / gut / Freunde (*past*)

3. Nissing / bestohlen (*passive*) / vor / viel / Jahre (*past, pres. perf. and past perf.*)

4. Geld / sein / in / Schreibtisch / sein- / Vaters (*pres. perf. and past perf.*)

5. Lade / sein / nicht / abgeschlossen / / und / Geld / gestohlen (*passive*) (*past*)

6. Nur / Hälfte / gestohlen (*passive*) (*past and pres. perf.*)

7. Dieb / lassen / Rest / liegen (*past and pres. perf.*)

H.

1. Haushälterin / sein / einzig- / Person / / – / können / stehlen / Geld (*1st clause past, 2nd clause subj. II past*)

2. Nissing / entlassen / sie / / aber / er / nennen / Grund / nicht (*pres. perf. and past perf.*)

3. Seitdem / Nissing / werden / mißtrauisch (*pres. perf. and past perf.*)

4. Er / lassen / Geld / noch / liegen / / aber / er / abzählen / es (*past and pres. perf.*)

5. Geld / sein / in / sein- / Schreibtisch (*past and pres. perf.*)

6. Er / kennen / Betrag / auswendig (*past*)

I.

1. Sie / hören / / daß / Haustür / geöffnet (*passive*) (*past*)

2. Sohn / glauben / nicht / / daß / Nissing / sein / in / Haus (*past*)

3. Nissing / haben / ein / Grund / für / sein- / Verdacht (*past and pres. perf.*)

4. Und / er / wollen / wissen / / ob / er / sollen / mißtrauen / sein- / Sohn (*past*)

5. Nach / einig- / Zeit / man / hören / Schritte (*past and pres. perf.*)

6. Sohn / gehen / in / Büro (*past, pres. perf. and past perf.*)

7. Haustür / zuschlagen / / und / Nissing / aufstehen (*past*)

8. Gast / meinen / / er / sollen / gestehen (*past*)

J.

1. Es / dauern / 10 Minuten / / bis / Nissing / zurückkehren (*past and pres. perf.*)

2. Nissing / sagen / / daß / Geld / stimmen / nicht (*past*)

3. Gast / fragen / / ob / Sohn / stehlen / es (*1st clause past, 2nd clause past perf.*)

4. Er / stehlen / es / nicht / / oder / Nissing / irren... (*1st clause past perf., 2nd clause past*)

5. Es / geben / mehr Geld / in / Schreibtisch / / als / Nissing / hineinlegen (*1st clause past, 2nd clause past perf.*)

6. Tausend Kronen mehr / liegen / in / Schreibtisch (*past*)

7. Gast / meinen / / daß / Nissing / behalten / Summe / nicht richtig (*1st clause past, 2nd clause past perf.*)

K.

1. Sohn / haben / so viel Geld nicht (*past*)

2. Schließlich / sie / essen / zusammen / / und / sprechen / von / ander- / Dinge (*past*)

3. Gast / denken / / er / müssen / gestehen (*1st clause past, 2nd clause subj. II pres.*)

4. Gast / sein / müde / / und / Nissing / bringen / ihn / in / Gastzimmer (*past*)

5. Gast / setzen... / in / Sessel (*past and pres. perf.*)

6. Sohn / stehlen / 2,000 Kronen / / und / bestehen / Probe (*pres. perf. and past perf.*)

L.

1. Es / geben / viel- / Möglichkeiten (*past*)

2. Aber / kein- / glauben / ihm (*subj. II pres. and past*)

3. Er / müssen / zugeben / / daß / er / stehlen / Geld / selber (*1st clause subj. II pres., 2nd clause past perf.*)

4. Er / können / sagen / jung / Mann / / daß / er / wissen / alles (*1st clause subj. II pres., 2nd clause past*)

5. Es / sein / vier Uhr morgens / / und / es / beginnen / werden / hell (*past*)

6. Gast / setzen... / Tisch / / und / beginnen / Brief (*past and pres. perf.*)

7. Er / schreiben / / daß / er / müssen / abreisen / sofort (*past*)

M.

1. Er / fragen / / ob / Nissing / wollen / schicken / sein- / Sohn / in / sein- / Werk (*past*)

2. Sohn / arbeiten / hart (*subj. II pres.*, use *würde*-construction)

3. Man / können / heilen / Leute / / indem / man / vertrauen / ihnen (*pres.*)

4. Man / dürfen / stellen / sie / nicht / auf / Probe (*pres.*)

5. Denn / sie / bestehen / Probe / nicht (*pres.*)

6. Er / lassen / Brief / auf / Tisch / liegen / / und / hinabgehen / Treppe (*past and pres. perf.*)

7. An / Pforte / er / umwenden... / / und / zurückblicken (*past*)

8. Es / scheinen / ihm / / daß / Licht / brennen / in / Schlafzimmer / sein- / Freundes (*past*)

Express in German
A.

1. The girl opened the door.

2. A strange gentleman was standing there.

3. The girl thought that the man was a foreigner.

4. The man wanted to speak to Mr. Nissing.

5. Mr. Nissing was there, but the man couldn't speak to him.

6. Mr. Nissing was bathing.

7. The man wanted to wait until Mr. Nissing was finished.

B.

1. The gentleman seemed to know the house well.

2. He was there when it was built.

3. He opened the door to the study and the girl took his hat.

4. It would *take* some time.

5. Mr. Nissing had just gone into the bathroom.

6. The man hadn't seen Mr. Nissing for more than thirty years.

7. The girl closed the door behind her.

C.

1. The man looked at the room.

2. Everything was as (it was) back then.

3. The poor emigrant had become a gentleman.

4. But the feeling of guilt had remained.

5. The gentleman looked at the desk.

6. The key was still there today.

7. He found that he was holding the key again.

8. But today he wanted to confess everything.

D.

1. He pulled on the key and the drawer followed.

2. The checkbooks lay in the middle and a pile of money lay to the right.

3. Everything was as (it was) then.

4. It was doubtful whether Nissing had counted the money.

5. The gentleman wanted to confess, but he saw an easier way.

6. Thirty-three years are less than a day.

7. In the morning one takes money out of a drawer, and in the afternoon one puts it back again.

8. So the money has never been gone.

9. The gentleman reached into his pocket.

10. He pulled out a roll of bills.

11. He took three thousands.

12. It was his start-up capital with interest.

E.

1. He put the rest away again. (*Use* **einstecken**.)

2. He heard footsteps. He had to make up his mind.

3. He laid the bills under the pile of money and pushed the drawer closed.

4. Nissing came into the room and recognized his guest immediately.

5. The gentleman had lived *abroad*.

6. Nissing had spoken with someone who had met him.

7. But he had never written.

F.

1. Nissing wanted *his guest to stay a few weeks*. (*Use* **wollte, daß**...)

2. The visitor said that he had to travel on tomorrow.

3. He wanted to ask Nissing for forgiveness.

4. Nissing asked his guest to come into the living room.

5. Nissing had been married and had a son.

6. He didn't trust his son.

7. Everything depended on a test.

G.

1. Nissing didn't know if he should talk about it.

2. But they were good friends.

3. Nissing had been robbed many years ago.

4. The money had been in his father's desk.

5. The drawer wasn't locked and the money was stolen.

6. Only half was stolen.

7. The thief left the rest *behind*. (*Use* **liegenlassen**.)

H.

1. The housekeeper was the only person who could have stolen the money.

2. Nissing had dismissed her.

3. Since then Nissing had become mistrustful.

4. He still left money lying (around), but he counted it.

5. The money was in his desk.

6. He knew the amount by heart.

I.

1. They heard the house door being opened. (*Use* **hörten, daß**...)

2. The son didn't think that Nissing was in the house.

3. Nissing had a reason for his suspicion.

4. He wanted to know whether he should mistrust his son.

5. After some time they heard footsteps.

6. The son had gone into the study.

7. The house door slammed shut and Nissing got up.

8. The guest thought he should confess.

J.

1. It took ten minutes until Nissing returned.

2. Nissing said that the money *wasn't right*. (*Use* **stimmen**.)

3. The guest asked whether the son had stolen it.

4. The son hadn't stolen it, or Nissing *was mistaken*.

5. There was more money in the desk than Nissing had put in (it).

6. A thousand crowns more were in the desk.

K.

1. The son didn't have that much money.

2. Finally they ate together and talked about other things.

3. The guest thought that he would have to confess.

4. He was tired and Nissing took him to the guest room.

5. The guest sat down in an armchair.

6. The son had stolen two thousand crowns and had passed the test.

L.

1. There were many possibilities.

2. But nobody would believe him.

3. He would have to admit that he had stolen money himself.

4. He could tell the son that he knew everything.

5. It was four in the morning and it was beginning to get light.

6. The guest sat down at the table and started a letter.

7. He wrote that he had to leave immediately.

M.

1. He asked whether Nissing wanted to send his son to his factory.

2. The son would work hard.

3. One can heal people *by trusting them.* (*Use* ...**indem man**...)

4. He left the letter lying on the table.

5. At the gate he turned around.

6. It seemed to him that *there was a light burning* in his friend's bedroom.

Questions

A.

1. Wer stand vor der Tür?

2. Warum war er gekommen?

3. Warum konnte er Herrn Nissing nicht sprechen?

4. Wielange wollte er warten?

B.

1. Wieso kannte er das Haus so gut?

2. Wo geht er jetzt hin?

3. Warum würde es einige Zeit dauern, bis er Herrn Nissing sehen konnte?

4. Seit wielange hat er Herrn Nissing nicht gesehen?

C.

1. Wie sah das Zimmer aus?

2. Was war aus dem armen Auswanderer geworden?

3. Was ist aber geblieben?

4. Was wollte er daher tun? (gestehen)

D.

1. Was war in der Schublade? (Scheckbücher / / Haufen Geld)

2. Was war zweifelhaft? (Nissing / zählen)

3. Wieso sind dreiunddreißig Jahre weniger als ein Tag? (Morgen / Geld / heraus / / Nachmittag / zurück)

4. Warum nahm der Herr drei Tausender aus der Tasche?

E.

1. Was tat er mit dem Rest des Geldes?

2. Warum mußte er sich so schnell entschließen?

3. Was tat er mit den drei Tausendern?

4. Woher wußte Nissing, daß der Herr im Ausland gelebt hat?

F.

1. Was sagte Nissing seinem Gast? (wollen / / daß)

2. Was sagt der Gast dazu? (morgen / weiter)

3. Warum war der Herr gekommen? (Verzeihung)

4. Was wissen wir über Nissings Familie?

G.

1. Was ist vor vielen Jahren geschehen?

2. Wo war das Geld?

3. Warum war der Diebstahl so einfach?

4. Wieviel Geld wurde gestohlen?

5. Was tat der Dieb mit dem Rest?

H.

1. Warum glaubte Nissing, daß es die Haushälterin war?

2. Was ist mit ihr geschehen?

3. Was tat er jetzt mit seinem Geld?

I.

1. Was hörten die zwei Herren dann? (Haustür)

2. Warum ist der Sohn zu dieser Zeit gekommen? (denken / nicht / / Nissing)

3. Wohin ist der Sohn gegangen?

4. Wann stand Nissing auf? (als / Haustür)

J.

1. Was sagte Nissing, als er zurückkam? (stimmen)

2. Was fragte der Gast dann?

3. Wieso weiß Nissing nicht, ob sein Sohn Geld gestohlen hat?

K.

1. Warum hat der Sohn die tausend Kronen nicht hineinlegen können?

2. Was taten die zwei Herren dann? (essen / / sprechen)

3. Was tat Herr Nissing, als er sah, daß sein Gast müde war? (Gastzimmer)

4. Was fand der Herr ironisch? (Sohn / stehlen / / bestehen)

L.

1. Warum konnte er nicht sagen, was er wußte? (müssen / gestehen / / er selber)

2. Was könnte er dem Sohn sagen?

3. Was tat der Herr, als es hell wurde? (setzen / / Brief)

4. Was stand in dem Brief? (sofort)

M.

1. Welche Frage stellte der Herr in seinem Brief? (Sohn / Fabrik)

2. Wie kann man Leute heilen?

3. Was tat der Herr mit seinem Brief?

4. Was glaubte er zu sehen, als er am Gartentor stand?

unwürdig unworthy, shameful

die **Greisin** old woman

die **Lithographenanstalt, -en** lithography shop
badisch *adj. referring to Baden, Germany*
der **Gehilfe, -n** apprentice
besorgen to take care of, look after (*only with things*) der **Haushalt**
  household **betreuen** to take care of, look after (*with people or
  things*) **wacklig** rickety
mager thin, lean **lebhaft** lively das **Eidechsenauge, -n** lizard's
  eye
kärglich scant das **Mittel, —** means
groß·ziehen* to raise, bring up
weg·ziehen* (s) to move away **ebenfalls** likewise, also
der **Buchdrucker, —** printer **sich zu·legen** to acquire

das **Heim** home **an·bieten*** to offer die **Seinen** (*pl.*) his (family)

sich abweisend verhalten* to react negatively (**abweisen** to refuse
  something) der **Vorschlag, ⸚e** suggestion

Die unwürdige Greisin

BERTOLT BRECHT

M eine Großmutter war zweiundsiebzig Jahre alt, als
mein Großvater starb. Er hatte eine kleine Lithographenanstalt in einem badischen Städtchen und
arbeitete darin mit zwei, drei Gehilfen bis zu seinem Tod. Meine Großmutter besorgte ohne Magd den Haushalt, betreute das alte, wacklige   5
Haus und kochte für die Mannsleute und Kinder.

Sie war eine kleine magere Frau mit lebhaften Eidechsenaugen, aber
langsamer Sprechweise. Mit recht kärglichen Mitteln hatte sie fünf
Kinder großgezogen — von den sieben, die sie geboren hatte. Davon war
sie mit den Jahren kleiner geworden.   10

Von den Kindern gingen die zwei Mädchen nach Amerika, und zwei
der Söhne zogen ebenfalls weg. Nur der Jüngste, der eine schwache
Gesundheit hatte, blieb im Städtchen. Er wurde Buchdrucker und legte
sich eine viel zu große Familie zu.

So war sie allein im Haus, als mein Großvater gestorben war.   15

Die Kinder schrieben sich Briefe über das Problem, was mit ihr zu
geschehen hatte. Einer konnte ihr bei sich ein Heim anbieten, und der
Buchdrucker wollte mit den Seinen zu ihr ins Haus ziehen. Aber die
Greisin verhielt sich abweisend zu den Vorschlägen und wollte nur von

Reprinted by permission of Gebrüder Weiß Verlag, Berlin, from *Kalendergeschichten* by
Bertolt Brecht.

193

dazu imstande sein   to be capable of it, able to do it   **geldlich**   financial
die **Unterstützung, -en**   support   **an·nehmen***   to accept
   längst   for a long time   **veraltet**   obsolete, out-of-date
auf etwas ein·gehen* (s)   to agree to, take something up, go into a subject
   (more deeply)   **nach·geben***   to yield, give in
schließlich   after all, finally

die **Geschwister** (*pl.*)   brother(s) and sister(s)   **mitunter**   occasionally,
   every now and then
berichten   to inform, report
das **Begräbnis, -se**   burial, funeral
erfahren*   to hear, find out
scheinen*   to seem   **enttäuscht**   disappointed
sich weigern   to refuse
auf·nehmen*   to take in
aufrecht·halten*   to maintain
die **Verbindung, -en**   contact   **laden*** = **ein·laden***

die **Schwiegertochter, ⁻**   daughter-in-law   **Beereneinkochen** (*infinitive*
   used as noun)   putting up preserves
entnehmen*   to take (it)   (**Ich entnahm einigen ihrer Äußerungen**...
   I took it from some of her remarks...)
eng   small, cramped   **sich enthalten***   to resist
der **Bericht -e**   report   das **Ausrufezeichen, –**   exclamation point
   an·bringen*   to put in, add on
die **Anfrage, -n**   inquiry
jedenfalls   at any rate, in any case
es handelt sich um   it is a case of, it is a question of, it concerns   **elende,**
   schlecht gelüftete Lokale   miserable, poorly ventilated places
die **Kegelbahn, -en**   bowling alley   **ein·richten**   to set up
   das **Plakat, -e**   poster
die **Leidenschaft**   passion
Halfwüchsige (**Halbstarke**)   teen-agers (*neg.*)
das **Dunkel**   darkness
auf·fallen* (s)   to attract attention
bedenken*   to consider, think about
ungefähr   about, approximately
unter den Schleckereien rangierte   was considered self-indulgent
   hinaus·werfen*   to throw away, waste

jedem ihrer Kinder, das dazu imstande war, eine kleine geldliche Unterstützung annehmen. Die Lithographenanstalt, längst veraltet, brachte fast nichts beim Verkauf, und es waren auch Schulden da.

Die Kinder schrieben ihr, sie könne doch nicht ganz allein leben, aber als sie darauf überhaupt nicht einging, gaben sie nach und schickten ihr monatlich ein bißchen Geld. Schließlich, dachten sie, war ja der Buchdrucker im Städtchen geblieben.

Der Buchdrucker übernahm es auch, seinen Geschwistern mitunter über die Mutter zu berichten. Seine Briefe an meinen Vater, und was dieser bei einem Besuch und nach dem Begräbnis meiner Großmutter zwei Jahre später erfuhr, geben mir ein Bild von dem, was in diesen zwei Jahren geschah.

Es scheint, daß der Buchdrucker von Anfang an enttäuscht war, daß meine Großmutter sich weigerte, ihn in das ziemlich große und nun leerstehende Haus aufzunehmen. Er wohnte mit vier Kindern in drei Zimmern. Aber die Greisin hielt überhaupt nur eine sehr lose Verbindung mit ihm aufrecht. Sie lud die Kinder jeden Sonntagnachmittag zum Kaffee, das war eigentlich alles.

Sie besuchte ihren Sohn ein- oder zweimal in einem Vierteljahr und half der Schwiegertochter beim Beereneinkochen. Die junge Frau entnahm einigen ihrer Äußerungen, daß es ihr in der kleinen Wohnung des Buchdruckers zu eng war. Dieser konnte sich nicht enthalten, in seinem Bericht darüber ein Ausrufezeichen anzubringen.

Auf eine schriftliche Anfrage meines Vaters, was die alte Frau denn jetzt so mache, antwortete er ziemlich kurz, sie besuche das Kino.

Man muß verstehen, daß das nichts Gewöhnliches war, jedenfalls nicht in den Augen ihrer Kinder. Das Kino war vor dreißig Jahren noch nicht, was es heute ist. Es handelte sich um elende, schlecht gelüftete Lokale, oft in alten Kegelbahnen eingerichtet, mit schreienden Plakaten vor dem Eingang, auf denen Morde und Tragödien der Leidenschaft angezeigt waren. Eigentlich gingen nur Halbwüchsige hin oder, des Dunkels wegen, Liebespaare. Eine einzelne alte Frau mußte dort sicher auffallen.

Und so war noch eine andere Seite dieses Kinobesuches zu bedenken. Der Eintritt war gewiß billig, da aber das Vergnügen ungefähr unter den Schleckereien rangierte, bedeutete es „hinausgeworfenes Geld". Und Geld hinauszuwerfen, war nicht respektabel.

der **Sohn am Ort** the son in town
Verkehr pflegen to keep up contact
dafür on the other hand **häufig** frequently
der **Flickschuster, —** shoe repairman, shoemaker **verrufen** disreputable
das **Gäßchen, —** (die **Gasse, -n**) alley (little, narrow street)
die **Existenz, -en** being, "character" **stellungslos** jobless
der **Handwerksbursche, -n** workman
herum·kommen* (s) to get around **Er hat es zu etwas gebracht.** He
made a go of it (was successful). **Er hat es zu nichts gebracht.** He
was a failure (botched it).
an·deuten to indicate
auf etwas (*acc.*) **hin·weisen*** to point out something der **Bescheid**
reply, decision
das **Gespräch, ⁻e** conversation
das **Ding, -e** thing

etwa about, approximately

der **Gasthof, ⁻e** restaurant, inn
die **Nachricht, -en** news, information
Zeit ihres Lebens in her whole life das **Dutzend** dozen
der **Rest, -e** what's left over; *here:* leftovers
Was ist in sie gefahren? What's gotten into her?
in die Nähe führen to take . . . in the vicinity

im Begriff, auszugehen* just about to go out

ausgeglichener Stimmung (in an) even-tempered (mood) **aufgekratzt**
wound up, excited, expansive
schweigsam quiet **sich erkundigen nach**+*dat.* to inquire about
allerdings to be sure
eingehend in detail **hauptsächlich** mainly die **Kirsche, -n**
cherry die **Stube** room
das **Einzige** the only thing **auf etwas hin·deuten** to allude to, refer to
der **Gottesacker, ⁻** (der **Friedhof, ⁻e**) cemetery das **Grab, ⁻er** grave
beiläufig casually, in passing
wahrscheinlich probably
klagen (über+*acc.***)** to complain (about)

Dazu kam, daß meine Großmutter nicht nur mit ihrem Sohn am Ort keinen regelmäßigen Verkehr pflegte, sondern auch sonst niemanden von ihren Bekannten besuchte oder einlud. Sie ging niemals zu den Kaffeegesellschaften des Städtchens. Dafür besuchte sie häufig die Werkstatt eines Flickschusters in einem armen und sogar etwas verrufenen 5 Gäßchen, in der, besonders nachmittags, allerlei nicht besonders respektable Existenzen herumsaßen, stellungslose Kellnerinnen und Handwerksburschen. Der Flickschuster war ein Mann in mittleren Jahren, der in der ganzen Welt herumgekommen war, ohne es zu etwas gebracht zu haben. Es hieß auch, daß er trank. Er war jedenfalls kein Verkehr für 10 meine Großmutter.

Der Buchdrucker deutete in einem Brief an, daß er seine Mutter darauf hingewiesen, aber einen recht kühlen Bescheid bekommen habe. „Er hat etwas gesehen", war ihre Antwort, und das Gespräch war damit zu Ende. Es war nicht leicht, mit meiner Großmutter über Dinge zu 15 reden, die sie nicht bereden wollte.

Etwa ein halbes Jahr nach dem Tod des Großvaters schrieb der Buchdrucker meinem Vater, daß die Mutter jetzt jeden zweiten Tag im Gasthof esse.

Was für eine Nachricht! 20

Großmutter, die Zeit ihres Lebens für ein Dutzend Menschen gekocht und immer nur die Reste aufgegessen hatte, aß jetzt im Gasthof! Was war in sie gefahren?

Bald darauf führte meinen Vater eine Geschäftsreise in die Nähe, und er besuchte seine Mutter. 25

Er traf sie im Begriff, auszugehen. Sie nahm den Hut wieder ab und setzte ihm ein Glas Rotwein mit Zwieback vor. Sie schien ganz ausgeglichener Stimmung zu sein, weder besonders aufgekratzt noch besonders schweigsam. Sie erkundigte sich nach uns, allerdings nicht sehr eingehend, und wollte hauptsächlich wissen, ob es für die Kinder auch 30 Kirschen gäbe. Da war sie ganz wie immer. Die Stube war natürlich peinlich sauber, und sie sah gesund aus.

Das Einzige, was auf ihr neues Leben hindeutete, war, daß sie nicht mit meinem Vater auf den Gottesacker gehen wollte, das Grab ihres Mannes zu besuchen. „Du kannst allein hingehen", sagte sie beiläufig, 35 „es ist das dritte von links in der elften Reihe. Ich muß noch wohin."

Der Buchdrucker erklärte nachher, daß sie wahrscheinlich zu ihrem Flickschuster mußte. Er klagte sehr.

in diesen Löchern   in these "holes" (*referring to the rooms of his place*)
nur noch fünf Stunden   *only* five hours *left* (*implies he had more before*)
macht mir . . . zu schaffen   keeps me hopping, gives me something to
worry about, is bothering me

pro forma (*Latin*)   as a matter of form, for the sake of appearances

scheinen*   to seem   **ab·schließen***   to break off
sich neigen   to draw to a close

die **Bregg**   (*Brecht defines this in the next sentence.*)
der **Ausflugsort, -e**   place for an outing
hochrädrig   high-wheeled   das **Pferdegefährt, -e**   horse-drawn vehicle

mieten   to rent, hire
mit einer wegwerfenden Handbewegung   with a disparaging gesture
   ab·lehnen   to refuse, decline
die **Eisenbahnstunde, -n**   hour by train   **entfernt**   away
das **Pferderennen, —**   horse race

einen Arzt hinzu·ziehen*   to call in a doctor
ab·lehnen   to refuse

schwachsinnig   simple-minded
das **Küchenmädchen, —**   scullery maid

der **Krüppel, —**   cripple
einen Narren an ihr gefressen zu haben   was foolishly attracted to her
übrigens   moreover   **sich heraus·stellen als**   to turn out to be
das **Gerücht, -e**   rumor

verzweifelt   in desperation

handeln von + *dat.*   to deal with, be about

„Ich sitze hier in diesen Löchern mit den Meinen und habe nur noch fünf Stunden Arbeit und schlecht bezahlt, dazu macht mir mein Asthma wieder zu schaffen, und das Haus in der Hauptstraße steht leer."

Mein Vater hatte im Gasthof ein Zimmer genommen aber erwartete, daß er zum Wohnen doch von seiner Mutter eingeladen werden würde, 5 wenigstens *pro forma*, aber sie sprach nicht davon. Und sogar als das Haus voll gewesen war, hatte sie immer etwas dagegen gehabt, daß er nicht bei ihnen wohnte und dazu das Geld für das Hotel ausgab!

Aber sie schien mit ihrem Familienleben abgeschlossen zu haben und neue Wege zu gehen, jetzt, wo ihr Leben sich neigte. Mein Vater, der 10 eine gute Portion Humor besaß, fand sie „ganz munter" und sagte meinem Onkel, er solle die alte Frau machen lassen, was sie wolle.

Aber was wollte sie?

Das nächste, was berichtet wurde, war, daß sie eine Bregg bestellt hatte und nach einem Ausflugsort gefahren war, an einem gewöhnlichen 15 Donnerstag. Eine Bregg war ein großes, hochrädriges Pferdegefährt mit Plätzen für ganze Familien. Einige wenige Male, wenn wir Enkelkinder zu Besuch gekommen waren, hatte Großvater die Bregg gemietet. Großmutter war immer zu Hause geblieben. Sie hatte es mit einer wegwerfenden Handbewegung abgelehnt, mitzukommen. 20

Und nach der Bregg kam die Reise nach K., einer größeren Stadt, etwa zwei Eisenbahnstunden entfernt. Dort war ein Pferderennen, und zu dem Pferderennen fuhr meine Großmutter.

Der Buchdrucker war jetzt durch und durch alarmiert. Er wollte einen Arzt hinzugezogen haben. Mein Vater schüttelte den Kopf, als er 25 den Brief las, lehnte aber die Hinzuziehung eines Arztes ab.

Nach K. war meine Großmutter nicht allein gefahren. Sie hatte ein junges Mädchen mitgenommen, eine halb Schwachsinnige, wie der Buchdrucker schrieb, das Küchenmädchen des Gasthofs, in dem die Greisin jeden zweiten Tag speiste. 30

Dieser „Krüppel" spielte von jetzt ab eine Rolle.

Meine Großmutter schien einen Narren an ihr gefressen zu haben. Sie nahm sie mit ins Kino und zum Flickschuster, der sich übrigens als Sozialdemokrat herausgestellt hatte, und es ging das Gerücht, daß die beiden Frauen bei einem Glas Rotwein in der Küche Karten spielten. 35

„Sie hat dem Krüppel jetzt einen Hut gekauft mit Rosen drauf", schrieb der Buchdrucker verzweifelt. „Und unsere Anna hat kein Kommunionskleid!"

Die Briefe meines Onkels wurden ganz hysterisch, handelten nur

die **Aufführung, -en** *here:* conduct, behavior   **her·geben*** *here:* to yield (information)

der **Gastwirt, -e** innkeeper   **mit Augenzwinkern** with a wink   **zu·raunen** to whisper

keinesfalls by no means   **üppig** luxuriously   **zu sich nehmen*** to eat

die **Eierspeise, -n** *type of scrambled eggs*

sich leisten to treat oneself

die **Mahlzeit, -en** meal   **rein·halten*** to keep clean

benutzen to use   **jedoch** however

eine Hypothek auf·nehmen* to take out a mortgage

die **Maßschuhe** (*pl.*) custom-made shoes

genau betrachtet when one looks at it closely

alleinstehend single

die **Verpflichtung, -en** obligation

bescheiden modest   **ausreichend** sufficient

er brachte in Erfahrung he learned, found out

gewiß certain   die **Freiheit, -en** freedom   **gestatten** to permit, allow

der **Pfarrer, —** minister

die **Vereinsamung** loneliness, state of isolation

einem Gesellschaft leisten to keep someone company   **allgemein** generally   **behaupten** to maintain, assert

vereinsamt lonely   **Bei dem Flickschuster verkehrten** The shoemaker's place was frequented by

anscheinend apparently   **lauter** only

los·ziehen* über+*acc.* to run something down, criticize

mitunter from time to time   das **Getränk, -e** drink

unvermittelt suddenly, abruptly

an·fertigen to make

von der „unwürdigen Aufführung unserer lieben Mutter" und gaben sonst nichts mehr her. Das Weitere habe ich von meinem Vater. Der Gastwirt hatte ihm mit Augenzwinkern zugeraunt: „Frau B. amüsiert sich ja jetzt, wie man hört."

In Wirklichkeit lebte meine Großmutter auch diese letzten Jahre keinesfalls üppig. Wenn sie nicht im Gasthof aß, nahm sie meist nur ein wenig Eierspeise zu sich, etwas Kaffee und vor allem ihren geliebten Zwieback. Dafür leistete sie sich einen billigen Rotwein, von dem sie zu allen Mahlzeiten ein kleines Glas trank. Das Haus hielt sie sehr rein, und nicht nur die Schlafstube und die Küche, die sie benutzte. Jedoch nahm sie darauf ohne Wissen ihrer Kinder eine Hypothek auf. Es kam niemals heraus, was sie mit dem Geld machte. Sie scheint es dem Flickschuster gegeben zu haben. Er zog nach ihrem Tod in eine andere Stadt und soll dort ein größeres Geschäft für Maßschuhe eröffnet haben.

Genau betrachtet lebte sie hintereinander zwei Leben. Das eine, erste, als Tochter, als Frau und als Mutter, und das zweite einfach als Frau B., eine alleinstehende Person ohne Verpflichtungen und mit bescheidenen, aber ausreichenden Mitteln. Das erste Leben dauerte etwa sechs Jahrzehnte, das zweite nicht mehr als zwei Jahre.

Mein Vater brachte in Erfahrung, daß sie im letzten halben Jahr sich gewisse Freiheiten gestattete, die normale Leute gar nicht kennen. So konnte sie im Sommer früh um drei Uhr aufstehen und durch die leeren Straßen des Städtchens spazieren, das sie so für sich ganz allein hatte. Und den Pfarrer, der sie besuchen kam, um der alten Frau in ihrer Vereinsamung Gesellschaft zu leisten, lud sie, wie allgemein behauptet wurde, ins Kino ein!

Sie war keineswegs vereinsamt. Bei dem Flickschuster verkehrten anscheinend lauter lustige Leute, und es wurde viel erzählt. Sie hatte dort immer eine Flasche ihres eigenen Rotweines stehen, und daraus trank sie ein Gläschen, während die andern erzählten und über die würdigen Autoritäten der Stadt loszogen. Dieser Rotwein blieb für sie reserviert, jedoch brachte sie mitunter der Gesellschaft stärkere Getränke mit.

Sie starb ganz unvermittelt, an einem Herbstnachmittag in ihrem Schlafzimmer, aber nicht im Bett, sondern auf dem Holzstuhl am Fenster. Sie hatte den „Krüppel" für den Abend ins Kino eingeladen, und so war das Mädchen bei ihr, als sie starb. Sie war vierundsiebzig Jahre alt.

Ich habe eine Photographie von ihr gesehen, die sie auf dem Totenbett zeigt und die für die Kinder angefertigt worden war.

winzig tiny   die **Falte, -n**   fold, wrinkle, furrow
schmal   thin, narrow
kleinlich   petty   die **Knechtschaft**   bondage, servitude
aus·kosten   to taste to the full, experience fully   **auf·zehren**   to devour
bis auf den letzten Brosamen   down to the last crumb

Man sieht ein winziges Gesichtchen mit vielen Falten und einen schmallippigen, aber breiten Mund. Viel Kleines, aber nichts Kleinliches. Sie hatte die langen Jahre der Knechtschaft und die kurzen Jahre der Freiheit ausgekostet und das Brot des Lebens aufgezehrt bis auf den letzten Brosamen. 5

EXERCISES

Introductory Exercises

Supply the correct forms of the verbs in parentheses using the tenses indicated.

A.

1. Seine Großmutter _____ zweiundsiebzig Jahre alt, als sein Großvater
   (sein)
   _____ . (*past*)
   (sterben*)

2. Er _____ eine kleine Lithographenanstalt und _____ darin bis zu
   (haben)   (arbeiten)
   seinem Tod. (*past*)

3. Seine Großmutter _____ den Haushalt und _____ für die Männer
   (besorgen)   (kochen)
   und die Kinder. (*past*)

4. Sie _____ eine kleine magere Frau mit lebhaften Augen aber langsamer
   (sein)
   Sprechweise. (*past*)

5. Sie _____ fünf Kinder. (*pres. perf. and past perf.*)
   (groß·ziehen*)

6. Seine Großmutter _____ mit den Jahren kleiner. (*past and past perf.*)
   (werden)

7. Die zwei Mädchen _____ nach Amerika, und zwei Söhne
   (gehen*)
   _____ auch. (*past, pres. perf. and past perf.*)
   (weg·ziehen*)

8. Der Jüngste _____ in der Stadt und _____ Buchdrucker. (*past and*
   (bleiben*)   (werden)
   pres. perf.)

B.

1. Sie _____ allein im Haus, als sein Großvater _____ (*past*)
   (sein)   (sterben*)

2. Der Buchdrucker _____ zu seiner Mutter ins Haus ziehen. (*pres. and*
   (wollen)
   past)

3. Die Greisin _____ nur ein wenig Geld von ihren Kindern annehmen.
   (wollen)
   (*past and pres. perf.*)

4. Als die Greisin nicht _____, _____ die Kinder. (*past*)
   (zu•stimmen)   (nach•geben*)

5. Die Kinder _____ ihrer Mutter ein bißchen Geld. (*past*)
   (schicken)

6. Der Buchdrucker _____ seinen Geschwistern über ihre Mutter. (*past*
   (berichten)
   and pres. perf.)

7. Seine Briefe _____ ein Bild davon, was in diesen zwei Jahren
   (geben*)
   _____. (*1st clause pres., 2nd clause past*)
   (geschehen*)

C.

1. Seine Großmutter _____ sich, ihren Sohn in das leere Haus
   (weigern)
   _____. (*past, final clause infinitival*)
   (auf•nehmen*)

2. Sie _____ die Kinder jeden Sonntag zum Kaffee, und das
   (ein•laden*)
   _____ eigentlich alles. (*pres. and past*)
   (sein)

3. Die Wohnung des Buchdruckers _____ der Greisin zu eng. (*past and pres.*
   (sein)
   perf.)

4. Es _____ nichts Gewöhnliches, daß die Großmutter ins Kino
   (sein)
   _____. (*past*)
   (gehen*)

5. Vor dreißig Jahren _____ die Kinos schlechte Lokale. (*past*)
   (sein)
   Es _____ sich um elende Lokale. (*pres. and past*)
   (handeln)

6. Eine einzelne Frau _____ dort, weil sonst nur Liebespaare
   (auf•fallen*)
   _____. (*pres. and past*)
   (hin•gehen*)

D.

1. Obwohl der Eintritt billig _____, _____ es hinausgeworfenes Geld.
   (sein)   (bedeuten)
   (*pres. and past*)

2. Sie _____ die Werkstatt eines Flickschusters. (*pres. and past*)
   (besuchen)

3. Nicht besonders respektable Leute _____ dort. (*pres. and past*)
   (herum·sitzen*)

4. Der Flickschuster _____ ein Mann, der viel _____. (*1st
   (sein)   (herum·kommen*)
   clause past, 2nd clause past perf.*)

5. Es _____ auch, daß er _____. (*pres. and past*)
   (heißen*)   (trinken*)

6. Es _____ nicht leicht, mit seiner Großmutter darüber zu reden. (*past and
   (sein)
   perf., final clause infinitival*)

7. Ein halbes Jahr nach dem Tod seines Vaters _____ der Buchdrucker,
   (schreiben*)
   daß seine Großmutter in einem Gasthof _____. (*past*)
   (essen*)

E.

1. Vorher _____ seine Großmutter immer nur die Reste. (*pres. perf.
   (auf·essen*)
   and past perf.*)

2. Einmal _____ sein Vater seine Mutter. (*past and pres. perf.*)
   (besuchen)

3. Die Greisin _____ den Hut und _____ ihrem Sohn ein Glas
   (ab·nehmen*)   (vor·setzen)
   Rotwein. (*pres. and past*)

4. Sie _____ sich nach den Kindern. (*pres., past, and perf.*)
   (erkundigen)

5. Sie _____ nicht hingehen, das Grab ihres Mannes _____. (*past,
   (wollen)   (besuchen)
   final clause infinitival*)

6. Sein Vater _____ ein Zimmer im Gasthof. (*pres. perf. and past perf.*)
   (nehmen*)

7. Aber er _____ , daß seine Mutter ihn _____ . (*past, final clause*
   (erwarten)   (ein·laden*)
   subj. II pres.)

F.

1. Die Greisin _____ neue Wege zu gehen. (*pres. and past*)
   (scheinen*)

2. Sein Vater _____ seinem Onkel, er _____ die alte Frau machen lassen,
   (sagen)   (sollen)
   was sie _____ . (*past*)
   (wollen)

3. Die Greisin _____ eine Bregg und _____ nach einem Ausflugsort.
   (bestellen)   (fahren*)
   (*pres. perf. and past perf.*)

4. Wenn die Enkel zu Besuch _____ , _____ der Großvater eine
   (kommen*)   (mieten)
   Bregg. (*past and pres. perf.*)

5. Seine Großmutter _____ nicht, sondern _____ zu Hause.
   (mit·kommen*)   (bleiben*)
   (*past*)

6. Seine Großmutter _____ es, _____ . (*pres. and pres. perf.,*
   (ab·lehnen)   (mit·kommen*)
   final clause infinitival)

7. Der Buchdrucker _____ einen Arzt kommen lassen. (*pres. and past*)
   (wollen)

8. Sein Vater _____ den Kopf, als er den Brief _____ . (*past*)
   (schütteln)   (lesen*)

9. Die Greisin _____ ein schwachsinniges Mädchen zum Pferderen-
   (mit·nehmen*)
   nen. (*past and pres. perf.*)

G.

1. Es _____ sich, daß der Flickschuster ein Sozialdemokrat _____ .
   (heraus·stellen)   (sein)
   (*past*)

2. Das Gerücht _____ , daß die beiden Frauen Karten _____ . (*past*)
   (gehen*)   (spielen)

3. Die Briefe des Onkels _____ hysterisch. (*past and pres. perf.*)
   (werden)

4. Wenn die Greisin nicht im Gasthof _____, _____ sie nur Eierspeise
   (essen*)   (essen*)
   und Zwieback. (*pres. and past*)

5. Sie _____ einen billigen Rotwein, und sie _____ ein Glas zu allen
   (kaufen)   (trinken*)
   Mahlzeiten. (*pres. and past*)

6. Es _____ niemals, was sie mit dem Geld _____. (*past,*
   (heraus·kommen*)   (machen)
   2nd clause past perf.)

7. Nach ihrem Tod _____ der Flickschuster in eine andere Stadt und
   (ziehen*)
   _____ ein größeres Geschäft. (*pres. and past*)
   (eröffnen)

H.

1. Die Alte _____ sich Freiheiten, die normale Leute nicht _____.
   (gestatten)   (kennen*)
   (*1st clause past and perf., 2nd clause pres.*)

2. Sie _____ um drei Uhr und _____ durch die Straßen. (*pres.*
   (auf·stehen*)   (spazieren)
   and past)

3. Die Greisin _____ den Pfarrer ins Kino. (*pres., past, and pres. perf.*)
   (ein·laden*)

4. Der Pfarrer _____ der alten Frau Gesellschaft. (*pres. and past*)
   (leisten)

5. Es _____ beim Flickschuster viel erzählt. (*pres. and past*)
   (werden*)

6. Während andere Leute _____, _____ sie ein Gläschen Rotwein.
   (erzählen)   (trinken*)
   (*pres., past, and pres. perf.*)

7. An einem Herbstnachmittag _____ sie in ihrem Schlafzimmer. (*past*
   (sterben*)
   and perf.)

8. Er _____ ein Bild von der Greisin, das sie auf dem Totenbett _____.
   (sehen*)   (zeigen)
   (*past*)

9. Sie _____ die langen Jahre der Knechtschaft und die kurzen Jahre der
   (aus·kosten)
   Freiheit (*pres. perf. and past perf.*)

Synthetic Exercises

Form complete sentences in the tense(s) indicated.

A.

1. Sein- / Großmutter / sein / zweiundsiebzig / / als / sein- / Großvater / sterben (*past*)

2. Er / haben / klein / Lithographenanstalt / / und / arbeiten / -in / bis zu / sein- / Tod (*past*)

3. Sein- / Großmutter / besorgen / Haushalt / / und / kochen / für / Männer / und / Kinder (*past*)

4. Sie / sein / klein / mager / Frau / mit / lebhaft / Augen (*past*)

5. Sie / großziehen / fünf Kinder (*pres. perf. and past perf.*)

6. Sie / werden / mit / Jahre / kleiner (*past and past perf.*)

7. Zwei Mädchen / gehen / Amerika / / und / zwei Söhne / wegziehen / auch (*past, pres. perf., and past perf.*)

8. Der Jüngste / bleiben / Stadt / / und / werden / Buchdrucker (*past and pres. perf.*)

B.

1. Sie / sein / allein / Haus / / als / sein- / Großvater / sterben (*past*)

2. Buchdrucker / wollen / ziehen / zu / sein- / Mutter / in / Haus (*pres. and past*)

3. Greisin / wollen / annehmen / nur ein wenig Geld / von / ihr- / Kinder (*past and pres. perf.*)

4. Als / Greisin / zustimmen / nicht / / Kinder / nachgeben (*past*)

5. Sie / schicken / ihr- / Mutter / bißchen / Geld (*past*)

6. Buchdrucker / berichten / Geschwister / über / ihr- / Mutter (*past and pres. perf.*)

7. Sein- / Briefe / geben / Bild / davon / / was / geschehen / in / dies- / zwei / Jahre (*1st clause pres., 2nd clause past*)

C.

1. Sein- / Großmutter / weigern . . . / / aufnehmen / ihr- / Sohn / in / leer / Haus (*past, final clause infinitival*)

2. Sie / einladen / Kinder / jed- / Sonntag / zu / Kaffee / / und / das / sein / eigentlich / alles (*pres. and past*)

3. Wohnung / Buchdruckers / sein / Greisin / zu eng (*past and perf.*)

4. Es / sein / nichts Gewöhnlich- / / daß / Großmutter / gehen / Kino (*pres. and past*)

5. Vor / dreißig Jahre / sein / Kinos / schlecht / Lokale (*past*)
   Es / handeln. . ./ um / elend / Lokale (*past*)

6. Einzeln- / Frau / auffallen / dort (*pres. and past*)

D.

1. Obwohl / Eintritt / sein / billig / / es / bedeuten / hinausgeworfen / Geld (*past*)

2. Sie / besuchen / Werkstatt / Flickschuster (*past*)

3. Nicht besonders / respektabel / Leute / herumsitzen / dort (*past*)

4. Flickschuster / sein / Mann / / − / herumkommen / viel (*1st clause past, 2nd clause past perf.*)

5. Es / heißen / auch / / daß / er / trinken (*pres. and past*)

6. Es / sein / nicht / leicht / / mit / sein- / Großmutter / darüber / reden (*past and pres. perf., final clause infinitival*)

7. Ein halbes Jahr / nach / Tod / sein- / Vaters / schreiben / Buchdrucker / / daß / sein- / Mutter / essen / Gasthof (*past*)

E.

1. Vorher / sein- / Großmutter / aufessen / immer nur / Reste (*pres. perf. and past perf.*)

2. Einmal / sein- / Vater / besuchen / sein- / Mutter (*pres. perf.*)

3. Greisin / abnehmen / Hut / / und / vorsetzen / ihr- / Sohn / Glas Rotwein (*pres. and past*)

4. Sie / erkundigen. . ./ nach / Kinder (*pres., past, and perf.*)

5. Greisin / wollen / hingehen / nicht / / Grab / Mannes / besuchen (*past, final clause infinitival*)

6. Sein- / Vater / nehmen / Zimmer / Gasthof (*past perf.*)

7. Aber / er / erwarten / / daß / sein- / Mutter / einladen / ihn (*past, final clause subj. II pres.*)

F.

1. Greisin / scheinen / / neu / Wege / gehen (*pres. and past, final clause infinitival*)

2. Sein- / Vater / sagen / sein- / Onkel / / er / sollen / alt / Frau / machen lassen / / was / sie / wollen (*past*)

3. Greisin / bestellen / Bregg / / und / fahren / nach / Ausflugsort (*pres. perf. and past perf.*)

4. Wenn / Enkel / kommen / zu Besuch / / Großvater / mieten / Bregg (*past and past perf.*)

5. Sein- / Großmutter / mitkommen / nicht / / sondern / bleiben / zu Hause (*past*)

6. Sein- / Großmutter / ablehnen / es / / mitkommen (*pres. and pres. perf., final clause infinitival*)

7. Buchdrucker / wollen / Arzt / kommen / lassen (*pres. and past*)

8. Sein- / Vater / schütteln / Kopf / / als / er / lesen / Brief (*past and pres. perf.*)

9. Greisin / mitnehmen / schwachsinnig / Mädchen / zu / Pferderennen (*past and pres. perf.*)

G.

1. Es / herausstellen . . . / / daß / Flickschuster / sein / Sozialdemokrat (*past*)

2. Gerücht / gehen / / daß / beide Frauen / spielen / Karten (*past*)

3. Briefe / Onkels / werden / hysterisch (*past and pres. perf.*)

4. Wenn / Greisin / nicht / essen / Gasthof / / sie / essen / nur / Eierspeise und Zwieback (*pres. and past*)

5. Sie / kaufen / billig / Rotwein / / und / sie / trinken / Glas / zu / alle / Mahlzeiten (*pres. and past*)

6. Es / herauskommen / niemals / / was / sie / machen / mit / Geld (*past, 2nd clause past perf.*)

7. Nach / ihr- / Tod / ziehen / Flickschuster / in / ander- / Stadt / / und / eröffnen / größer / Geschäft (*pres. and past*)

H.

1. Alte / gestatten / sich / Freiheiten / / − / normal / Leute / kennen / nicht (*pres. perf., final clause pres.*)

2. Sie / aufstehen / drei Uhr / / und / spazieren / durch / Straßen (*pres. and past*)

3. Greisin / einladen / Pfarrer / Kino (*pres. and past*)

4. Pfarrer / leisten / alt / Frau / Gesellschaft (*pres. and past*)

5. Es / erzählt (*passive*) / bei / Flickschuster / viel (*pres. and past*)

6. Während / ander- / Leute / erzählen / / sie / trinken / Gläschen Rotwein (*pres., past, and pres. perf.*)

7. An / ein / Herbstnachmittag / sie / sterben / Schlafzimmer (*past and perf.*)

8. Er / sehen / Bild / von / Greisin / / − / zeigen / sie / auf / Totenbett (*past*)

9. Sie / auskosten / lang / Jahre / Knechtschaft / und / kurz / Jahre / Freiheit (*pres. perf. and past perf.*)

Express in German

A.

1. His grandmother was seventy-two years old when his grandfather died.

2. He worked in his lithography shop until his death.

3. His grandmother took care of the household and cooked for the men and the children.

4. She was a small, lean woman with lively eyes.

5. She had brought up five children.

6. The two girls had gone to America and two sons had also left.

7. The youngest (son) stayed in town and became a printer.

B.

1. She was alone in the house when his grandfather died.

2. The printer wanted *to move in with his mother*.

3. The old woman only wanted a little money from her children.

4. The children gave in and sent her some money.

5. The printer reported to his *brothers and sisters* about their mother.

6. His letters give a picture of *what* (**davon, was**) happened in these two years.

C.

1. His grandmother refused to take him into the empty house.

2. She invited the children every Sunday for coffee — and that was all.

3. The apartment was too small for the old lady.

4. It was unusual that their mother went to the movies.

5. She attracted attention there.

D.

1. Although (the) admission was cheap, it meant wasted money.

2. She visited the shop of a shoemaker.

3. The shoemaker was a man who *had been around a lot* (**viel**).

4. It was also said that he drank.

5. It wasn't easy to talk to his grandmother about that.

6. The printer wrote that his mother was eating at an inn.

E.

1. She had always only eaten the leftovers.

2. The old woman set a glass of wine in front of her son.

3. She inquired about the children.

4. She didn't want to go to visit the grave.

5. His father had taken a room at the inn.

6. But he expected that his mother would invite him.

F.

1. His father said he should let the old woman do what she wanted.

2. She had ordered a "Bregg" and had driven to a place for an outing.

3. When the grandchildren came, the grandfather occasionally (**ab und zu**) rented a "Bregg."

4. The printer wanted to have a doctor come.

5. His father shook his head as he read the letter.

G.

1. *It turned out* that the shoemaker was a Social Democrat.

2. The rumor was that they played cards.

3. His letters became hysterical.

4. She bought an inexpensive red wine and drank a glass with every meal.

5. It never came out what she had done with the money.

6. After her death the shoemaker opened a larger shop.

H.

1. She allowed herself freedoms that normal people don't know.

2. She got up at three o'clock and walked through the streets.

3. The minister kept the old woman company.

4. While other people talked, she drank a little glass of red wine.

5. She died in her bedroom on a fall afternoon.

6. She had tasted the long years of servitude and the short years of freedom.

Questions

A.

1. Wo hat der Großvater gearbeitet? (Tod / Lithographenanstalt)

2. Was für ein Leben führte die Großmutter vor dem Tod ihres Mannes? (Haushalt / kochen)

3. Beschreiben Sie die alte Frau! (mager / Augen)

4. Wo sind die Kinder hingegangen? (zwei Mädchen / / zwei Söhne)

5. Was tat der Jüngste? (Stadt / / Buchdrucker)

B.

1. Was wollte der Buchdrucker? (Mutter / Haus)

2. Was wollte aber die Greisin? (Geld)

3. Was taten die Kinder, als die Greisin zeigte, daß sie doch allein leben wollte? (nachgeben / / schicken)

4. Warum mußte der Buchdrucker dann und wann seinen Geschwistern schreiben? (berichten)

C.

1. Warum war der Buchdrucker enttäuscht? (Mutter / weigern / / aufnehmen)

2. Wie oft lud die Greisin ihre Familie ein? (Sonntag / Kaffee)

3. Warum gefiel es ihr nicht beim Buchdrucker? (eng)

4. Wie amüsiert sich die alte Frau? (Kino)

5. Warum war das in den Augen der Kinder nichts Gewöhnliches? (Kinos / damals / Lokale)

6. Warum fiel eine einzelne Frau im Kino auf? (sonst / Liebespaare)

D.

1. Wie war der Kinobesuch sonst noch bedenklich? (Geld)

2. Was war der Flickschuster für ein Typ? (herumkommen)

3. Warum war er kein Verkehr für die Greisin? (trinken)

4. Warum bekam der Buchdrucker eine so kurze Antwort, als er seine Mutter darauf hinwies? (nicht leicht / / reden)

5. Was war für die Familie eine besonders erstaunliche Nachricht? (Gasthof)

E.

1. Wieso war dies erstaunlich? (vorher / Reste)

2. Was war das erste, was die Alte tat, als ihr Sohn (der Vater des Erzählers) sie besuchte? (Hut / / Rotwein)

3. Was deutet auf ihr neues Leben hin? (nicht / hingehen / / Grab)

4. Wo übernachtete der Sohn?

5. Was hatte er aber von seiner Mutter erwartet? (einladen)

F.

1. Was hat die Alte mit der Bregg getan? (Ausflugsort)

2. Wieso war das ungewöhnlich? (früher)

3. Warum reiste die Alte nach K.?

4. Was wollte der Buchdrucker darauf tun? (Arzt)

5. War sie allein zum Pferderennen gefahren? (Mädchen)

G.

1. Welches Gerücht hörte man nun? (Karten)

2. Warum lernte man fast nichts mehr vom Buchdrucker? (hysterisch)

3. Woran sieht man, daß die Greisin nicht üppig lebt? (Eierspeise / Zwieback)

4. Welchen „Luxus" hat sie sich aber doch gestattet? (Wein)

5. Was tat der Flickschuster nach dem Tod der Greisin? (Stadt / / Geschäft)

H.

1. Was waren die „gewissen Freiheiten", die die alte Frau sich gestattete? (drei Uhr / / spazieren)

2. Wann und wo ist die Greisin gestorben?

3. Was hatte sie ausgekostet? (Knechtschaft / / Freiheit)

das **Gesetz, -e** law

der **Türhüter,** — doorkeeper
der **Eintritt** admittance, entry

gewähren to grant, permit   **sich überlegen** to think (something) over
ein·treten* (s) to enter
das **Tor** gate, doorway
sich bücken to bend over, stoop

locken to tempt   **doch** anyway   das **Verbot, -e** prohibition
mächtig powerful   **unterst-** lowest
der **Saal** room
der **Anblick, -e** sight (of something)   **ertragen*** to stand, bear
die **Schwierigkeit, -en** difficulty
zugänglich accessible
der **Pelzmantel, ⁼** fur overcoat   **genauer** more closely
    die **Spitznase, -n** pointed nose
dünn thin   **tatarisch** Tartar   der **Bart, ⁼e** beard
die **Erlaubnis, -se** permission
der **Schemel,** — footstool
sich nieder·setzen to sit down
ermüden to tire
an·stellen to conduct   das **Verhör, -e** examination, interrogation
    aus·fragen to question (at length)
die **Heimat** home   **teilnahmslos** disinterested
stellen *here:* to ask, pose (a question)   **zum Schluß** finally, in the end

Vor dem Gesetz

FRANZ KAFKA

V or dem Gesetz steht ein Türhüter. Zu diesem Türhüter
kommt ein Mann vom Lande und bittet um Eintritt in
das Gesetz. Aber der Türhüter sagt, daß er ihm jetzt
den Eintritt nicht gewähren könne. Der Mann überlegt und fragt dann, ob
er also später werde eintreten dürfen. „Es ist möglich", sagt der Türhüter,   5
„jetzt aber nicht." Da das Tor zum Gesetz offensteht wie immer und der
Türhüter beiseite tritt, bückt sich der Mann, um durch das Tor in das
Innere zu sehen. Als der Türhüter das merkt, lacht er und sagt: „Wenn es
dich so lockt, versuche es doch, trotz meines Verbotes hineinzugehen.
Merke aber: Ich bin mächtig. Und ich bin nur der unterste Türhüter. Von   10
Saal zu Saal stehn aber Türhüter, einer mächtiger als der andere. Schon
den Anblick des dritten kann nicht einmal ich mehr ertragen." Solche
Schwierigkeiten hat der Mann vom Lande nicht erwartet; das Gesetz soll
doch jedem und immer zugänglich sein, denkt er, aber als er jetzt den
Türhüter in seinem Pelzmantel genauer ansieht, seine große Spitznase,   15
den langen dünnen, schwarzen tatarischen Bart, entschließt er sich, doch
lieber zu warten, bis er die Erlaubnis zum Eintritt bekommt. Der
Türhüter gibt ihm einen Schemel und läßt ihn seitwärts von der Tür sich
niedersetzen. Dort sitzt er Tage und Jahre. Er macht viele Versuche,
eingelassen zu werden, und ermüdet den Türhüter durch seine Bitten.   20
Der Türhüter stellt öfters kleine Verhöre mit ihm an, fragt ihn über seine
Heimat aus und nach vielem andern, es sind aber teilnahmslose Fragen,
wie sie große Herren stellen, und zum Schlusse sagt er ihm immer

mit vielem with many things   **sich aus·rüsten** to equip oneself
verwenden to make use of
sei es noch so wertvoll *lit.:* be it ever so valuable; *here:* no matter how
valuable it is   **bestechen*** to bribe   **zwar** to be sure
etwas versäumt zu haben *lit.:* to have missed or overlooked anything; *here:*
that you have overlooked anything   **beobachten** to observe, watch
ununterbrochen uninterruptedly
scheinen* to seem   das **Hindernis, -se** obstacle
verfluchen to curse   der **Zufall, ⁻e** chance   **rücksichtslos**
thoughtlessly, recklessly
brummen to grumble   **vor sich hin** to himself
kindisch childish   das **Studium** study
der **Floh, ⁻e** flea
um·stimmen to change (someone's) mind   **schließlich** finally
das **Augenlicht** *poet.:* sight
täuschen to deceive
der **Glanz** gleam, radiance   **unverlöschlich**   inextinguishable
brechen* to break, come
sammeln to collect   **sich sammeln zu** *lit.:* to collect themselves into
(one question); *i.e.,* assemble into (one question)
die **Erfahrung, -en** experience   **bisher** previously
erstarren (s) to grow rigid, stiffen
der **Körper** body   **auf·richten** to straighten up, stand up   **tief**
deep
sich hinunter·neigen to bend down   der **Größenunterschied, -e**
difference in size   **zuungunsten**+*gen.* to the disadvantage of
verändern to change
unersättlich insatiable
der **Einlaß, ⁻sse** admittance   **verlangen** to demand
vergehen* (s) to fade, diminish   das **Gehör** hearing   **erreichen** to
reach
an·brüllen to roar at
bestimmt für meant for, intended for

wieder, daß er ihn noch nicht einlassen könne. Der Mann, der sich für seine Reise mit vielem ausgerüstet hat, verwendet alles, und sei es noch so wertvoll, um den Türhüter zu bestechen. Dieser nimmt zwar alles an, aber sagt dabei: „Ich nehme es nur an, damit du nicht glaubst, etwas versäumt zu haben." Während der vielen Jahre beobachtet der Mann den 5 Türhüter fast ununterbrochen. Er vergißt die andern Türhüter, und dieser erste scheint ihm das einzige Hindernis für den Eintritt in das Gesetz. Er verflucht den unglücklichen Zufall, in den ersten Jahren rücksichtslos und laut, später, als er alt wird, brummt er nur noch vor sich hin. Er wird kindisch, und, da er in dem jahrelangen Studium des Türhüters auch die 10 Flöhe in seinem Pelzkragen erkannt hat, bittet er auch die Flöhe, ihm zu helfen und den Türhüter umzustimmen. Schließlich wird sein Augenlicht schwach, und er weiß nicht, ob es um ihn wirklich dunkler wird, oder ob ihn nur seine Augen täuschen. Wohl aber erkennt er jetzt im Dunkel einen Glanz, der unverlöschlich aus der Tür des Gesetzes bricht. Nun lebt er 15 nicht mehr lange. Vor seinem Tode sammeln sich in seinem Kopfe alle Erfahrungen der ganzen Zeit zu einer Frage, die er bisher an den Tür- hüter noch nicht gestellt hat. Er winkt ihm zu, da er seinen erstarrenden Körper nicht mehr aufrichten kann. Der Türhüter muß sich tief zu ihm hinunterneigen, denn der Größenunterschied hat sich sehr zuungunsten 20 des Mannes verändert. „Was willst du denn jetzt noch wissen?" fragt der Türhüter, „du bist unersättlich." „Alle streben doch nach dem Gesetz", sagt der Mann, „wieso kommt es, daß in den vielen Jahren niemand außer mir Einlaß verlangt hat?" Der Türhüter erkennt, daß der Mann schon an seinem Ende ist, und, um sein vergehendes Gehör noch zu erreichen, 25 brüllt er ihn an: „Hier konnte niemand sonst Einlaß erhalten, denn dieser Eingang war nur für dich bestimmt. Ich gehe jetzt und schließe ihn."

EXERCISES

Synthetic Exercises

Form complete sentences in the tense(s) indicated.

A.

1. Türhüter / stehen / vor / Gesetz (*pres. and past*)

2. Mann / kommen / Türhüter / / und / bitten / um Eintritt (*pres. and past*)

3. Mann / fragen / / ob / er / dürfen / eintreten / später (*1st clause past, 2nd clause pres.*)

4. Türhüter / sagen / / daß / es / sein / möglich (*1st clause past, 2nd clause pres.*)

5. Tor / offenstehen / / und / Türhüter / beiseitetreten (*pres. and past*)

6. Mann / bücken. . . / / um / sehen / in / Inner- (*pres. and past*)

7. Türhüter / sagen / / daß / er / sein / mächtig (*1st clause past, 2nd clause pres.*)

B.

1. Mann / erwarten / solch- / Schwierigkeiten / nicht (*pres. perf. and past perf.*)

2. Gesetz / sollen / sein / immer zugänglich (*subj. II pres.*)

3. Er / ansehen / Türhüter / genauer (*past*)

4. Er / entschließen. . . / / lieber / warten (*1st clause past, 2nd clause infinitival*)

5. Als / er / ansehen / Türhüter / genauer / / er / entschließen. . . / / lieber / warten (*past, final clause infinitival*)

6. Er / sitzen / jahrelang / dort (*past*)

7. Türhüter / sagen / immer wieder / / daß / er / können / einlassen / ihn nicht (*1st clause past, 2nd clause pres.*)

8. Mann / versuchen / / Türhüter / bestechen (*past, final clause infinitival*)

9. Als / er / werden / alt / / er / brummen / nur / vor. . . hin (to himself) (*pres. and past*)

C.

1. Er / werden / kindisch / / und / bitten / Flöhe / / ihm / helfen (*pres. and past, final clause infinitival*)

2. Sein- / Augen / werden / schwach (*pres., past, and perf.*)

3. Er / wissen / nicht / / ob / es / werden / dunkler / / oder ob / sein- / Augen / täuschen / ihn (*pres. and past*)

4. Er / erkennen / Glanz / / – / kommen / aus / Gesetz (*pres. and past*)

5. Er / leben / nicht mehr lange (*fut.*)

6. Er / zuwinken / Türhüter (*past and perf.*)

7. Er / fragen / / warum / niemand sonst / kommen (*1st clause past, 2nd clause past perf.*)

8. Niemand sonst / können / hineingehen / da (*pres. and past*)

9. Eingang / sein / nur / für / Mann / bestimmt (*past*)

10. Türhüter / gehen / / und / schließen / Eingang (*pres. and past*)

Express in German

A.

1. A man came to the gatekeeper and asked to be let in (asked for admittance).

2. He asked if he can go in later.

3. The doorkeeper said that it's possible.

4. The gate was open and the doorkeeper stepped aside.

5. The man bent over in order to see inside.

6. The doorkeeper said that he's powerful.

B.

1. He looked at the doorkeeper more closely.

2. He decided *he'd rather wait.*

3. When he looked at him more closely, he decided he'd rather wait.

4. He sat there for years.

5. The doorkeeper said that he can't let him in.

6. He tried to bribe the doorkeeper.

7. When he got old, he only muttered to himself.

C.

1. He asked the fleas to help him.

2. His eyes got weak.

3. He didn't know whether it was getting darker or not.

4. He won't live much longer.

5. He waved to the doorkeeper.

6. He asked why no one else had come.

7. No one else could enter (go in) there.

8. The entrance was only meant for him.

9. He goes and closes the door.

Questions

A.

1. Zu wem kommt der Mann? Was will er?

2. Was sagt ihm der Türhüter?

3. Was fragt der Mann dann? (später?) Was sagt der Türhüter dazu?

4. Was tut der Mann? (Inner-) Warum kann er es tun? (offen / beiseitetreten)

B.

1. Was hat der Mann nicht erwartet? (Schwierigkeiten) Warum nicht? (zugänglich)

2. Wozu entschließt er sich? (warten)

3. Wann hat er sich dazu entschlossen? (ansehen / Türhüter)

4. Wie verwendet der Mann alles, was er mit sich gebracht hat? (**verwenden** to use)

5. Wie redet der Mann, als er alt wird?

C.

1. Was will der Mann von den Flöhen?

2. Was wird über seine Augen gesagt?

3. Was sieht der Mann?

4. Was deutet dies an? (an·deuten   to indicate)

5. Was ist die letzte Frage, die der Mann stellt?

6. Was ist die Antwort auf diese Frage?

7. Was tut der Türhüter am Ende der Geschichte?

der **Apotheker,** — pharmacist, druggist
gewissenhaft conscientious **dabei** "at it" **nicht übel verdiente**
made a decent living, didn't earn a bad living
etliche several **im besten Mannesalter** in his prime
betont stressed **getreu** faithful
vertragen* to stand (I can't stand it), endure **befragen** to ask,
question, interrogate
innerlich inwardly **rasend** furious **äußerlich** outwardly
Er ließ sich äußerlich nichts anmerken. Outwardly he didn't show
anything. **lohnen** to be worth
unternehmen* to undertake, attempt **es war Mode** it was fashionable
(the fashion)
abgesehen von aside from **ihre stete Fragerei** her constant
questioning **ärgern** to annoy, irritate, vex
zärtlich tender
die **Ferien** (*pl.*) vacation **entzücken** to charm, delight, enchant
liebenswert lovable, amiable **sich vor•stellen** to imagine
das **Mittelmeer** the Mediterranean **leuchten** to shine, glisten
das **Plakat, -e** poster, placard **zum (stillen) Ärger seiner Gattin** to his
wife's (quiet) annoyance **bereits** already
mag sein perhaps, maybe der **Trotz** defiance, spite
nach Männerart as men will do, in masculine fashion

Geschichte von Isidor

MAX FRISCH

Ich werde ihr die kleine Geschichte von Isidor erzählen. Eine wahre Geschichte! Isidor war Apotheker, ein gewissenhafter Mensch also, der dabei nicht übel verdiente, Vater von etlichen Kindern und Mann im besten Mannesalter, und es braucht nicht betont zu werden, daß Isidor ein getreuer Ehemann war. 5 Trotzdem vertrug er es nicht, immer befragt zu werden, wo er gewesen wäre. Darüber konnte er rasend werden, innerlich rasend, äußerlich ließ er sich nichts anmerken. Es lohnte keinen Streit, denn im Grunde, wie gesagt, war es eine glückliche Ehe. Eines schönen Sommers unternahmen sie, wie es damals gerade Mode war, eine Reise nach Mallorca, 10 und abgesehen von ihrer steten Fragerei, die ihn im stillen ärgerte, ging alles in bester Ordnung. Isidor konnte ausgesprochen zärtlich sein, sobald er Ferien hatte. Das schöne Avignon entzückte sie beide; sie gingen Arm in Arm. Isidor und seine Frau, die man sich als eine sehr liebenswerte Frau vorzustellen hat, waren genau neun Jahre verheiratet, 15 als sie in Marseille ankamen. Das Mittelmeer leuchtete wie auf einem Plakat. Zum stillen Ärger seiner Gattin, die bereits auf dem Mallorca-Dampfer stand, hatte Isidor noch im letzten Moment irgendeine Zeitung kaufen müssen. Ein wenig, mag sein, tat er es aus purem Trotz gegen ihre Fragerei, wohin er denn ginge. Weiß Gott, er hatte es nicht gewußt; er 20 war einfach, da ihr Dampfer noch nicht fuhr, nach Männerart ein wenig

Reprinted by permission of Suhrkamp Verlag from *Stiller* by Max Frisch. Copyright 1954 by Suhrkamp Verlag, Frankfurt am Main.

schlendern to amble, stroll, wander off **sich vertiefen in**+*acc.* to immerse oneself in, become absorbed in something

malerisch picturesque, scenic

dröhnen to boom, resound das **Tuten** blast on the horn, whistle **erschreckt** startled

dreckig filthy der **Frachter, −** freighter

mit lauter **Männern in gelber Uniform** with nothing but men in yellow uniforms **ebenfalls** likewise

unter Dampf under steam (*parallel to* under sail, under way) das **Tau, -e** rope, line, cable

die **Mole, -n** pier, jetty **sich entfernen** to move away from something **hundsföttisch** low-down, lousy

der **Kinnhaken** uppercut

das **Bewußtsein** consciousness **hingegen** on the other hand **wagen** dare

mit Bestimmtheit with certainty **behaupten** to assert

zuvor (=**vorher**) before, formerly die **Flucht** escape

zum Mann erzogen made into a real man

die **Wüste, -n** desert **schätzen** to value, treasure

zuweilen occasionally

gestatten to allow

der **Verlust** loss

die **Vergangenheit** past das **Heimweh** homesickness, nostalgia

das seine Heimat zu sein den schriftlichen Anspruch stellte which lay official claim to being his home

eine pure Anständigkeit a(n act of) pure decency

bärtig bearded

hager gaunt, haggard der **Tropenhelm, -e** pith helmet

das **Eigenheim, -e** one's own house

rechnen zu to count among, write off to **in Aufregung geraten*** to get upset

die **Tracht, -en** costume, uniform der **Gürtel, −** belt

wie schon erwähnt as already mentioned

unverändert unchanged

ungeschmiert not greased, not oiled **girren** to coo **zögern** to hesitate

die **Ähnlichkeit** similarity **um sieben Jahre** by seven years

die **Erscheinung** appearance **befremden** to appear strange to, surprise

geschlendert. Aus purem Trotz, wie gesagt, vertiefte er sich in eine französische Zeitung, und während seine Gattin tatsächlich nach dem malerischen Mallorca reiste, fand sich Isidor, als er endlich von einem dröhnenden Tuten erschreckt aus seiner Zeitung aufblickte, nicht an der Seite seiner Gattin, sondern auf einem ziemlich dreckigen Frachter, der, übervoll beladen mit lauter Männern in gelber Uniform, ebenfalls unter Dampf stand. Und eben wurden die großen Taue gelöst. Isidor sah nur noch, wie die Mole sich entfernte. Ob es die hundsföttische Hitze oder der Kinnhaken eines französischen Sergeanten gewesen, was ihm kurz darauf das Bewußtsein nahm, kann ich nicht sagen; hingegen wage ich mit Bestimmtheit zu behaupten, daß Isidor, der Apotheker, in der Fremdenlegion ein härteres Leben hatte als zuvor. An Flucht war nicht zu denken. Das gelbe Fort, wo Isidor zum Mann erzogen wurde, stand einsam in der Wüste, deren Sonnenuntergänge er schätzen lernte. Gewiß dachte er zuweilen an seine Gattin, wenn er nicht einfach zu müde war, und hätte ihr wohl auch geschrieben; doch Schreiben war nicht gestattet. Frankreich kämpfte noch immer gegen den Verlust seiner Kolonien, so daß Isidor bald genug in der Welt herumkam, wie er sich nie hätte träumen lassen. Er vergaß seine Apotheke, versteht sich, wie andere ihre kriminelle Vergangenheit. Mit der Zeit verlor Isidor sogar das Heimweh nach dem Land, das seine Heimat zu sein den schriftlichen Anspruch stellte, und es war — viele Jahre später — cine pure Anständigkeit von Isidor, als er eines schönen Morgens durch das Gartentor trat, bärtig, hager wie er nun war, den Tropenhelm unter dem Arm, damit die Nachbarn seines Eigenheims, die den Apotheker längstens zu den Toten rechneten, nicht in Aufregung gerieten über seine immerhin ungewohnte Tracht; selbstverständlich trug er auch einen Gürtel mit Revolver. Es war ein Sonntagmorgen, Geburtstag seiner Gattin, die er, wie schon erwähnt, liebte, auch wenn er in all den Jahren nie eine Karte geschrieben hatte. Einen Atemzug lang, das unveränderte Eigenheim vor Augen, die Hand noch an dem Gartentor, das ungeschmiert war und girrte wie je, zögerte er. Fünf Kinder, alle nicht ohne Ähnlichkeit mit ihm, aber alle um sieben Jahre gewachsen, so daß ihre Erscheinung ihn befremdete, schrieen schon von weitem: Der Papi! Es gab kein Zurück. Und Isidor schritt weiter als Mann, der er in harten Kämpfen geworden war, und in der

sofern if
zur Rede stellen to call to account, take to task
der **Sonnenschirm, -e** parasol
köstlich excellent, charming   der **Morgenrock, ⁻e** housecoat, dressing
gown
die **Neuheit, -en** novelty, something new
die **Mißbilligung** disapproval   der **Hausfreund, -e** friend of the family
(*also indicates an attachment for the lady of the house*)   **hierzulande** in these parts, around here
gekrempelte Hemdärmel rolled-up shirt sleeves
herunter·machen to roll down   **selig** blissful
der **Zank, ⁻e** quarrel, squabble
vollendet complete   **mit Glockenläuten** with the ringing of bells
ohne jede Rücksicht auf + *acc.*   without the slightest regard for
das **Besteck** "the silver" (*i.e.*, knife, fork, and spoon)   **greifen* nach**
to grab for
außerstande unable, incapable   **imstande** able, in a position to
ein·gießen* to pour
zärtlich tenderly
das **Weinen** crying   **umarmen** to embrace
betäubt stunned   **nieder·setzen** to set down
der **Rosenstock, ⁻e** rose tree
verdutzt puzzled, taken aback
mit dem knappen Schwung der Routine *here:* with a practiced motion;
lit.: with the exact precision, "snap," of routine
die **Dauer** duration
unauslöschlich indelible   der **Eindruck** impression   **einem etwas
hinterlassen*** to leave something to someone
echt genuine
vom Gebrauch abgenutzt worn from use
genug + *gen.* (**genug von**) enough of
traute Heimkehr intimate (tender) homecoming
der **Gurt** belt   der **Schuß, ⁻sse** shot   **mitten in** in the middle of
weich soft   **berühren** to touch   der **Zuckerschaum** icing
verzieren to decorate
sich vor·stellen to imagine
eine erhebliche Schweinerei a considerable mess   **verursachen** to
cause
der **Schlagrahm** whipped cream   **verspritzen** to spray, bespatter
der **Augenzeuge, -n** eyewitness

Hoffnung, daß seine liebe Gattin, sofern sie zu Hause war, ihn nicht zur Rede stellen würde. Er schlenderte den Rasen hinauf, als käme er wie gewöhnlich aus seiner Apotheke, nicht aber aus Afrika und Indochina. Die Gattin saß sprachlos unter einem neuen Sonnenschirm. Auch den köstlichen Morgenrock, den sie trug, hatte Isidor noch nie gesehen. Ein 5 Dienstmädchen, ebenfalls eine Neuheit, holte sogleich eine weitere Tasse für den bärtigen Herrn, den sie ohne Zweifel, aber auch ohne Mißbilligung als den neuen Hausfreund betrachtete. Kühl sei es hierzulande, meinte Isidor, indem er sich die gekrempelten Hemdärmel wieder heruntermachte. Die Kinder waren selig, mit dem Tropenhelm spielen zu 10 dürfen, was natürlich nicht ohne Zank ging, und als der frische Kaffee kam, war es eine vollendete Idylle, Sonntagmorgen mit Glockenläuten und Geburtstagstorte. Was wollte Isidor mehr! Ohne jede Rücksicht auf das neue Dienstmädchen, das gerade noch das Besteck hinlegte, griff Isidor nach seiner Gattin. „Isidor!" sagte sie und war außerstande, den 15 Kaffee einzugießen, so daß der bärtige Gast es selber machen mußte. „Was denn!" fragte er zärtlich, indem er auch ihre Tasse füllte. „Isidor!" sagte sie und war dem Weinen nahe. Er umarmte sie. „Isidor!" fragte sie, „wo bist du nur so lange gewesen?" Der Mann, einen Augenblick lang wie betäubt, setzte seine Tasse nieder; er war es einfach nicht mehr 20 gewohnt, verheiratet zu sein, und stellte sich vor einen Rosenstock, die Hände in den Hosentaschen. „Warum hast du nie auch nur eine Karte geschrieben?" fragte sie. Darauf nahm er den verdutzten Kindern wortlos den Tropenhelm weg, setzte ihn mit dem knappen Schwung der Routine auf seinen eigenen Kopf, was den Kindern einen für die Dauer ihres 25 Lebens unauslöschlichen Eindruck hinterlassen haben soll, Papi mit Tropenhelm und Revolvertasche, alles nicht bloß echt, sondern sichtlich vom Gebrauche etwas abgenutzt, und als die Gattin sagte: „Weißt du, Isidor, das hättest du wirklich nicht tun dürfen!" war es für Isidor genug der trauten Heimkehr, er zog (wieder mit dem knappen Schwung der 30 Routine, denke ich) den Revolver aus dem Gurt, gab drei Schüsse mitten in die weiche, bisher noch unberührte und mit Zuckerschaum verzierte Torte, was, wie man sich wohl vorstellen kann, eine erhebliche Schweinerei verursachte. „Also Isidor!" schrie die Gattin, denn ihr Morgenrock war über und über von Schlagrahm verspritzt, ja, und wären nicht die 35 unschuldigen Kinder als Augenzeugen gewesen, hätte sie jenen ganzen

umringen to surround   **Niobe** *Greek mythology: mother of seven sons and seven daughters, traditionally protecting them. Cliché for grieving mother.*

unverantwortlich irresponsible

gelassen (*adj.*) calm, imperturbable

der **Zustand, ⁻e** situation, condition

erbarmenswürdig pitiable   **unter vier Augen** "in strict confidence," between two people   **insgesamt** in all

die **Scheidung, -en** divorce

tapfer brave   die **Schuldfrage** question of guilt   **hoffen auf** + *acc.* to hope for

die **Reue** repentance   **lebte ganz den fünf Kindern** lived entirely for the five children (devoted herself to the five children)   **stammen von** to come from

ab∙weisen* to refuse, turn down   (die) **persönliche Teilnahme** personal interest, concern

drängen to press

Penelope *Homer's Oddyssey: Odysseus' long-suffering, long-waiting wife. Cliché for constancy.*   **ähnlich** + *dat.* similar to   **in der Tat** indeed

üblich usual   die **Begrüßung** greeting

dauern to last   das **Vergnügen** pleasure

schießen* to shoot

entreißen* to tear away, snatch away

die **Scheidungsklage, -n** divorce complaint   **unterzeichnen** to sign

die **Träne, -n** tear   **zumal** especially since

die gesetzliche Frist the legal waiting period   **sich melden** to report, show up

in schlichter Zurückhaltung "in a modestly withdrawn" manner

der **Ablauf** expiration   das **Standesamt, ⁻er** registrar's office; *here:* akin to a justice of the peace

genehmigen to approve, sanction, license, make legal   **kurzum** in short   der **Lauf der Ordnung** *lit.:* "path of order," in an orderly way

heranwachsend growing (up)

das **Erdenleben** earthly life   **sich herum∙treiben*** to kick around

die **Ansichtskarte** picture postcard

Besuch, der übrigens kaum zehn Minuten gedauert haben dürfte, für eine Halluzination gehalten. Von ihren fünf Kindern umringt, einer Niobe ähnlich, sah sie nur noch, wie Isidor, der Unverantwortliche, mit gelassenen Schritten durch das Gartentor ging, den unmöglichen Tropenhelm auf dem Kopf. Nach jenem Schock konnte die arme Frau nie eine Torte sehen, ohne an Isidor denken zu müssen, ein Zustand, der sie erbarmenswürdig machte, und unter vier Augen, insgesamt etwa unter sechsunddreißig Augen riet man ihr zur Scheidung. Noch aber hoffte die tapfere Frau. Die Schuldfrage war ja wohl klar. Noch aber hoffte sie auf seine Reue, lebte ganz den fünf Kindern, die von Isidor stammten, und wies den jungen Rechtsanwalt, der sie nicht ohne persönliche Teilnahme besuchte und zur Scheidung drängte, ein weiteres Jahr lang ab, einer Penelope ähnlich. Und in der Tat, wieder war's ihr Geburtstag, kam Isidor nach einem Jahr zurück, setzte sich nach üblicher Begrüßung, krempelte die Hemdärmel herunter und gestattete den Kindern abermals, mit seinem Tropenhelm zu spielen, doch dieses Mal dauerte ihr Vergnügen, einen Papi zu haben, keine drei Minuten. „Isidor!" sagte die Gattin, „wo bist du denn jetzt wieder gewesen?" Er erhob sich, ohne zu schießen, Gott sei Dank, auch ohne den unschuldigen Kindern den Tropenhelm zu entreißen, nein, Isidor erhob sich nur, krempelte seine Hemdärmel wieder herauf und ging durchs Gartentor, um nie wiederzukommen. Die Scheidungsklage unterzeichnete die arme Gattin nicht ohne Tränen, aber es mußte ja wohl sein, zumal sich Isidor innerhalb der gesetzlichen Frist nicht gemeldet hatte, seine Apotheke wurde verkauft, die zweite Ehe in schlichter Zurückhaltung gelebt und nach Ablauf der gesetzlichen Frist auch durch das Standesamt genehmigt, kurzum, alles nahm den Lauf der Ordnung, was ja zumal für die heranwachsenden Kinder so wichtig war. Eine Antwort, wo Papi sich mit dem Rest seines Erdenlebens herumtrieb, kam nie. Nicht einmal eine Ansichtskarte, Mami wollte auch nicht, daß die Kinder danach fragten; sie hatte ja Papi selber nie danach fragen dürfen. . . .

EXERCISES

Synthetic Exercises

Form complete sentences in the tense(s) indicated.

A.

1. Isidor / sein / gewissenhaft / Mensch / / − / verdienen / nicht übel (*pres. and past*)

2. Es / brauchen / nicht / betont / werden / / daß / Isidor / sein / getreu / Ehemann (*1st clause pres., 2nd clause past*)

3. Trotzdem / vertragen / er / es / nicht / / immer / befragt / werden / / wo / er / sein (*past, final clause past perf.*)

4. Darüber / können / er / werden / innerlich / rasend (*past*)

5. Aber / es / sein / in / Grund / glücklich / Ehe (*past and perf.*)

B.

1. Ein / schön / Sommer / sie / machen / Reise / Mallorca (*past*)

2. Abgesehen / von / stet / Fragerei / alles / gehen / in / best- / Ordnung (*pres. and past*)

3. Sie / sein / neun Jahre / verheiratet / / als / sie / ankommen / Marseille (*past*)

4. Zu / still / Ärger / Gattin / Isidor / müssen / in / letzt- / Moment / Zeitung / kaufen (*past and past perf.*)

5. Er / tun / es / aus / Trotz / gegen / Fragerei (*past and perf.*)

C.

1. Er / vertiefen. . ./ in / französisch / Zeitung (*past and perf.*)

2. Während / Gattin / reisen / Mallorca / / Isidor / finden / sich / dreckig / Frachter (*past*)

3. Man / können / sagen / Bestimmtheit / / daß / Apotheker / haben / härter / Leben / als / vorher (*past*)

4. Gelb / Fort / stehen / Wüste / / (*whose*) / Sonnenuntergänge / er / lernen / schätzen (*past*)

5. Isidor / schreiben / Frau / / aber / Schreiben / sein / nicht / gestattet (*1st clause subj. II past, 2nd clause past*)

6. .Isidor / herumkommen / viel / in / Welt (*past*)

D.

1. Er / verlieren / Heimweh / / und / kommen / nur / aus / pur / Anständigkeit / nach Hause (*past and perf.*)

2. Als / Isidor / stehen / Gartentor / / er / zögern / ein wenig (*past*)

3. Denn / Kinder / sein / um / sieben Jahre / gewachsen (*past*)

E.

1. Er / hoffen / / daß / Gattin / stellen / ihn / nicht / zu / Rede (*1st clause past, 2nd clause subj. II pres.*)

2. Er / weitergehen / / als ob / er / kommen / nur / Apotheke / und / nicht / Afrika (*1st clause past, 2nd clause subj. II pres.*)

3. Gattin / tragen / Morgenrock / / − / Isidor / sehen / noch nie (*main clause past, relative clause past perf.*)

4. Dienstmädchen / holen / weiter / Tasse / für / bärtig / Herr (*past*)

5. Isidor / meinen / / daß / es / sein / kühl (*past*)

6. Kinder / sein / selig / / mit / Tropenhelm / spielen (*1st clause past, 2nd clause infinitival*)

F.

1. Ohne / Rücksicht / neu / Dienstmädchen / Isidor / greifen / nach / Gattin (*pres. and past*)

2. Frau / sein / außerstande / / Kaffee / eingießen (*past and perf., final clause infinitival*)

3. Gattin / fragen / Isidor / / wo / er / sein / so lange (*1st clause past, 2nd clause past perf.*)

4. Mann / sitzen / Augenblick / wie betäubt / / weil / er / sein / es / nicht mehr gewohnt / / verheiratet / sein (*pres. and past, final clause infinitival*)

G.

1. Er / wegnehmen / Kinder / Tropenhelm / / und / setzen / ihn / Kopf (*past and perf.*)

2. Es / machen / groß / Eindruck / auf (*+acc.*) / Kinder (*past and pres. perf.*)

3. Tropenhelm / und / Revolvertasche / sein / nicht bloß echt / / sondern / sichtlich / abgenutzt (*past*)

4. Frau / sagen / / daß / Isidor / dürfen / tun / das / nicht (*1st clause past, 2nd clause subj. II past*)

5. Er / ziehen / Revolver / / und / geben / drei Schüsse / mitten / weich / Torte / / — / verursachen / erheblich / Schweinerei (*past*)

H.

1. Gattin / können / halten / ganz / Besuch / Halluzination (*subj. II pres. and past*)

2. Nach / Schock / arm / Frau / können / sehen / nie / Torte / / ohne / denken / Isidor (*past and perf., final clause infinitival*)

3. Man / raten / Frau / Scheidung (*pres. past, and perf.*)

4. Schuldfrage / sein / klar / / aber / Frau / hoffen / auf / sein- / Reue (*past*)

5. Frau / abweisen / jung / Rechtsanwalt / noch ein Jahr (*past and pres. perf.*)

I.

1. Isidor / zurückkommen / nach / ein / Jahr / / setzen / / und / gestatten / Kinder / / mit / Tropenhelm / spielen (*past, final clause infinitival*)

2. Vergnügen / / Vater / haben / / dauern / kein / drei Minuten (*past, 2nd clause infinitival*)

3. Isidor / sich erheben / / diesmal / ohne / schießen / / und / gehen / Gartentor / / um / nie / wiederkommen (*past and perf.*)

J.

1. Frau / und / Rechtsanwalt / leben / in / schlicht / Zurückhaltung (*past*)

2. Alles / nehmen / Lauf / Ordnung / / (*which*) / sein / für / heranwachsend / Kinder / wichtig (*1st clause past, 2nd clause pres.*)

3. Antwort / / wo / Papi / sich herumtreiben / / kommen / nie (*past and perf.*)

4. Mami / wollen / nicht / / daß / Kinder / fragen / danach (*past*)

Express in German

A.

1. Isidor was a conscientious person who didn't earn a bad living.

2. It doesn't need to be stressed that Isidor was a faithful husband.

3. Nonetheless he couldn't stand *always being asked* where he had been.

4. He could get inwardly furious, but it was basically a happy marriage.

B.

1. One summer they took a trip to Majorca.

2. Apart from her constant questioning everything went *perfectly*.

3. To the annoyance of his wife he had had to buy a newspaper.

4. He did it out of spite against her continual questioning.

C.

1. He became absorbed in a French newspaper.

2. While his wife was going to Majorca, he found himself on a filthy freighter.

3. One can say with certainty that the pharmacist had a tougher life than before.

4. The yellow fort stood in a desert whose sunsets he *came to* value.

5. Isidor would have written his wife but writing wasn't allowed.

6. Isidor got around a lot in the world.

D.

1. He only came home out of pure decency.

2. Isidor hesitated as he stood at the garden gate.

3. The children had grown by seven years.

E.

1. He hoped that his wife wouldn't *call him to account*.

2. He walked on as if he were only coming from his drugstore and not from Africa.

3. His wife was wearing a housecoat that Isidor hadn't seen before.

4. The maid brought a cup of coffee for the bearded gentleman.

5. Isidor said that it was cool.

6. The children were delighted to play with the pith helmet.

F.

1. Without regard for the maid Isidor grabbed for his wife.

2. The woman was *unable* to pour the coffee.

3. His wife asked Isidor where he had been so long.

4. The man wasn't used to being married anymore.

G.

1. It made a great impression on the children.

2. The pith helmet and the holster were not only genuine but visibly worn.

3. His wife said that Isidor shouldn't have done that.

4. He drew his revolver and put three shots into the middle of the soft torte, which caused a considerable mess.

H.

1. His wife could have considered the whole visit an hallucination.

2. After that shock the poor woman could never see a torte without thinking of Isidor.

3. They advised her to *get a divorce*.

4. The question of guilt was clear, but she still hoped *he'd repent* (for his repentance).

5. She put the young lawyer off for another year.

I.

1. Isidor sat down and allowed the children to play with the pith helmet.

2. This time the pleasure of having a father didn't last three minutes.

3. He got up without shooting and walked through the garden gate never to return again.

J.

1. Isidor's wife and her lawyer lived in a modestly withdrawn manner.

2. An answer (as to) where Papi was kicking around never came.

3. His wife didn't want *the children to ask about it.*

Cue-sheet

Use the following cues to relate the story.

A.

1. Isidor / gewissenhaft / / nicht übel
   Ehemann
   vertragen / nicht / / befragt / / wo / gewesen

2. innerlich / rasend
   kein Streit / / glückliche Ehe

B.

1. Sommer / Reise / Mallorca
   abgesehen / Fragerei / beste Ordnung

2. Ärger / Gattin / Isidor / Zeitung
   Trotz

C.

1. vertiefen / Zeitung
   während / Frau / Mallorca / / Isidor / Frachter

2. mit Bestimmtheit / / härter / vorher
   Isidor / herumkommen / Welt

D.

nur / Anständigkeit
Isidor / zögern / Gartentor

E.

1. hoffen / / Gattin / nicht zur Rede
   als ob / Apotheke / / nicht / Afrika

2. Dienstmädchen / Tasse
   Kinder / Tropenhelm

F.

1. Isidor / greifen / Frau
   Frau / außerstande / / Kaffee

2. Frau / fragen / / wo / Isidor
   Isidor / nicht mehr gewohnt / / verheiratet

G.

1. Isidor / Tropenhelm / weg / / und / Kopf
   Eindruck / Kinder

2. Frau: Isidor / dürfen / nicht
   Revolver / / drei Schüsse / Torte / / Schweinerei

H.

1. Frau / Besuch / Halluzination (*subj. II past*)
   nach / Schock / nie / Torte / / ohne . . .

2. raten / Scheidung
   Schuldfrage / klar / / aber / hoffen / Reue
   abweisen / Rechtsanwalt / noch ein Jahr

I.

1. nach / Jahr / Isidor / zurück
   keine drei Minuten

2. Frau / fragen / / wo
   Isidor / aufstehen / / ohne / schießen / / gehen

J.

Frau / Rechtsanwalt / Zurückhaltung
Antwort / / wo / Isidor / / nie
Ansichtskarte

der **Kreidekreis, -e** chalk circle
der **Dreißigjährige Krieg** the Thirty Years War (1618–48)
Schweizer Swiss
die **Gerberei, -en** tannery die **Lederhandlung, -en** leather goods
store
am Lech on the Lech River **verheiratet mit** married to
dringend urgently **zur Flucht raten*** to advise to escape, flee
sei es, daß. . . it may have been that. . .
im Stich lassen* to leave in the lurch, abandon
sich entschließen* to decide, make up one's mind **beizeiten** in time
kaiserlich imperial
plündern to plunder, pillage **sich verstecken** to hide
die **Grube, -n** hole, pit, ditch der **Hof** courtyard die **Farbe, -n**
color, dye **auf·bewahren** to store, keep
der **Verwandte** (*adj. noun*) relative die **Vorstadt** suburb
der **Schmuck** jewelry
die **Rotte, -n** band, troop **dringen*** to force their way (into)
der **Schrecken** fear, terror
das **Anwesen, —** property, premises, house
die **Diele, -n** hall(way)
die **Wiege, -n** cradle die **Schnur, ⁻e** cord, string

Der Augsburger Kreidekreis

BERTOLT BRECHT

Zu der Zeit des Dreißigjährigen Krieges besaß ein Schweizer Protestant namens Zingli eine große Gerberei mit einer Lederhandlung in der freien Reichsstadt Augsburg am Lech. Er war mit einer Augsburgerin verheiratet und hatte ein Kind von ihr. Als die Katholischen auf die Stadt zumarschierten, rieten ihm seine Freunde dringend zur Flucht, aber, sei es, daß seine kleine Familie ihn hielt, sei es, daß er seine Gerberei nicht im Stich lassen wollte, er konnte sich jedenfalls nicht entschließen, beizeiten wegzureisen. 5

So war er noch in der Stadt, als die kaiserlichen Truppen sie stürmten, und als am Abend geplündert wurde, versteckte er sich in einer Grube im Hof, wo die Farben aufbewahrt wurden. Seine Frau sollte mit dem Kind zu ihren Verwandten in der Vorstadt ziehen, aber sie hielt sich zu lange damit auf, ihre Sachen, Kleider, Schmuck und Betten zu packen, und so sah sie plötzlich, von einem Fenster des ersten Stockes aus, eine Rotte kaiserlicher Soldaten in den Hof dringen. Außer sich vor Schrecken ließ sie alles stehen und liegen und rannte durch eine Hintertür aus dem Anwesen. 10 15

So blieb das Kind im Hause zurück. Es lag in der großen Diele in seiner Wiege und spielte mit einem Holzball, der an einer Schnur von der Decke hing. 20

Reprinted by permission of Gebrüder Weiß Verlag, Berlin, from *Kalendergeschichten* by Bertolt Brecht.

243

hantieren to work, putter around
das **Kupferzeug** copperware   die **Gasse, -n** street
stürzen (s) to rush
allerhand all kinds of   die **Beute** booty

das **Geräusch, -e** noise, sound   der **Schlag, ̈e** blow, knock
  eichen oaken
ergreifen* to seize   die **Treppe** staircase
kurz und klein to pieces
sich befinden* to be (*with place expressions*)   das **Wunder** miracle
  die **Durchsuchung, -en** search
die **Plünderung** plundering   **sich verziehen*** to withdraw, leave, pull
  out
heraus·klettern to climb out
unversehrt uninjured, unharmed   **schleichen*** (s) to sneak
inzwischen in the meantime
erhellen to illuminate
entsetzt horrified   **erblicken** to catch sight of   **übel zugerichtet**
  maltreated (badly beaten, cut up, etc.)   die **Leiche, -n** corpse
  erschlagen* to kill, slay
die **Gefahr laufen*** to be in danger, run a risk
aufgegriffen apprehended, stopped
schweren Herzens with a heavy heart
wiegen to rock   der **Stadtteil** part of the city
sich drängen durch to push, force one's way through
begleiten to accompany   das **Getümmel, –** turmoil
der ihren Sieg feiernden Soldaten of the soldiers who were celebrating
  their victory
mächtig mighty, huge
geraume Zeit (a) long time
heraus·stecken to stick out
atemlos breathlessly
die **Nichte, -n** niece   **er hat mit ihm nichts zu schaffen** he has nothing
  to do with him   der **Bankert, -e** bastard
der **Schwager, ̈** brother-in-law   der **Vorhang, ̈e** curtain   **sich**
  bewegen to move
die **Überzeugung, -en** (**gewinnen***) conviction (to become convinced)
anscheinend apparently   **verleugnen** to disclaim, deny
schweigend silently
aus·reden to talk out of

Nur eine junge Magd war noch im Hause. Sie hantierte in der Küche mit dem Kupferzeug, als sie Lärm von der Gasse her hörte. Ans Fenster stürzend, sah sie, wie aus dem ersten Stock des Hauses gegenüber von Soldaten allerhand Beutestücke auf die Gasse geworfen wurden. Sie lief in die Diele und wollte eben das Kind aus der Wiege nehmen, als sie das Geräusch schwerer Schläge gegen die eichene Haustür hörte. Sie wurde von Panik ergriffen und flog die Treppe hinauf.

Die Diele füllte sich mit betrunkenen Soldaten, die alles kurz und klein schlugen. Sie wußten, daß sie sich im Haus eines Protestanten befanden. Wie durch ein Wunder blieb bei der Durchsuchung und Plünderung Anna, die Magd, unentdeckt. Die Rotte verzog sich, und aus dem Schrank herauskletternd, in dem sie gestanden war, fand Anna auch das Kind in der Diele unversehrt. Sie nahm es hastig an sich und schlich mit ihm auf den Hof hinaus. Es war inzwischen Nacht geworden, aber der rote Schein eines in der Nähe brennenden Hauses erhellte den Hof, und entsetzt erblickte sie die übel zugerichtete Leiche des Hausherrn. Die Soldaten hatten ihn aus seiner Grube gezogen und erschlagen.

Erst jetzt wurde der Magd klar, welche Gefahr sie lief, wenn sie mit dem Kind des Protestanten auf der Straße aufgegriffen wurde. Sie legte es schweren Herzens in die Wiege zurück, gab ihm etwas Milch zu trinken, wiegte es in Schlaf und machte sich auf den Weg in den Stadtteil, wo ihre verheiratete Schwester wohnte. Gegen zehn Uhr nachts drängte sie sich, begleitet vom Mann ihrer Schwester, durch das Getümmel der ihren Sieg feiernden Soldaten, um in der Vorstadt Frau Zingli, die Mutter des Kindes, aufzusuchen. Sie klopften an die Tür eines mächtigen Hauses, die sich nach geraumer Zeit auch ein wenig öffnete. Ein kleiner alter Mann, Frau Zinglis Onkel, steckte den Kopf heraus. Anna berichtete atemlos, daß Herr Zingli tot, das Kind aber unversehrt im Hause sei. Der Alte sah sie kalt aus fischigen Augen an und sagte, seine Nichte sei nicht mehr da, und er selber habe mit dem Protestantenbankert nichts zu schaffen. Damit machte er die Tür wieder zu. Im Weggehen sah Annas Schwager, wie sich ein Vorhang in einem der Fenster bewegte, und gewann die Überzeugung, daß Frau Zingli da war. Sie schämte sich anscheinend nicht, ihr Kind zu verleugnen.

Eine Zeitlang gingen Anna und ihr Schwager schweigend nebeneinander her. Dann erklärte sie ihm, daß sie in die Gerberei zurück und das Kind holen wolle. Der Schwager, ein ruhiger, ordentlicher Mann, hörte sie erschrocken an und suchte ihr die gefährliche Idee auszureden. Was

anständig decently

nichts Unvernünftiges nothing unreasonable
unbedingt definitely, at all costs
nichts fehlt ihm there's nothing wrong with him; he's all right

betrachten to observe   **wagen** to dare   **an·zünden** to light

winzig tiny   der **Leberfleck, -e** mole

die **Faust** fist   **saugen** to suck

schwerfällig slowly, ponderously
die **Bewegung, -en** movement, motion   **hüllen** to wrap
  das **Leinen** linen
sich um·schauen to look around
das **Gewissen,** — conscience   die **Diebin, -nen** thief (*fem.*)
die **Beratung, -en** deliberation, consultation
der **Bauernhof** farm
ein·heiraten to marry into   **ausgemacht** decided, arranged

zu Gesicht bekommen* see face to face
gefährlich dangerous

das **Gesinde** help, hired hands   **empfangen*** to receive
der **Blick** glance   die **Schwägerin, -nen** sister-in-law
  veranlassen to cause, induce
ihr eigenes her own (child)
entfernt distant, far off   die **Stellung** job   die **Mühle, -n** mill
auf·tauen to thaw; *here:* become friendly
gebührend duly, properly   **bewundern** to admire
das **Gehölz, -e** wood, copse   **sammeln** to gather
der **Stumpf, ̈e** stump   (**ihm**) **reinen Wein einschenken** to tell (him)
  the truth
nicht wohl in der Haut sein to be uneasy; *lit.:* in one's skin
festigen to secure, make firm   **loben** to praise
großzügig generous, magnanimous

hatte sie mit diesen Leuten zu tun? Sie war nicht einmal anständig behandelt worden.

Anna hörte ihm still zu und versprach ihm, nichts Unvernünftiges zu tun. Jedoch wollte sie unbedingt noch schnell in die Gerberei schauen, ob dem Kind nichts fehle. Und sie wollte allein gehen. 5

Sie setzte ihren Willen durch. Mitten in der zerstörten Halle lag das Kind ruhig in seiner Wiege und schlief. Anna setzte sich müde zu ihm und betrachtete es. Sie hatte nicht gewagt, ein Licht anzuzünden, aber das Haus in der Nähe brannte immer noch, und bei diesem Licht konnte sie das Kind ganz gut sehen. Es hatte einen winzigen Leberfleck am 10
Hälschen.

Als die Magd einige Zeit, vielleicht eine Stunde, zugesehen hatte, wie das Kind atmete und an seiner kleinen Faust saugte, erkannte sie, daß sie zu lange gesessen und zu viel gesehen hatte, um noch ohne das Kind weggehen zu können. Sie stand schwerfällig auf, und mit langsamen 15
Bewegungen hüllte sie es in die Leinendecke, hob es auf den Arm und verließ mit ihm den Hof, sich scheu umschauend, wie eine Person mit schlechtem Gewissen, eine Diebin.

Sie brachte das Kind, nach langen Beratungen mit Schwester und Schwager, zwei Wochen darauf aufs Land in das Dorf Großaitingen, wo 20
ihr älterer Bruder Bauer war. Der Bauernhof gehörte der Frau, er hatte nur eingeheiratet. Es war ausgemacht worden, daß sie vielleicht nur dem Bruder sagen sollte, wer das Kind war, denn sie hatten die junge Bäuerin nie zu Gesicht bekommen und wußten nicht, wie sie einen so gefährlichen kleinen Gast aufnehmen würde. 25

Anna kam gegen Mittag im Dorf an. Ihr Bruder, seine Frau und das Gesinde saßen beim Mittagessen. Sie wurde nicht schlecht empfangen, aber ein Blick auf ihre neue Schwägerin veranlaßte sie, das Kind sogleich als ihr eigenes vorzustellen. Erst nachdem sie erzählt hatte, daß ihr Mann in einem entfernten Dorf eine Stellung in einer Mühle hatte und sie dort 30
mit dem Kind in ein paar Wochen erwartete, taute die Bäuerin auf und das Kind wurde gebührend bewundert.

Nachmittags begleitete sie ihren Bruder ins Gehölz, Holz sammeln. Sie setzten sich auf Baumstümpfe, und Anna schenkte ihm reinen Wein ein. Sie konnte sehen, daß ihm nicht wohl in seiner Haut war. Seine 35
Stellung auf dem Hof war noch nicht gefestigt, und er lobte Anna sehr, daß sie seiner Frau gegenüber den Mund gehalten hatte. Es war klar, daß er seiner jungen Frau keine besonders großzügige Haltung gegenüber

zu·trauen   to credit (a person with something)   **die Täuschung**
   aufrecht·erhalten*   to keep up the deception
auf die Länge   in the long run
die **Ernte, -n**   harvest   **pflegen**   to take care of
zwischendurch   in between times
aus·ruhen   to rest   **gedeihen*** (s)   to thrive, get on well
kräftig   mightily
sich erkundigen nach   to ask about, inquire about

nützlich   useful   das **Schlimme**   the bad thing
sich wundern über + *acc.*   to wonder about

ins Gerede kommen* (s)   to be talked, gossiped about
an·spannen   to hitch up (horses)
das **Kalb, ⁻er**   calf
rattern   to rattle   der **Fahrzeug, -e**   cart   (**einem etwas**)
   mit·teilen   to tell (someone something)
der **Häusler, —**   cottager
ausgemergelt   emaciated   **schmierig**   greasy, dirty   das **Laken, —**
   sheet
niedrig   low
ehelichen   to marry   das **Lager, —**   *here:* bed
gelbhäutig   with yellow skin   das **Entgelt, -e**   recompense, payment
   der **Dienst**   service
erweisen*   to show to, do (her a service)
aus·handeln   to transact
erstehen*   to purchase, pick up at an auction   die **Verehelichung**
   marriage
statt·finden*   to take place
die **Trauungsformel, -n**   marriage vow
zweifeln   to doubt
der **Totenschein, -e**   death certificate
irgendwo   somewhere
sich wundern   to be surprised, wonder   die **Witwe, -n**   widow
seltsam   strange   die **Hochzeit, -en**   wedding
die **Kirchenglocken**   church bells   die **Blechmusik**   brass (band)
   music   die **Jungfer, -n**   (brides)maid
verzehren   to consume   der **Hochzeitsschmaus, ⁻e**   wedding banquet
der **Speck, -e**   bacon   die **Speisekammer, -n**   pantry

dem Protestantenkind zutraute. Er wollte, daß die Täuschung aufrecht-erhalten wurde.

Das war nun auf die Länge nicht leicht.

Anna arbeitete bei der Ernte mit und pflegte „ihr" Kind zwischen-durch, immer wieder vom Feld nach Hause laufend, wenn die andern ausruhten. Der Kleine gedieh und wurde sogar dick, lachte so oft er Anna sah und suchte kräftig den Kopf zu heben. Aber dann kam der Winter, und die Schwägerin begann sich nach Annas Mann zu erkundigen.

Es sprach nichts dagegen, daß Anna auf dem Hof blieb, sie konnte sich nützlich machen. Das Schlimme war, daß die Nachbarn sich über den Vater von Annas Jungen wunderten, weil der nie kam, nach ihm zu sehen. Wenn sie keinen Vater für ihr Kind zeigen konnte, mußte der Hof bald ins Gerede kommen.

An einem Sonntagmorgen spannte der Bauer an und hieß Anna laut mitkommen, ein Kalb in einem Nachbardorf abzuholen. Auf dem rat-ternden Fahrzeug teilte er ihr mit, daß er für sie einen Mann gesucht und gefunden hätte. Es war ein todkranker Häusler, der kaum den aus-gemergelten Kopf vom schmierigen Laken heben konnte, als die beiden in seiner niedrigen Hütte standen.

Er war willig, Anna zu ehelichen. Am Kopfende des Lagers stand eine gelbhäutige Alte, seine Mutter. Sie sollte ein Entgelt für den Dienst, der Anna erwiesen wurde, bekommen.

Das Geschäft war in zehn Minuten ausgehandelt, und Anna und ihr Bruder konnten weiterfahren und ihr Kalb erstehen. Die Verehelichung fand Ende derselben Woche statt. Während der Pfarrer die Trau-ungsformel murmelte, wandte der Kranke nicht ein einziges Mal den glasigen Blick auf Anna. Ihr Bruder zweifelte nicht, daß sie den Totenschein in wenigen Tagen haben würden. Dann war Annas Mann und Kindsvater auf dem Weg zu ihr in einem Dorf bei Augsburg irgendwo gestorben, und niemand würde sich wundern, wenn die Witwe im Haus ihres Bruders bleiben würde.

Anna kam froh von ihrer seltsamen Hochzeit zurück, auf der es weder Kirchenglocken noch Blechmusik, weder Jungfern noch Gäste gegeben hatte. Sie verzehrte als Hochzeitsschmaus ein Stück Brot mit einer Scheibe Speck in der Speisekammer und trat mit ihrem Bruder dann

die **Kiste, -n** box   **stopfen** to stuff, tuck in
fest firm, tight
auf sich warten lassen* to take its (one's) time
der **Bescheid** news, information

beschwerlich difficult, cumbersome

beunruhigt disturbed, worried

das **Fuhrwerk, -e** cart   **knarren** to creak
aus·spannen to unhitch (horses)   **sich zusammen·krampfen** to
   contract (feel a pain in the heart)
übel bad   **tretend** stepping, walking
der **Todgeweihte, -n** (*adj. noun*) doomed man; *lit.:* consecrated unto death
in Hemdsärmeln in shirtsleeves   die **Backe, -n** cheek   **gesunden**
   to get well
die **Wendung, -en** turn (of events)   der **Entschluß** decision
unangenehm unpleasant
der **Eindruck** impression
jammern to wail, whine, lament   **ungewünscht** unwanted
das **Weib, -er** woman, wife (*pejorative*)
zum Schweigen verweisen* to tell one to be quiet (*in rebuke*)
bedächtig slowly, deliberately
bekümmert troubled
den Jungen gehen lehren to teach the boy to walk   der **Spinnrocken, —**
   distaff
aus·strecken to stretch out   **zu·wackeln** (s) **auf** + *acc.* to totter toward
unterdrücken to suppress   das **Schluchzen** sobbing   **umklammern**
   to grasp, clutch
auf·fangen* to catch up in one's arms
die **Kerze, -n** candle   **erfahren*** to learn, find out
ein abgearbeiteter Fünfziger a worn-out fifty-year-old   **halt so wie**
   just like
der **Hausierer** peddler
der **Aufwand, ⁓e (an)** display (of), show (of)   die **Heimlichkeit, -en**
   secrecy   **aus·richten** to deliver a message
der **Fußweg** footpath   **Landsberg** *a place name*   **sich begegnen**
   to meet

vor die Kiste, in der das Kind lag, das jetzt einen Namen hatte. Sie stopfte das Laken fester und lachte ihren Bruder an.

Der Totenschein ließ allerdings auf sich warten.

Es kam weder die nächste noch die übernächste Woche Bescheid von der Alten. Anna hatte auf dem Hof erzählt, daß ihr Mann nun auf dem Weg zu ihr sei. Sie sagte nunmehr, wenn man sie fragte, wo er bliebe, der tiefe Schnee mache wohl die Reise beschwerlich. Aber nachdem weitere drei Wochen vergangen waren, fuhr ihr Bruder doch, ernstlich beunruhigt, in das Dorf bei Augsburg.

Er kam spät in der Nacht zurück. Anna war noch auf und lief zur Tür, als sie das Fuhrwerk auf dem Hof knarren hörte. Sie sah, wie langsam der Bauer ausspannte, und ihr Herz krampfte sich zusammen.

Er brachte üble Nachricht. In die Hütte tretend hatte er den Todgeweihten beim Abendessen am Tisch sitzend vorgefunden, in Hemdsärmeln mit beiden Backen kauend. Er war wieder völlig gesundet.

Der Bauer sah Anna nicht ins Gesicht, als er weiter berichtete. Der Häusler, er hieß übrigens Otterer, und seine Mutter schienen über die Wendung ebenfalls überrascht und waren wohl noch zu keinem Entschluß gekommen, was zu geschehen hätte. Otterer habe keinen unangenehmen Eindruck gemacht. Er hatte wenig gesprochen, jedoch einmal seine Mutter, als sie darüber jammern wollte, daß er nun ein ungewünschtes Weib und ein fremdes Kind auf dem Hals habe, zum Schweigen verwiesen. Er aß bedächtig seine Käsespeise weiter während der Unterhaltung und aß noch, als der Bauer wegging.

Die nächsten Tage war Anna natürlich sehr bekümmert. Zwischen ihrer Hausarbeit lehrte sie den Jungen gehen. Wenn er den Spinnrocken losließ und mit ausgestreckten Ärmchen auf sie zugewackelt kam, unterdrückte sie ein trockenes Schluchzen und umklammerte ihn fest, wenn sie ihn auffing.

Einmal fragte sie ihren Bruder: Was ist er für einer? Sie hatte ihn nur auf dem Sterbebett gesehen und nur abends, beim Schein einer schwachen Kerze. Jetzt erfuhr sie, daß ihr Mann ein abgearbeiteter Fünfziger sei, halt so, wie ein Häusler ist.

Bald darauf sah sie ihn. Ein Hausierer hatte ihr mit einem großen Aufwand an Heimlichkeit ausgerichtet, daß „ein gewisser Bekannter" sie an dem und dem Tag zu der und der Stunde bei dem und dem Dorf, da wo der Fußweg nach Landsberg abgeht, treffen wolle. So begegneten die

die **Verehelichten**   the married people (i.e., couple)   **antik**   classical (*referring to classical antiquity*)   der **Feldherr, -n, -en** commander, general

die **Schlachtreihe, -n**   battle line   das **Gelände**   terrain; *here:* open country

der **Zahn, ̈e**   tooth   **von oben bis unten**   from top to bottom

der **Schafspelz, -e**   sheepskin coat

das **Sakrament, -e**   sacrament   **kurz**   *here:* abruptly

sich alles überlegen   to think it all over

der **Händler, −**   salesman   der **Schlächter, −**   butcher

aus·richten lassen*   to have a message delivered

bedächtig   slow and deliberate

die **Halsseite**   side of the neck

auf·bringen*   to annoy, irritate

die **Botschaft, -en**   message   **mit einem Gedanken um·gehen***   to turn an idea over in one's mind, toy with it

der **Aufenthalt, -e**   stay

mißtrauisch   suspicious, mistrustful

das **Mitleid**   pity

beschließen*   to resolve

trüb   dull

die **Hoffnung**   hope

die **Besserung, -en**   improvement   das **Lächeln, −**   smile

sich verstellen   to put up a front, dissemble   der **Schreck(en)**   terror, fear

wortlos   silently

äußern   to express, say   **seinerseits**   for his part

erwähnen   to mention

unterdrücken   to suppress

als daß   but that

flüchtig   hastily, fleetingly

die **Richtung**   direction   **brabbeln**   to babble

ein·nehmen* gegen   to prejudice against

Verehelichten sich zwischen ihren Dörfern wie die antiken Feldherren zwischen ihren Schlachtreihen, im offenen Gelände, das von Schnee bedeckt war.

Der Mann gefiel Anna nicht.

Er hatte kleine graue Zähne, sah sie von oben bis unten an, obwohl 5 sie in einem dicken Schafspelz steckte und nicht viel zu sehen war, und gebrauchte dann die Wörter „Sakrament der Ehe". Sie sagte ihm kurz, sie müsse sich alles noch überlegen und er möchte ihr durch irgend einen Händler oder Schlächter, der durch Großaitingen kam, vor ihrer Schwägerin ausrichten lassen, er werde jetzt bald kommen und sei auf 10 dem Weg erkrankt.

Otterer nickte in seiner bedächtigen Weise. Er war über einen Kopf größer als sie und blickte immer auf ihre linke Halsseite beim Reden, was sie aufbrachte.

Die Botschaft kam aber nicht, und Anna ging mit dem Gedanken 15 um, mit dem Kind einfach vom Hof zu gehen und weiter südwärts, etwa in Kempten oder Sonthofen, eine Stellung zu suchen. Nur die Unsicherheit der Landstraßen, über die viel geredet wurde, und daß es mitten im Winter war, hielt sie zurück.

Der Aufenthalt auf dem Hof wurde aber jetzt schwierig. Die 20 Schwägerin stellte am Mittagstisch vor allem Gesinde mißtrauische Fragen nach ihrem Mann. Als sie einmal sogar, mit falschem Mitleid auf das Kind sehend, laut „armes Wurm" sagte, beschloß Anna, doch zu gehen, aber da wurde das Kind krank.

Es lag unruhig mit hochrotem Kopf und trüben Augen in seiner 25 Kiste, und Anna wachte ganze Nächte über ihm in Angst und Hoffnung. Als es sich wieder auf dem Weg zur Besserung befand und sein Lächeln zurückgefunden hatte, klopfte es eines Vormittags an die Tür, und herein trat Otterer. Es war niemand außer Anna und dem Kind in der Stube, so daß sie sich nicht verstellen mußte, was ihr bei ihrem Schrecken auch 30 wohl unmöglich gewesen wäre. Sie standen eine gute Weile wortlos, dann äußerte Otterer, er habe die Sache seinerseits überlegt und sei gekommen, sie zu holen. Er erwähnte wieder das Sakrament der Ehe.

Anna wurde böse. Mit fester, wenn auch unterdrückter Stimme sagte sie dem Mann, sie denke nicht daran, mit ihm zu leben, sie sei die Ehe nur 35 eingegangen ihres Kindes wegen und wolle von ihm nichts, als daß er ihr und dem Kind seinen Namen gebe.

Otterer blickte, als sie von dem Kind sprach, flüchtig nach der Richtung der Kiste, in der es lag und brabbelte, trat aber nicht hinzu. Das nahm Anna noch mehr gegen ihn ein. 40

die **Redensart, -en**   saying, cliché
bei ihm sei Schmalhans Küchenmeister   there was little to eat at his place

neugierig   curiously   **laden*** (**ein·laden***)   to invite
nachlässig   casual
vor·täuschen   to pretend   **verraten***   to betray
einsilbig   in monosyllables

vermeiden*   to avoid   **hacken**   to chop
das **Holz**   wood   **auf·fordern**   to call upon, ask (one to do something)
teil·nehmen* an+*dat.*   to take part in, partake of
das **Deckbett, -en** quilt   die **Kammer, -n**   small room
merkwürdigerweise   which was strange under the circumstances
    murmeln   to mumble, murmur
abwesend   absent, vacant
an·rühren   to touch
in ein Fieber verfallen*   to fall into a fever
teilnahmslos   indifferent, apathetic
ein paarmal   a few times   **nach·lassen***   to abate, let up
zurecht·stopfen   to straighten (the covers)
vor·fahren* (s)   to drive up   der **Leiterwagen, —**   cart, hay wagon

zu Kräften kommen* (s)   to gain strength
dünn   thin
entschlossen   with decision, determinedly

behaupten   to maintain, assert
die **Geschwindigkeit, -en**   speed
auf·patschen   to slap; *here:* falling on his hands with a slapping noise
    der **Schrei, -e**   cry
der **Zuber, —**   tub   **gewinnen***   to win
die **Zuversicht**   confidence
freilich   to be sure, however
wickeln   to wrap   **ein·stecken**   to take along
der **Käse**   cheese
vor·haben   to plan, intend
das **Bein, -e**   leg
die **Schneeschmelze, -n**   thaw

254   VOCABULARY

Er ließ ein paar Redensarten fallen; sie solle sich alles noch einmal überlegen, bei ihm sei Schmalhans Küchenmeister, und seine Mutter könne in der Küche schlafen. Dann kam die Bäuerin herein, begrüßte ihn neugierig und lud ihn zum Mittagessen. Den Bauern begrüßte er, schon am Teller sitzend, mit einem nachlässigen Kopfnicken, weder vortäuschend, er kenne ihn nicht, noch verratend, daß er ihn kannte. Auf die Fragen der Bäuerin antwortete er einsilbig, seine Blicke nicht vom Teller hebend, er habe in Mering eine Stelle gefunden, und Anna könne zu ihm ziehen. Jedoch sagte er nichts mehr davon, daß dies gleich sein müsse.

Am Nachmittag vermied er die Gesellschaft des Bauern und hackte hinter dem Haus Holz, wozu ihn niemand aufgefordert hatte. Nach dem Abendessen, an dem er wieder schweigend teilnahm, trug die Bäuerin selber ein Deckbett in Annas Kammer, damit er dort übernachten konnte, aber da stand er merkwürdigerweise schwerfällig auf und murmelte, daß er noch am selben Abend zurück müsse. Bevor er ging, starrte er mit abwesendem Blick in die Kiste mit dem Kind, sagte aber nichts und rührte es nicht an.

In der Nacht wurde Anna krank und verfiel in ein Fieber, das wochenlang dauerte. Die meiste Zeit lag sie teilnahmslos, nur ein paarmal gegen Mittag, wenn das Fieber etwas nachließ, kroch sie zu der Kiste mit dem Kind und stopfte die Decke zurecht.

In der vierten Woche ihrer Krankheit fuhr Otterer mit einem Leiterwagen auf dem Hof vor und holte sie und das Kind ab. Sie ließ es wortlos geschehen.

Nur sehr langsam kam sie wieder zu Kräften, kein Wunder bei den dünnen Suppen in der Häuslerhütte. Aber eines Morgens sah sie, wie schmutzig das Kind gehalten war, und stand entschlossen auf.

Der Kleine empfing sie mit seinem freundlichen Lächeln, von dem ihr Bruder immer behauptet hatte, er habe es von ihr. Er war gewachsen und kroch mit unglaublicher Geschwindigkeit in der Kammer herum, mit den Händen aufpatschend und kleine Schreie ausstoßend, wenn er auf das Gesicht niederfiel. Sie wusch ihn in einem Holzzuber und gewann ihre Zuversicht zurück.

Wenige Tage später freilich konnte sie das Leben in der Hütte nicht mehr aushalten. Sie wickelte den Kleinen in ein paar Decken, steckte ein Brot und etwas Käse ein und lief weg.

Sie hatte vor, nach Sonthofen zu kommen, kam aber nicht weit. Sie war noch recht schwach auf den Beinen, die Landstraße lag unter der Schneeschmelze, und die Leute in den Dörfern waren durch den Krieg

geizig stingy
sich verstauchen to sprain
bangen um to worry about
der **Stall** barn, shed

der **Fluchtversuch, -e** attempt to flee   **ihr Los hin·nehmen*** to accept
   her lot (fate)
der **Acker** plot of ground
die **Wirtschaft, -en** household   **in Gang halten*** to keep it going
mitunter now and then
das **Röcklein** (*diminutive*) little coat   **ein·färben** to dye
der **Färber, —** dyer   **gut stehen*** to suit, look good on
wurde zufrieden gestimmt became contented   **erleben** to experience
die **Erziehung, -en** education   **vergehen*** (s) to pass
zurück·kehren to return
die **Kutsche, -n** carriage
taumeln to stagger, reel   das **Entsetzen** horror

Eßbares things to eat

vor·lassen* to admit
vergebens in vain   der **Trost** consolation
zu·reden to talk (something) into (someone)   die **Behörde, -n** *here:*
   the authorities
an·deuten to suggest, indicate
daraufhin thereupon, after that   **herrschen** to prevail, rule

aus·richten to achieve
der **Glücksumstand, ⸚e** fortunate circumstance   die **Rechtssache, -n**
   lawsuit
verweisen* an + *acc.* to refer to
Schwaben Swabia (*a province*)   **berühmt** famous
die **Grobheit, -en** coarseness, rudeness   die **Gelehrsamkeit** learnedness,
   erudition   der **Kurfürst, -en, -en** Elector (in the Holy Roman
   Empire)
der **Rechtsstreit, -e** lawsuit   **aus·tragen*** *here:* to arbitrate, decide
der **Mistbauer, -n** dirt, dung farmer   **taufen** to christen

sehr mißtrauisch und geizig geworden. Am dritten Tag ihrer Wanderung verstauchte sie sich den Fuß in einem Straßengraben und wurde nach vielen Stunden, in denen sie um das Kind bangte, auf einen Hof gebracht, wo sie im Stall liegen mußte. Der Kleine kroch zwischen den Beinen der Kühe herum und lachte nur, wenn sie ängstlich aufschrie. Am Ende 5 mußte sie den Leuten des Hofs den Namen ihres Mannes sagen, und er holte sie wieder nach Mering.

Von nun an machte sie keinen Fluchtversuch mehr und nahm ihr Los hin. Sie arbeitete hart. Es war schwer, aus dem kleinen Acker etwas herauszuholen und die winzige Wirtschaft in Gang zu halten. Jedoch war 10 der Mann nicht unfreundlich zu ihr, und der Kleine wurde satt. Auch kam ihr Bruder mitunter herüber und brachte dies und jenes als Präsent, und einmal konnte sie dem Kleinen sogar ein Röcklein rot einfärben lassen. Das, dachte sie, mußte dem Kind eines Färbers gut stehen.

Mit der Zeit wurde sie ganz zufrieden gestimmt und erlebte viele 15 Freude bei der Erziehung des Kleinen. So verging das Jahr.

Aber eines Tages ging sie ins Dorf Sirup holen, und als sie zurückkehrte, war das Kind nicht in der Hütte, und ihr Mann berichtete ihr, daß eine feingekleidete Frau in einer Kutsche vorgefahren sei und das Kind geholt habe. Sie taumelte an die Wand vor Entsetzen, und am selben 20 Abend noch machte sie sich, nur ein Bündel mit Eßbarem tragend, auf den Weg nach Augsburg.

Ihr erster Gang in der Reichsstadt war zur Gerberei. Sie wurde nicht vorgelassen und bekam das Kind nicht zu sehen.

Schwester und Schwager versuchten vergebens, ihr Trost zuzu- 25 reden. Sie lief zu den Behörden und schrie außer sich, man habe ihr Kind gestohlen. Sie ging so weit, anzudeuten, daß Protestanten ihr Kind gestohlen hätten. Sie erfuhr daraufhin, daß jetzt andere Zeiten herrschten und zwischen Katholiken und Protestanten Friede geschlossen worden sei. 30

Sie hätte kaum etwas ausgerichtet, wenn ihr nicht ein besonderer Glücksumstand zu Hilfe gekommen wäre. Ihre Rechtssache wurde an einen Richter verwiesen, der ein ganz besonderer Mann war.

Es war der Richter Ignaz Dollinger, in ganz Schwaben berühmt wegen seiner Grobheit und Gelehrsamkeit, vom Kurfürsten von Bayern, 35 mit dem er einen Rechtsstreit der freien Reichsstadt ausgetragen hatte, „dieser lateinische Mistbauer" getauft, vom niedrigen Volk aber in einer

die **Moritat, -en**   street ballad   **löblich** praisingly

ungemein   uncommonly   **fleischig** fleshy   **kahl** bare
der **Stoß, ̈e**   pile   das **Pergament, -e**   parchment, documents
brummen   to growl
dirigieren   to conduct, direct   **plump** clumsy
der **Raum**   room, space

der **Stoßseufzer, —**   deep sigh
der **Gerichtsdiener, —**   bailiff
die **Schwelle, -n**   threshold
der **Ton, ̈e**   tone, sound; *here:* word
gehen* (s) **um**   to be a matter of, be at stake   **ein pfundiges Anwesen**
    a valuable piece of property
verstockt   obdurate, stubborn(ly)
sich ein·bilden   to imagine, think   **schnappen**   to latch onto, get hold of
fallen* an   *here:* to go to (them)

husten   to cough
ärgerlich   annoyed, angry
der **Knirps, -e**   pigmy, little thing   die **Ziege, -n**   she-goat
    der **Seidenrock, ̈e**   silk skirt

verschwinden* (s)   to disappear   das **Gericht**   court
der **Platz, ̈e**   *here:* square
der **Perlachturm**   Perlach Tower   der **Prozeß, -sse**   trial
bei·wohnen+*dat.*   to attend, be present at
Aufsehen erregen   to attract attention
streiten* über   to argue about

volkstümlich   folksy, popular   **Redensarten**   turns of phrase
der **Weisheitsspruch, ̈e**   wise saying
die **Verhandlung, -en**   court sessions
Plärrer und Kirchweih   folk festivals, church festival and fair
sich stauen   to be jammed
die **Umgegend**   environs, neighboring places

258 VOCABULARY

langen Moritat löblich besungen.

Von Schwester und Schwager begleitet kam Anna vor ihn. Der kurze, aber ungemein fleischige alte Mann saß in einer winzigen kahlen Stube zwischen Stößen von Pergamenten und hörte sie nur ganz kurz an. Dann schrieb er etwas auf ein Blatt, brummte: „Tritt dorthin, aber mach schnell!" und dirigierte sie mit seiner kleinen plumpen Hand an eine Stelle des Raums, auf die durch das schmale Fenster das Licht fiel. Für einige Minuten sah er genau ihr Gesicht an, dann winkte er sie mit einem Stoßseufzer weg.

Am nächsten Tag ließ er sie durch einen Gerichtsdiener holen und schrie sie, als sie noch auf der Schwelle stand, an: „Warum hast du keinen Ton davon gesagt, daß es um eine Gerberei mit einem pfundigen Anwesen geht?"

Anna sagte verstockt, daß es ihr um das Kind gehe.

„Bild dir nicht ein, daß du die Gerberei schnappen kannst", schrie der Richter. „Wenn der Bankert wirklich deiner ist, fällt das Anwesen an die Verwandten von dem Zingli."

Anna nickte, ohne ihn anzuschauen. Dann sagte sie: „Er braucht die Gerberei nicht."

„Ist er deiner?" bellte der Richter.

„Ja", sagte sie leise. „Wenn ich ihn nur so lange behalten dürfte, bis er alle Wörter kann. Er weiß erst sieben."

Der Richter hustete und ordnete die Pergamente auf seinem Tisch. Dann sagte er ruhiger, aber immer noch in ärgerlichem Ton:

„Du willst den Knirps, und die Ziege da mit ihren fünf Seidenröcken will ihn. Aber er braucht die rechte Mutter."

„Ja", sagte Anna und sah den Richter an.

„Verschwind", brummte er. „Am Samstag halt ich Gericht."

An diesem Samstag war die Hauptstraße und der Platz vor dem Rathaus am Perlachturm schwarz von Menschen, die dem Prozeß um das Protestantenkind beiwohnen wollten. Der sonderbare Fall hatte von Anfang an viel Aufsehen erregt, und in Wohnungen und Wirtschaften wurde darüber gestritten, wer die echte und wer die falsche Mutter war. Auch war der alte Dollinger weit und breit berühmt wegen seiner volkstümlichen Prozesse mit ihren bissigen Redensarten und Weisheitssprüchen. Seine Verhandlungen waren beliebter als Plärrer und Kirchweih.

So stauten sich vor dem Rathaus nicht nur viele Augsburger; auch nicht wenige Bauersleute der Umgegend waren da. Freitag war Markttag

die **Erwartung, -en** expectation
verhandeln to have court sessions

die **Säule, -n** column   die **Decke** ceiling
die **Kette,-n** chain   der **Dachfirst, -e** ridgepole

das **Erztor, -e** bronze door   die **Längswand, ⁻e** longer wall
   das **Seil, -e** rope
ab•trennen to separate, cut off   der **Zuhörer, —** listener; *pl.*:
   audience   **eben** level   der **Boden, ⁻** floor
die **Anordnung, -en (treffen*)** (to make) an arrangement
die **Aufmachung, -en** staging, get-up
anwesend present   **ab•seilen** to rope off
würdig dignified
wohlbestallt well-fixed, well-established   die **Kaufleute** businessmen
die **Amme, -n** nursemaid
der **Zeuge, -n** witness
pflegte zu sagen used to say, always said   **aus•fallen*** (s) *here:* to last
   der **Beteiligte, -n** (*adj. noun*) a person taking part, participant
verdecken to conceal
die **Fußspitze, -n** tiptoe   **aus•renken** to dislocate, crane (one's neck)
der **Zwischenfall, ⁻e** incident, disturbance
erblicken to catch sight of   **einen Schrei aus•stoßen*** let out a cry
strampeln to kick
brüllen to howl
rauschen to rustle   **schildern** to describe   das **Sacktüchlein, —**
   handkerchief
lüften *here:* to raise, waft
entreißen* to take, tear something from a person
berichten to report
wahrscheinlich probably   die **Erwartung** anticipation   das **Trink-**
geld tip
jedoch however
an•nehmen* to assume
sich bemächtigen+*gen.* to take possession of   **irgendwie** somehow
   erpressen to extort
über kurz oder lang sooner or later   die **Forderung, -en** demand

an•vertrauen to entrust

und sie hatten in Erwartung des Prozesses in der Stadt übernachtet.
Der Saal, in dem der Richter Dollinger verhandelte, war der
sogenannte Goldene Saal. Er war berühmt als einziger Saal von dieser
Größe in ganz Deutschland, der keine Säulen hatte; die Decke war an
Ketten im Dachfirst aufgehängt.   5

Der Richter Dollinger saß, ein kleiner runder Fleischberg, vor dem
geschlossenen Erztor der einen Längswand. Ein gewöhnliches Seil
trennte die Zuhörer ab. Aber der Richter saß auf ebenem Boden und hatte
keinen Tisch vor sich. Er hatte selber vor Jahren diese Anordnung
getroffen; er hielt viel von Aufmachung.   10

Anwesend innerhalb des abgeseilten Raums waren Frau Zingli mit
ihren Eltern, die zugereisten Schweizer Verwandten des verstorbenen
Herrn Zingli, zwei gutgekleidete würdige Männer, aussehend wie
wohlbestallte Kaufleute, und Anna Otterer mit ihrer Schwester. Neben
Frau Zingli sah man eine Amme mit dem Kind.   15

Alle, Parteien und Zeugen, standen. Der Richter Dollinger pflegte
zu sagen, daß die Verhandlungen kürzer ausfielen, wenn die Beteiligten
stehen mußten. Aber vielleicht ließ er sie auch nur stehen, damit sie ihn
vor dem Publikum verdeckten, so daß man ihn nur sah, wenn man sich
auf die Fußspitzen stellte und den Hals ausrenkte.   20

Zu Beginn der Verhandlung kam es zu einem Zwischenfall. Als
Anna das Kind erblickte, stieß sie einen Schrei aus und trat vor, und das
Kind wollte zu ihr, strampelte heftig in den Armen der Amme und fing an
zu brüllen. Der Richter ließ es aus dem Saal bringen.

Dann rief er Frau Zingli auf.   25

Sie kam vorgerauscht und schilderte, ab und zu ein Sacktüchlein an
die Augen lüftend, wie bei der Plünderung die kaiserlichen Soldaten ihr
das Kind entrissen hätten. Noch in derselben Nacht war die Magd in das
Haus ihres Vaters gekommen und hatte berichtet, das Kind sei noch im
Haus, wahrscheinlich in Erwartung eines Trinkgelds. Eine Köchin ihres   30
Vaters habe jedoch, in die Gerberei geschickt, das Kind nicht vorgefunden, und sie nehme an, die Person (sic deutete auf Anna) habe sich
seiner bemächtigt, um irgendwie Geld erpressen zu können. Sie wäre
auch wohl über kurz oder lang mit solchen Forderungen hervorgekom-
men, wenn man ihr nicht zuvor das Kind abgenommen hätte.   35

Der Richter Dollinger rief die beiden Verwandten des Herrn Zingli
auf und fragte sie, ob sie sich damals nach Herrn Zingli erkundigt hätten
und was ihnen von Frau Zingli erzählt worden sei.

Sie sagten aus, Frau Zingli habe sie wissen lassen, ihr Mann sei
erschlagen worden, und das Kind habe sie einer Magd anvertraut, bei der 40

die **Hut**   custody, keeping
fiel an sie   went to them

die **Aussage, -n**   testimony
der **Überfall, ⁻e**   attack

blaß   pale   **verwundert**   amazed
kränken   to insult
sich räuspern   to clear one's throat

verhauen   to beat soundly   **gleichgültig**   no matter

die **Voruntersuchung, -en**   preliminary investigation
zugleich   at the same time   **horchen**   to listen, hearken

zwar   indeed, to be sure

die **Sorge, -n**   concern, worry   **eigen**   own   **ledig**   illegitimate
der **Nachbarort, -e**   neighboring village
unter·bringen* bei   to put up at (someone's place)
grob   coarse, rude   **schnappen**   to snap
zumindest   at least
verspüren   to perceive, feel   **fest·stellen**   to ascertain   **beweisen***
to prove
die **Vernunft**   reason   **besitzen***   to possess
die **Zeugin**   witness (*fem.*)
sich kümmern um   to worry about
im Volksmund   popularly
das **Gesetz**   law   **streng**   strictly
das **Eigentum, ⁻er**   possession
derb   blunt, coarse   die **Abgefeimtheit, -en**   cunning
an·schwindeln   to swindle
der **Abstecher, –**   digression
verpantschen   to adulterate (add water to)
die **Steuer, -n**   tax

es in guter Hut sei. Sie sprachen sehr unfreundlich von ihr, was allerdings kein Wunder war, denn das Anwesen fiel an sie, wenn der Prozeß für Frau Zingli verlorenging.

Nach ihrer Aussage wandte sich der Richter wieder an Frau Zingli und wollte von ihr wissen, ob sie nicht einfach bei dem Überfall damals 5 den Kopf verloren und das Kind im Stich gelassen habe.

Frau Zingli sah ihn mit ihren blassen blauen Augen wie verwundert an und sagte gekränkt, sie habe ihr Kind nicht im Stich gelassen.

Der Richter Dollinger räusperte sich und fragte sie interessiert, ob sie glaube, daß keine Mutter ihr Kind im Stich lassen könnte. 10

Ja, das glaube sie, sagte sie fest.

Ob sie dann glaube, fragte der Richter weiter, daß einer Mutter, die es doch tue, der Hintern verhauen werden müßte, gleichgültig, wieviele Röcke sie darüber trage.

Frau Zingli gab keine Antwort, und der Richter rief die frühere 15 Magd Anna auf. Sie trat schnell vor und sagte mit leiser Stimme, was sie schon bei der Voruntersuchung gesagt hatte. Sie redete aber, als ob sie zugleich horchte, und ab und zu blickte sie nach der großen Tür, hinter die man das Kind gebracht hatte, als fürchtete sie, daß es immer noch schreie. 20

Sie sagte aus, sie sei zwar in jener Nacht zum Haus von Frau Zinglis Onkel gegangen, dann aber nicht in die Gerberei zurückgekehrt, aus Furcht vor den Kaiserlichen und weil sie Sorgen um ihr eigenes, lediges Kind gehabt habe, das bei guten Leuten im Nachbarort Lechhausen untergebracht gewesen sei. 25

Der alte Dollinger unterbrach sie grob und schnappte, es habe also zumindest eine Person in der Stadt gegeben, die so etwas wie Furcht verspürt habe. Er freue sich, das feststellen zu können, denn es beweise, daß eben zumindest eine Person damals einige Vernunft besessen habe. Schön sei es allerdings von der Zeugin nicht gewesen, daß sie sich nur um 30 ihr eigenes Kind gekümmert habe, andererseits aber heiße es ja im Volksmund, Blut sei dicker als Wasser, und was eine rechte Mutter sei, die gehe auch stehlen für ihr Kind, das sei aber vom Gesetz streng verboten, denn Eigentum sei Eigentum, und wer stehle, der lüge auch, und lügen sei ebenfalls vom Gesetz verboten. Und dann hielt er eine 35 seiner weisen und derben Lektionen über die Abgefeimtheit der Menschen, die das Gericht anschwindelten, bis sie blau im Gesicht seien, und nach einem kleinen Abstecher über die Bauern, die die Milch unschuldiger Kühe mit Wasser verpantschten, und den Magistrat der Stadt, der zu hohe Marktsteuern von den Bauern nehme, der überhaupt 40

verkündigen   to announce
die Zeugenaussage   testimony   ergeben*   to produce, yield
das Anzeichen, —   sign, indication
die Ratlosigkeit   helplessness   sich um•blicken   to look around
der Vorschlag, ⁇e   suggestion
verblüfft   dumbfounded, amazed, nonplussed   recken   *here:* to crane
   (their necks)   der Hals, ⁇e   neck
hilflos   helpless   erwischen   to catch
die Menge, -n   crowd
das Wort ergreifen*   to speak up, take the floor   seufzen   to sigh
fest•stellen   to establish, ascertain
bedauern   to pity
sich drücken   to make oneself scarce   der Schuft, -e   scoundrel, lout
   sich melden   to report; *here:* to come forward
der Gerichtshof, ⁇e   court (of justice)
geschlagen   *here:* exactly
die Überzeugung, -en   conviction   gelangen zu   to come to, arrive at
wie gedruckt lügen   to lie like a book, lie in one's teeth   bedenken*   to
   consider
ein•gehen* (s) auf+*acc.*   to enter into   bloß   mere
   das Geschwätz   idle chatter
ärgerlich   irritated, annoyed   der Gerichtsdiener   bailiff
   befehlen*   to order
einen Kreis ziehen*   to draw a circle
an•weisen*   to instruct, direct
knien   to kneel
gewünscht   desired
das Geplärr   continual bawling, blubbering
die Ansprache, -n   address, speech
die Probe, -n   test   vor•nehmen*   to undertake, intend
   verkünden   to announce, proclaim
gelten*   to be considered
der Grundgedanke, -n   basic idea
erkennen* an+*dat.*   to recognize by   die Stärke   strength
erproben   to test
plärrend   blubbering, bawling

sich wenden* an+*acc.*   to turn to

sich bemühen   to try, attempt

nichts mit dem Prozeß zu tun hatte, verkündigte er, daß die Zeugenaussage geschlossen sei und nichts ergeben habe.

Dann machte er eine lange Pause und zeigte alle Anzeichen der Ratlosigkeit, sich umblickend, als erwarte er von irgendeiner Seite her einen Vorschlag, wie man zu einem Schluß kommen könnte. 5

Die Leute sahen sich verblüfft an, und einige reckten die Hälse, um einen Blick auf den hilflosen Richter zu erwischen. Es blieb aber sehr still im Saal, nur von der Straße herauf konnte man die Menge hören.

Dann ergriff der Richter wieder seufzend das Wort.

„Es ist nicht festgestellt worden, wer die rechte Mutter ist", sagte er. 10 „Das Kind ist zu bedauern. Man hat schon gehört, daß die Väter sich oft drücken und nicht die Väter sein wollen, die Schufte, aber hier melden sich gleich zwei Mütter. Der Gerichtshof hat ihnen so lange zugehört, wie sie es verdienen, nämlich einer jeden geschlagene fünf Minuten, und der Gerichtshof ist zu der Überzeugung gelangt, daß beide wie gedruckt 15 lügen. Nun ist aber, wie gesagt, auch noch das Kind zu bedenken, das eine Mutter haben muß. Man muß also, ohne auf bloßes Geschwätz einzugehen, feststellen, wer die rechte Mutter des Kindes ist."

Und mit ärgerlicher Stimme rief er den Gerichtsdiener und befahl ihm, eine Kreide zu holen. 20

Der Gerichtsdiener ging und brachte ein Stück Kreide.

„Zieh mit der Kreide da auf dem Fußboden einen Kreis, in dem drei Personen stehen können", wies ihn der Richter an.

Der Gerichtsdiener kniete nieder und zog mit der Kreide den gewünschten Kreis. 25

„Jetzt bring das Kind", befahl der Richter.

Das Kind wurde hereingebracht. Es fing wieder an zu heulen und wollte zu Anna. Der alte Dollinger kümmerte sich nicht um das Geplärr und hielt seine Ansprache nur in etwas lauterem Ton.

„Diese Probe, die jetzt vorgenommen werden wird", verkündete er, 30 „habe ich in einem alten Buch gefunden, und sie gilt als recht gut. Der einfache Grundgedanke der Probe mit dem Kreidekreis ist, daß die echte Mutter an ihrer Liebe zum Kind erkannt wird. Also muß die Stärke dieser Liebe erprobt werden. Gerichtsdiener, stell das Kind in diesen Kreidekreis." 35

Der Gerichtsdiener nahm das plärrende Kind von der Hand der Amme und führte es in den Kreis.

Der Richter fuhr fort, sich an Frau Zingli und Anna wendend:

„Stellt auch ihr euch in den Kreidekreis, faßt jede eine Hand des Kindes, und wenn ich ‚los' sage, dann bemüht euch, das Kind aus dem 40

die von euch. . .hat   the one of you who has

unruhig   restless
sich streiten* mit   to quarrel with

verstummen (s)   to become silent   **ahnen**   to suspect, have a
   presentiment   **. . .um was es ging**   . . .what was happening
   tränenüberströmt   drenched with tears
empor•wenden*   to turn upward
heftig   violent   der **Ruck, -e**   jerk, tug
verstört   disconcerted, troubled   **ungläubig**   incredulous, unbelieving
Schaden erleiden*   to suffer harm
die **Richtung, -en**   direction
somit   therewith
die **Schlampe, -n**   tramp (female), slut   **kalten Herzens**   coldheartedly

die **Umgebung, -en**   environs, surroundings   **die nicht auf den Kopf**
   gefallen waren   who were not stupid (who were not dropped on their
   heads as babies)
zu•sprechen*   to award   **zwinkern**   to wink

Kreis zu ziehen. Die von euch die stärkere Liebe hat, wird auch mit der größeren Kraft ziehen und so das Kind auf ihre Seite bringen."

Im Saal war es unruhig geworden. Die Zuschauer stellten sich auf die Fußspitzen und stritten sich mit den vor ihnen Stehenden.

Es wurde aber wieder totenstill, als die beiden Frauen in den Kreis traten und jede eine Hand des Kindes faßte. Auch das Kind war verstummt, als ahnte es, um was es ging. Es hielt sein tränenüberströmtes Gesichtchen zu Anna emporgewendet. Dann kommandierte der Richter „los".

Und mit einem einzigen heftigen Ruck riß Frau Zingli das Kind aus dem Kreidekreis. Verstört und ungläubig sah Anna ihm nach. Aus Furcht, es könne Schaden erleiden, wenn es an beiden Ärmchen zugleich in zwei Richtungen gezogen würde, hatte sie es sogleich losgelassen.

Der alte Dollinger stand auf.

„Und somit wissen wir", sagte er laut, „wer die rechte Mutter ist. Nehmt der Schlampe das Kind weg. Sie würde es kalten Herzens in Stücke reißen." Und er nickte Anna zu und ging schnell aus dem Saal, zu seinem Frühstück.

Und in den nächsten Wochen erzählten sich die Bauern der Umgebung, die nicht auf den Kopf gefallen waren, daß der Richter, als er der Frau aus Mering das Kind zusprach, mit den Augen gezwinkert habe.

EXERCISES

Cue-sheet

Use the following cues to form complete sentences and paragraphs. Use the past tense except where otherwise noted.

In order to help you keep the characters straight, we have used proper names more frequently than would be natural in a normal retelling of the story. (See section L for a good example.) Replace these proper names with pronouns where this is appropriate.

A.

1. Während / Dreißigjährig / Krieg / leben / Protestant / namens Zingli / Augsburg
   Er / haben / Gerberei / in / Stadt
   Zingli / Schweizer / / aber / sein / verheiratet / Augsburgerin
   Und / sie haben / Kind

2. Als / die Katholischen / marschieren / in / Stadt / / man / raten / Zingli / zu / Flucht
   Aber / Zingli / wegreisen / nicht rechtzeitig
   Er / noch / da / / als / Katholisch- / stürmen / Stadt
   So / er / verstecken / Grube

3. Frau Zingli / sollen / gehen / mit / Kind / zu / Verwandte
   Aber / sie / bleiben / zu lange / / weil / sie / wollen / packen / Sachen
   Als / Soldaten / kommen / in / Hof / / Frau Zingli / weglaufen
   Kind / zurückbleiben / Haus

B.

1. Nur / Magd / sein / noch / Haus
   Sie / hören / Lärm / von / Gasse
   Sie / laufen / Diele / / und / wollen / nehmen / Kind / aus / Wiege

2. Dann / Anna / hören / Schläge / Haustür / / und / hinauflaufen / Treppe
   Soldaten / wissen / / daß / es / sein / Haus / Protestant
   Darum / Soldaten / zerstören / alles
   Aber / Anna / bleiben / unentdeckt

3. Anna / herausklettern / aus / Schrank
   Sie / nehmen / Kind / / und / wegschleichen
   Anna / sehen / Zinglis Leiche / in / Hof
   Soldaten / erschlagen / Zingli (*past perf.*)

C.

1. Es / Anna / klar / / daß / sie / sein / in / groß / Gefahr
   Anna / zurücklegen / Kind / in / Wiege / / und / gehen / Schwester
   Dann / sie / gehen / mit / Schwager / durch / Stadt / / um / aufsuchen / Frau
   Zingli (*final clause infinitival*)
   Anna / klopfen / Tür / mächtig / Haus

2. Frau Zinglis Onkel / aufmachen / / sagen / / Nichte / nicht da
   Onkel / sagen / / er / haben / mit / Protestantenbankert / nichts / tun
   Dann / er / zumachen / Tür

3. Vorhang / in / Fenster / bewegen . . .
   Und / Schwager / glauben / / Frau Zingli / da
   Frau Zingli / schämen . . . / nicht / / verleugnen / Kind (*final clause
   infinitival*)

D.

1. Anna / wollen / in / Gerberei / zurück / / um / holen / Kind (*final clause
   infinitival*)
   Schwager / sagen / / daß / es / sein / gefährlich
   Anna / versprechen / / tun / nichts / Unvernünftig- (*2nd clause infinitival*)

2. Sie / zurückgehen / allein / / und / finden / Kind / Wiege
   Anna / ansehen / Kind / lange
   Dann / sie / aufstehen / / und / aufheben / Kind
   Anna / verlassen / Hof / / wie / Person / mit / schlecht / Gewissen

E.

1. Anna / bringen / Kind / auf / Land / / wo / Bruder / Bauer
   Bauernhof / gehören / Frau
   Anna / wissen / nicht / / wie / Schwägerin / aufnehmen / Kind (*final clause
   subj. II pres.*)

2. Als / Anna / ankommen / / Bruder / Frau / bei / Mittagessen
   Anna / vorstellen / Kind / als / ihr eigen-
   Anna: ihr / Mann / haben / Stellung / ander- / Dorf (*final clause pres.*)

3. Nach / Mittagessen / Anna / sagen / Bruder / Wahrheit
   Bruder / wollen / aufrechterhalten / Täuschung

F.

1. Anna / mitarbeiten / bei / Ernte
   Aber / als / Winter / kommen / / Schwägerin / fragen / Annas Mann
   Nachbarn / wundern . . . / auch / über / Vater / Kind
   Wenn / Kind / haben / kein / Vater / / Hof / kommen / in / Gerede (*subj. II
   pres.*)

2. Bauer / mitteilen / Anna / / daß / er / finden / Mann / für sie (*2nd clause past perf.*)
   Er / sein / todkrank / Häusler
   Er / sein / bereit / / heiraten / Anna (*final clause infinitival*)
   Mutter / sollen / bekommen / etwas Geld dafür

G.

1. Die Hochzeit / stattfinden / Ende / Woche
   Bruder / zweifeln / nicht / / daß / Mann / sehr bald / sterben (*2nd clause subj. II pres.*)
   Anna / sein / froh / / denn / Kind / haben / Name

2. Totenschein / kommen / aber / nicht
   Nach drei Wochen / Bruder / fahren / zu / Häusler
   Anna / sein / noch auf / / als / Bruder / zurückkommen
   Bruder / bringen / Nachricht / / daß / Häusler / sein / völlig gesundet
   Bruder / finden / Otterer / bei / Abendessen (*past perf.*)

H.

1. Otterer / machen / kein / schlecht / Eindruck (*past perf.*)
   Mutter / jammern / / daß / Sohn / haben / jetzt / ungewünscht / Weib / und / Kind
   Aber / Otterer / sagen / / daß / Mutter / sollen / schweigen

2. Anna / sehr / bekümmert
   Sie / sehen / Mann / nur / Sterbebett (*past perf.*)
   Jetzt / Anna / erfahren / / daß / Mann / sein / abgearbeiteter Fünfziger
   Bald darauf / Anna und Otterer / sich begegnen / zwischen / Dörfer (*see note below*)

I.

1. Otterer / gefallen / Anna / nicht
   Anna: müssen / überlegen . . . / alles (*final clause pres.*)
   Otterer / sollen / vor / Schwägerin / sagen lassen / / daß / er / kommen / bald (*2nd clause subj. II pres.*)

2. Anna / denken / daran / / Hof / verlassen (*2nd clause infinitival*)
   Nur / Unsicherheit / Straßen / zurückhalten / sie
   Leben / auf / Hof / schwierig

3. Schwägerin / stellen / mißtrauisch / Fragen
   Anna / beschließen / / doch / gehen (*2nd clause infinitival*)
   Aber / Kind / werden / krank

   Note:
   Bald darauf <u>begegneten sich</u> Anna und Otterer
   When the subject of a sentence is the first element, the reflexive pronoun comes right after the verb:

$$\overbrace{\hspace{3.2cm}}^{1} \quad \overbrace{\hspace{1.5cm}}^{2} \quad \overbrace{\hspace{0.9cm}}^{3}$$

Anna und Otterer begegneten <u>sich</u>...

The reflexive pronoun will normally stay in this position even when the subject is displaced by another element. In other words, the reflexive pronoun will *precede* the subject it refers to:

$$\overbrace{\hspace{1.5cm}}^{1} \quad \overbrace{\hspace{2.2cm}}^{2} \quad \overbrace{\hspace{1cm}}^{3} \quad \overbrace{\hspace{2.5cm}}^{4}$$

Bald darauf begegneten <u>sich</u> Anna und Otterer ...

J.

1. Als / Kind / sein / fast wieder gesund / / Otterer / ankommen
   Otterer / kommen / / um / holen / Anna / Kind (*past perf.*, *2nd clause infinitival*)
   Anna / denken / nicht daran / / mit / Otterer / leben (*2nd clause infinitival*)
   Sie / heiraten / Otterer / nur / Kind / wegen (*past perf.*)

2. Dann / Bäuerin / hereinkommen / / und / einladen / Otterer / zu / Mittagessen
   Otterer: er / haben / Stelle / Mering (*2nd clause pres.*)
   Anna / Kind / können / ziehen / zu ihm (*subj. II pres.*)

K.

1. Nachmittag / Otterer / hacken / hinter / Haus / Holz
   Nach / Abendessen / Otterer / sagen / / daß / er / müssen / gleich / zurück
   Otterer / starren / Kiste / / aber / sagen / nichts

2. In / Nacht / Anna / werden / krank
   Es / sein / Ficber / / das / dauern / wochenlang
   In /viert- / Woche / von Annas Krankheit / Otterer / holen / Anna / Kind
   Anna / lassen / es / geschehen / wortlos

3. Anna / werden / langsam / wieder gesund
   Anna / sehen / / wie schmutzig / Kind / sein / / und / sie / aufstehen / entschlossen

L.

1. Anna / können / aushalten / Leben / in / Hütte / nicht / mehr
   Anna / nehmen / Kind / und / weglaufen
   Aber / sie / kommen / nicht weit

2. An / dritt- / Tag / Anna / verstauchen / . . . Fuß
   Anna / Kind / gebracht (*passive*) / auf / Hof
   Anna / müssen / sagen / Name / / und / Otterer / holen / sie

3. Anna / machen / kein / Fluchtversuch mehr
   Mit / Zeit / Anna / zufrieden
   Anna / haben / Freude / bei / Erziehung / Kind

M.

1. Ein- Tag- / / als / Anna / zurückkommen / von / Dorf / / Kind / nicht mehr /
   da
   Otterer: feingekleidete Frau / holen / Kind (*2nd clause past perf.*)
   selb- / Abend / Anna / gehen / Augsburg

2. Anna / gehen / Gerberei / / aber / dürfen / sehen / Kind / nicht
   Dann / sie / laufen / zu / Behörden
   Sie / sagen / / daß / Protestanten / stehlen / Kind (*2nd clause subj. II past*)

3. Glücksumstand / kommen / Anna / zu Hilfe
   Ihr / Rechtssache / verwiesen (*passive*) / an / Richter Ignaz Dollinger
   Dollinger / sein / wegen / sein- / Grobheit / sein- / Gelehrsamkeit / berühmt

N.

1. Dollinger / anhören / Anna / nur kurz
   Aber / er / ansehen / Anna / genau / / dann / er / wegwinken / sie
   nächst- / Tag / er / lassen / Anna / holen

2. Dollinger: es gehen / um / Gerberei (*2nd clause pres.*)
   Anna: es / gehen / um / Kind (*2nd clause pres.*)
   Kind / brauchen / Gerberei / nicht (*2nd clause pres.*)
   Dollinger: Kind / brauchen / recht- / Mutter (*2nd clause pres.*)
   er / halten / Samstag / Gericht (*2nd clause subj. II pres.*)

3. Samstag / Platz / vor / Rathaus / sein / voll / Menschen
   Sie (*pl.*) / wollen / sehen / Prozeß
   Es / gestritten (*passive*) / / wer / echt / und / wer / falsch / Mutter
   Viele Leute / übernachten / in Erwartung / Prozeß / in / Stadt (*past perf.*)

O.

1. Dollinger / verhandeln / in / sogenannt- / Golden- / Saal
   Richter / sitzen / vor / geschlossen / Erztor
   Seil / abtrennen / Zuhörer
   Dollinger / sitzen / Boden / / und / haben / kein / Tisch

2. Anwesend / sein / Frau Zingli / Schweizer Verwandte / Anna / Annas
   Schwester
   Amme / halten / Kind
   Dollinger / lassen / stehen / Parteien und Zeugen
   Dollinger / sagen / / Verhandlungen / sein / kürzer / / wenn / Parteien /
   müssen / stehen (*2nd and 3rd clause pres.*)

3. Als / Anna / sehen / Kind / / ausstoßen / Schrei
   Kind / anfangen / brüllen
   Und / Dollinger / lassen / bringen / Kind / aus / Saal

P.

1. Dann / Dollinger / aufrufen / Frau Zingli
   Sie / schildern / / wie / Soldaten / nehmen / Kind (*2nd clause subj. II past*)
   Sie (*sing.*) / annehmen / / Anna / nehmen / Kind / / um / erpressen / Geld
   (*2nd clause past. perf., final clause infinitival*)

2. Dollinger / fragen / Verwandte / / was / Frau Zingli / erzählen / (*them*) (*2nd
   clause past perf.*)
   Es / kein / Wunder / / daß / Verwandte / sprechen / unfreundlich / von / Frau
   Zingli
   Wenn / Frau Zingli / sollen / verlieren / Prozeß / / Verwandte / bekommen /
   Gerberei (*subj. II pres.*)

3. Richter / wollen / wissen / / ob / Frau Zingli / lassen / Kind / in / Stich (*2nd
   clause subj. II past*)
   Frau Zingli / sein / gekränkt

Q.

1. Dann / Dollinger / aufrufen / Anna
   Anna / wiederholen / / was / sie / sagen / bei / Voruntersuchung (*2nd clause
   past perf.*)
   Anna: sie / zurückkehren / nicht / Gerberei (*past perf.*)
   haben / Angst / um / eigen- / Kind (*past perf.*)

2. Dollinger / halten / Lektion / über / Menschen / / − / anschwindeln /
   Gericht
   Dann / Dollinger / sagen / / Zeugenaussage / geschlossen
   Zeugenaussage / ergeben / nichts (*past perf.*)

R.

1. Dollinger: er / sein / überzeugt / / beide / lügen (*indirect quote in pres.*)
   Aber / Kind / müssen / haben / Mutter (*indirect quote in pres.*)
   Richter / müssen / feststellen / / wer / recht- / Mutter

2. Dollinger / befehlen / Gerichtsdiener / / Kreide / holen (*2nd clause
   infinitival*)
   Richter / lassen / ziehen / Kreidekreis / / in / (*which*) / drei Personen /
   können / stehen
   Kind / hereingebracht (*passive*)
   Es / anfangen / / heulen / wieder (*2nd clause infinitival*)

3. Grundgedanke / Probe / sein / / daß / echt / Mutter / erkannt (*passive*) / an /
   ihr- / Liebe / zu / Kind (*pres.*)
   Gerichtsdiener / führen / Kind / in / Kreis

S.

1. Jede / Frau / sollen / fassen / Hand / Kind
   Wer / lieben / stärker / / ziehen / Kind / aus / Kreis (*pres.*)
   Frauen / treten / Kreis

2. Mit / ein / heftig / Ruck / Frau Zingli / reißen / Kind / aus / Kreis
   Anna / loslassen / Kind / aus Furcht (*past perf.*)
   Denn / Kind / können / erleiden / Schaden (*subj. II past*)

3. Dollinger / lassen / wegnehmen / Frau Zingli / Kind
   Frau Zingli / reißen / es / in Stücke (*subj. II past*)
   Bauern / erzählen / / daß / Richter / zwinkern / / als / er / zusprechen /
   Anna / Kind

handlungsstark action-filled
merkwürdig remarkable   der **Abschnitt, -e** period
der **Angestellte, -n** (*adj. noun*) employee
zu·bringen* to spend (time)
das **Nachdenken** reflection, contemplation   das **Nichtstun** doing
  nothing   **zugeneigt**+*dat.* disposed to, inclined to
zwingen* to force   **anhaltend** persisting, continuous
die **Stelle** *here:* job
der **Tiefpunkt** low point
sich an·vertrauen+*dat.* to entrust oneself to, put oneself in the hands of
  die **Arbeitsvermittlung, -en** employment agency
der **Leidensgenosse, -n** comrade in suffering
die **Eignungsprüfung, -en** aptitude test   **unterzogen werden**+*dat.* to
  be subjected to
der **Anblick** sight
der **Ziegel, —** brick, tile   die **Abneigung, -en** antipathy, disliking
ausgemalt painted   die **Kantine** *here:* cafeteria
das **Ei, -er** egg   **geschmackvoll** tasteful
die **Karaffe, -n** carafe   **drücken** to press   **blasiert** dull, blasé

Es wird etwas geschehen

Eine handlungsstarke Geschichte

HEINRICH BÖLL

Zu den merkwürdigsten Abschnitten meines Lebens gehört wohl der, den ich als Angestellter in Alfred Wunsiedels Fabrik zubrachte. Von Natur bin ich mehr dem Nachdenken und dem Nichtstun zugeneigt als der Arbeit, doch hin und wieder zwingen mich anhaltende finanzielle Schwierigkeiten – denn Nachdenken bringt so wenig ein wie Nichtstun – eine sogenannte Stelle anzunehmen. Wieder einmal auf einem solchen Tiefpunkt angekommen, vertraute ich mich der Arbeitsvermittlung an und wurde mit sieben anderen Leidensgenossen in Wunsiedels Fabrik geschickt, wo wir einer Eignungsprüfung unterzogen werden sollten.

Schon der Anblick der Fabrik machte mich mißtrauisch; die Fabrik war ganz aus Glasziegeln gebaut, und meine Abneigung gegen helle Gebäude und helle Räume ist so stark, wie meine Abneigung gegen die Arbeit. Noch mißtrauischer wurde ich, als uns in der hellen fröhlich ausgemalten Kantine gleich ein Frühstück serviert wurde: hübsche Kellnerinnen brachten uns Eier, Kaffee und Toaste, in geschmackvollen Karaffen stand Orangensaft; Goldfische drückten ihre blasierten

277

platzen (s)   to burst
die **Willensanstrengung, -en**   effort of will
dauernd   constantly   **trällern**   to sing "tra-la-la"
ahnen   to sense, suspect

gehören zu   belong to, be a part of   **kauen**   to chew   **hingebungs-**
voll   devotedly, enthusiastically
das **Bewußtsein**   consciousness
wertvoll   valuable   der **Stoff, -e**   material   **zu·führen**   to supply,
convey   **nüchtern**   sober; *here:* empty   der **Magen**   stomach
handlungsschwanger   *lit.:* pregnant with action

führen   to lead
reizend   charming   der **Fragebogen, —**   questionnaire
bereit·liegen*   to be lying out, be ready
getönt   toned, colored   der **Einrichtungsfanatiker, —**   interior decorating
"nut"   **entzückend**   charming, "divine"
zaubern   to conjure
sich benehmen*   to behave
unbeobachtet   unobserved
ungeduldig   impatiently   der **Füllfederhalter**=der **Füller**   fountain pen
auf·schrauben   to unscrew
heran·ziehen*   to pull (over to oneself)
der **Choleriker, —**   a choleric; *here:* a violent person   **hin·ziehen***
to pull (over to oneself)
ernten   to harvest
das **Zögern**   hesitation
der **Tatendrang**   hunger for activity   die **Ausstattung, -en**   "equipment"
kümmerlich   miserable, inadequate
bedienen   to operate (a machine), take care of
die **Lösung**   solution
eine Gleichung ersten Grades   an equation of the first degree, a simple
equation
vollkommen ausgelastet   utilized to the fullest
nach Feierabend   after work
streichen*   to strike, omit
die **Tat, -en**   deed
tatsächlich   really, indeed

Gesichter gegen die Wände hellgrüner Aquarien. Die Kellnerinnen waren so fröhlich, daß sie vor Fröhlichkeit fast zu platzen schienen. Nur starke Willensanstrengung – so schien mir – hielt sie davon zurück, dauernd zu trällern. Sie waren mit ungesungenen Liedern so angefüllt wie Hühner mit ungelegten Eiern. Ich ahnte gleich, was meine Leidensgenossen nicht zu ahnen schienen: daß auch dieses Frühstück zur Prüfung gehöre; und so kaute ich hingebungsvoll, mit dem vollen Bewußtsein eines Menschen, der genau weiß, daß er seinem Körper wertvolle Stoffe zuführt. Ich tat etwas, wozu mich normalerweise keine Macht dieser Welt bringen würde: ich trank auf den nüchternen Magen Orangensaft, ließ den Kaffee und ein Ei stehen, den größten Teil des Toasts liegen, stand auf und marschierte handlungsschwanger in der Kantine auf und ab.

So wurde ich als erster in den Prüfungsraum geführt, wo auf reizenden Tischen die Fragebogen bereitlagen. Die Wände waren in einem Grün getönt, das Einrichtungsfanatikern das Wort „entzückend" auf die Lippen gezaubert hätte. Niemand war zu sehen, und doch war ich so sicher, beobachtet zu werden, daß ich mich benahm, wie ein Handlungsschwangerer sich benimmt, wenn er sich unbeobachtet glaubt: ungeduldig riß ich meinen Füllfederhalter aus der Tasche, schraubte ihn auf, setzte mich an den nächstbesten Tisch und zog den Fragebogen an mich heran, wie Choleriker Wirtshausrechnungen zu sich hinziehen.

Erste Frage: Halten Sie es für richtig, daß der Mensch nur zwei Arme, zwei Beine, Augen und Ohren hat?

Hier erntete ich zum ersten Male die Früchte meiner Nachdenklichkeit und schrieb ohne Zögern hin: „Selbst vier Arme, Beine, Ohren würden meinem Tatendrang nicht genügen. Die Ausstattung des Menschen ist kümmerlich."

Zweite Frage: Wieviele Telefone können Sie gleichzeitig bedienen?

Auch hier war die Antwort so leicht wie die Lösung einer Gleichung ersten Grades. „Wenn es nur sieben Telefone sind", schrieb ich, „werde ich ungeduldig, erst bei neun fühle ich mich vollkommen ausgelastet."

Dritte Frage: Was machen Sie nach Feierabend?

Meine Antwort: „Ich kenne das Wort ‚Feierabend' nicht mehr – an meinem fünfzehnten Geburtstag strich ich es aus meinem Vokabular, denn am Anfang war die Tat."

Ich bekam die Stelle. Tatsächlich fühlte ich mich sogar mit den neun

die **Muschel, -n**   mouthpiece; *lit.:* shell   der **Hörer,** —   (telephone)
receiver

gemäß+*dat.*   in keeping with   **sich bedienen**+*gen.*   to make use of,
employ
umgeben   surrounded
es wimmelt von   it's crawling with   **verrückt auf**   crazy for, hooked on
der **Lebenslauf**   life history   **wie eben**   just as   **handlungsstark**
strong on action
der **Knopf**   button   **sie erbrechen (den Lebenslauf) in Ehren**   they
really spill it out
der **Stellvertreter,** —   deputy, representative
seinerseits   for his part   der **Ruhm**   fame, reputation   **erwerben***
to acquire
gelähmt   crippled   **ernähren**   to feed   **zugleich**   at the same time
der **Handelsvertreter,** —   sales representative   **eine Handelsvertretung
ausüben**   *lit.:* to carry out the duties of a sales representative
bestehen*   to pass   **mit Auszeichnung**   with honors
die **Sünde, -n**   sin
das **Stricken**   knitting
die **Heimatkunde**   *general study of the history, customs, and culture of one's
native land*   **promovieren in**   to take a Ph.D. in   **Schäferhunde
züchten**   to breed German shepherds   die **Barsängerin**   nightclub
singer
handeln   to act
der **Gürtel,** —   belt   der **Bademantel**   bathrobe
zu•schnüren   to tie
der **Seifenschaum**   lather   **ab•spülen**   to rinse off
das **Opfer,** —   victim   der **Tatendrang**   hunger for action
die **Verrichtung, -en**   act, function   **aus•lösen**   to elicit, inspire, result
in   die **Befriedigung**   satisfaction   **rauschen**   to gurgle, rush
verbraucht   used, consumed
ab•schlagen*   to knock off
belanglos   inconsequential, pointless   die **Tätigkeit, -en**   activity
die **Handlung, -en**   action, act
auf•setzen   put on   **bebend vor**   aquiver with
zu•knöpfen   to button up
betreten*   to walk into (or onto)   der **Gruß**   greeting
frohen Mutes   in good spirits

Telefonen nicht ganz ausgelastet. Ich rief in die Muscheln der Hörer: „Handeln Sie sofort!" oder: „Tun Sie etwas! — Es muß etwas geschehen — Es wird etwas geschehen — Es ist etwas geschehen — Es sollte etwas geschehen." Doch meistens — denn das schien mir der Atmosphäre gemäß — bediente ich mich des Imperativs. 5

Interessant waren die Mittagspausen, wo wir in der Kantine, von lautloser Fröhlichkeit umgeben, vitaminreiche Speisen aßen. Es wimmelte in Wunsiedels Fabrik von Leuten, die verrückt darauf waren, ihren Lebenslauf zu erzählen, wie eben handlungsstarke Persönlichkeiten es gern tun. Ihr Lebenslauf ist ihnen wichtiger als ihr Leben, man braucht 10 nur auf einen Knopf zu drücken, und schon erbrechen sie ihn in Ehren.

Wunsiedels Stellvertreter war ein Mann mit Namen Broschek, der seinerseits einen gewissen Ruhm erworben hatte, weil er als Student sieben Kinder und eine gelähmte Frau durch Nachtarbeit ernährt, zugleich vier Handelsvertretungen erfolgreich ausgeübt und dennoch 15 innerhalb von zwei Jahren zwei Staatsprüfungen mit Auszeichnung bestanden hatte. Als ihn Reporter gefragt hatten: „Wann schlafen Sie denn, Broschek?", hatte er geantwortet: „Schlafen ist Sünde!"

Wunsiedels Sekretärin hatte einen gelähmten Mann und vier Kinder durch Stricken ernährt, hatte gleichzeitig in Psychologie und Heimat- 20 kunde promoviert, Schäferhunde gezüchtet und war als Barsängerin unter dem Namen Vamp 7 berühmt geworden.

Wunsiedel selbst war einer von den Leuten, die morgens, kaum erwacht, schon entschlossen sind, zu handeln. „Ich muß handeln", denken sie, während sie energisch den Gürtel des Bademantels 25 zuschnüren. „Ich muß handeln", denken sie, während sie sich rasieren, und sie blicken triumphierend auf die Barthaare, die sie mit dem Seifenschaum von ihrem Rasierapparat abspülen: Diese Reste der Behaarung sind die ersten Opfer ihres Tatendranges. Auch die intimeren Verrichtungen lösen Befriedigung bei diesen Leuten aus: Wasser rauscht, 30 Papier wird verbraucht. Es ist etwas geschehen. Brot wird gegessen, dem Ei wird der Kopf abgeschlagen.

Die belangloseste Tätigkeit sah bei Wunsiedel wie eine Handlung aus: wie er den Hut aufsetzte, wie er — bebend vor Energie — den Mantel zuknöpfte, der Kuß, den er seiner Frau gab, alles war Tat. 35

Wenn er sein Büro betrat, rief er seiner Sekretärin als Gruß zu: „Es muß etwas geschehen!" Und diese rief frohen Mutes: „Es wird etwas

die **Abteilung**　department

strahlend　beaming
steigern　to raise　　die **Zahl**　number

es machte mir Spaß　it was fun for me
erfinden*　to invent　　**verschieden**　different
das **Tempus** (*pl.* **Tempora**)　tense (*grammar*)　　das **Genus** (*pl.*
　Genera)　mood (*grammar*)
hetzen durch　to chase through, run through

tatsächlich　actually　　**ausgelastet**　fully utilized

sich zurecht·setzen　to get oneself settled, put one's thoughts in order
　stürzen　to rush

zögern　to pause　　**munter**　cheerful　　**vorgeschrieben**　prescribed
　(*regulation*)
sonst　usually, otherwise　　**an·brüllen**　to roar at
widerstrebend　reluctant(ly)
die **Anstrengung**　effort

quer vor　right in front of, squarely across
bestätigen　to confirm
der **Liegende** (*adj. noun*) *from* **liegen**　to lie
kopfschüttelnd　shaking one's head
der **Flur, -e**　corridor

der **Mund**　mouth　　der **Kugelschreiber,** —; der **Kugelstift, -e**　ballpoint
　pen
der **Block, ¨e**　*here:* pad (of paper)　　**bloß**　*here:* bare　　die **Strick-**
　maschine, -n　knitting machine
bei·tragen* **zu**　to contribute to
vervollständigen　to supplement, complete
spucken　to spit
lösen von　to disengage from　　**zögernd**　hesitantly　　die **Zehe, -n**　toe

geschehen!" Wunsiedel ging dann von Abteilung zu Abteilung, rief sein fröhliches: „Es muß etwas geschehen!" Alle antworteten: „Es wird etwas geschehen!" Und auch ich rief ihm, wenn er mein Zimmer betrat, strahlend zu: „Es wird etwas geschehen!"

Innerhalb der ersten Woche steigerte ich die Zahl der bedienten 5 Telefone auf elf, innerhalb der zweiten Woche auf dreizehn, und es machte mir Spaß, morgens in der Straßenbahn neue Imperative zu erfinden oder das Verbum „geschehen" durch die verschiedenen Tempora, durch die verschiedenen Genera, durch Konjunktiv und Indikativ zu hetzen; zwei Tage lang sagte ich nur einen Satz, weil ich ihn so schön 10 fand: „Es hätte etwas geschehen müssen", zwei weitere Tage lang einen anderen: „Das hätte nicht geschehen dürfen."

So fing ich an, mich tatsächlich ausgelastet zu fühlen, als wirklich etwas geschah. An einem Dienstagmorgen—ich hatte mich noch gar nicht richtig zurechtgesetzt—stürzte Wunsiedel in mein Zimmer und rief 15 sein „Es muß etwas geschehen!" Doch etwas Unerklärliches auf seinem Gesicht ließ mich zögern, fröhlich und munter, wie es vorgeschrieben war, zu antworten: „Es wird etwas geschehen!" Ich zögerte wohl zu lange, denn Wunsiedel, der sonst selten schrie, brüllte mich an: „Antworten Sie! Antworten Sie, wie es vorgeschrieben ist!" Und ich 20 antwortete leise und widerstrebend wie ein Kind, das man zu sagen zwingt: ich bin ein böses Kind. Nur mit großer Anstrengung brachte ich den Satz heraus: „Es wird etwas geschehen", und kaum hatte ich ihn ausgesprochen, da geschah tatsächlich etwas: Wunsiedel stürzte zu Boden, rollte im Stürzen auf die Seite und lag quer vor der offenen Tür. 25 Ich wußte gleich, was sich mir bestätigte, als ich langsam um meinen Tisch herum auf den Liegenden zuging: daß er tot war.

Kopfschüttelnd stieg ich über Wunsiedel hinweg, ging langsam durch den Flur zu Broscheks Zimmer und trat dort ohne anzuklopfen ein. Broschek saß an seinem Schreibtisch, hatte in jeder Hand einen Tele- 30 fonhörer, im Mund einen Kugelschreiber, mit dem er Notizen auf einen Block schrieb, während er mit den bloßen Füßen eine Strickmaschine bediente, die unter dem Schreibtisch stand. Auf diese Weise trägt er dazu bei, die Bekleidung seiner Familie zu vervollständigen. „Es ist etwas geschehen", sagte ich leise. Broschek spuckte den Kugelstift aus, legte 35 die beiden Hörer hin, löste zögernd seine Zehen von der Strickmaschine.

„Was ist denn geschehen?" fragte er.

„Herr Wunsiedel ist tot", sagte ich.

„Nein", sagte Broschek.

„Doch", sagte ich, „kommen Sie!" 40

schlüpfen (s)   to slip
die **Pantoffeln** (*pl.*)   slippers
die **Leiche, -n**   corpse
drehen   to turn
der **Rücken**   back   **zu·drücken**   *here:* close (his eyes)   **betrachten**
   to observe, look at
empfinden*   to feel   die **Zärtlichkeit**   tenderness
hassen   to hate
hartnäckig   stubbornly   **sich weigern**   to refuse
der **Weihnachtsmann**   Santa Claus
überzeugend klingen   to sound convincing

beerdigen   to bury
ausersehen   selected   der **Kranz, ⸚e**   wreath   **künstlich**   artificial
   der **Sarg, ⸚e**   coffin
der **Hang zu**   predisposition to
aus·statten   to equip   die **Gestalt**   figure
sich eignen für   to be suited to   **vorzüglich** especially   **offenbar**
   apparently
großartig   wonderful   **erhalten***   to receive   das **Angebot, -e**   offer
das **Beerdigungsinstitut**   funeral home   **berufsmäßig**   professional
   der **Trauernde, -n** (*adj. noun*)   mourner
ein·treten* (s)   *here:* to take a position
die **Garderobe**   dress, outfit   **stellen**   *here:* to provide (*by the firm*)
kündigen   to give notice (of quitting a job)   die **Begründung, -en** reason
brach·liegen*   to lie fallow (unused)
der **Trauergang, ⸚e**   funeral procession   **gehören**   to belong

schlicht   simple   der **Blumenstrauß, ⸚e**   bouquet
achten   to respect
das **Stammlokal, -e**   one's regular restaurant
der **Auftritt, -e**   appearance, performance
beordern zu   to summon to   **aus meiner Tasche**   out of my own pocket
   (money)
sich gesellen zu   to join   die **Wohlfahrt**   welfare
der **Heimatlose** (*adj. noun*)   homeless person
schließlich   after all   **verdanken**   to owe to, be indebted to (*not referring*
   to money)

„Nein", sagte Broschek, „das ist unmöglich", aber er schlüpfte in seine Pantoffeln und folgte mir über den Flur.

„Nein", sagte er, als wir an Wunsiedels Leiche standen, „nein, nein!" Ich widersprach ihm nicht. Vorsichtig drehte ich Wunsiedel auf den Rücken, drückte ihm die Augen zu und betrachtete ihn nachdenklich. 5 Ich empfand fast Zärtlichkeit für ihn, und zum ersten Male wurde mir klar, daß ich ihn nie gehaßt hatte. Auf seinem Gesicht war etwas, wie es auf den Gesichtern der Kinder ist, die sich hartnäckig weigern, ihren Glauben an den Weihnachtsmann aufzugeben, obwohl die Argumente der Spielkameraden so überzeugend klingen. 10

„Nein", sagte Broschek, „nein."

„Es muß etwas geschehen", sagte ich leise zu Broschek.

„Ja", sagte Broschek, „es muß etwas geschehen."

Es geschah etwas: Wunsiedel wurde beerdigt und ich wurde ausersehen, einen Kranz künstlicher Rosen hinter seinem Sarg herzutragen, 15 denn ich bin nicht nur mit einem Hang zur Nachdenklichkeit und zum Nichtstun ausgestattet, sondern auch mit einer Gestalt und einem Gesicht, die sich vorzüglich für schwarze Anzüge eignen. Offenbar habe ich – mit dem Kranz künstlicher Rosen in der Hand hinter Wunsiedels Sarg hergehend – großartig ausgesehen. Ich erhielt das Angebot eines 20 eleganten Beerdigungsinstitutes, dort als berufsmäßiger Trauernder einzutreten. „Sie sind der geborene Trauernde", sagte der Leiter des Instituts, "die Garderobe bekommen Sie gestellt. Ihr Gesicht – einfach großartig!"

Ich kündigte Broschek mit der Begründung, daß ich mich dort nicht 25 richtig ausgelastet fühle, daß Teile meiner Fähigkeiten trotz der dreizehn Telefone brachlägen. Gleich nach meinem ersten berufsmäßigen Trauergang wußte ich: Hierhin gehörst du, das ist der Platz, der für dich bestimmt ist.

Nachdenklich stehe ich hinter dem Sarg in der Trauerkapelle, mit 30 einem schlichten Blumenstrauß in der Hand, während Händels *Largo* gespielt wird, ein Musikstück, das viel zu wenig geachtet ist. Das Friedhofscafé ist mein Stammlokal, dort verbringe ich die Zeit zwischen meinen beruflichen Auftritten, doch manchmal gehe ich auch hinter Särgen her, zu denen ich nicht beordert bin, kaufe aus meiner Tasche 35 einen Blumenstrauß und geselle mich zu dem Wohlfahrtsbeamten, der hinter dem Sarg eines Heimatlosen hergeht. Hin und wieder auch besuche ich Wunsiedels Grab, denn schließlich verdanke ich es ihm, daß ich meinen eigentlichen Beruf entdeckte, einen Beruf, bei dem Nach-

erwünscht desired   die **Pflicht, -en**   duty
ein·fallen* (s)   to occur to
her·stellen   to produce, manufacture   die **Seife**   soap

denklichkeit geradezu erwünscht und Nichtstun meine Pflicht ist.

Spät erst fiel mir ein, daß ich mich nie für den Artikel interessiert habe, der in Wunsiedels Fabrik hergestellt wurde. Es wird wohl Seife gewesen sein.

EXERCISES

Cue-sheet

Use the following cues to relate the story, using the past tense unless otherwise indicated.

See note on the use of proper names on page 268.

A.

1. Erzähler / haben / Nachdenken und Nichtstun / lieber als / Arbeit
   Doch / finanziell / Schwierigkeiten / zwingen / (*him*) / / annehmen / Stelle
   (*final clause infinitival*)

2. Also / er / gehen / zu / Arbeitsvermittlung
   Und / er / geschickt (*passive*) / Wunsiedels Fabrik
   Dort / er / müssen / machen / Prüfung

B.

1. Fabrik / machen / (*him*) / mißtrauisch
   Denn / sein- / Abneigung / gegen / hell / Gebäude / sein / so stark wie /
   sein- / Abneigung / Arbeit

2. In / Kantine / Frühstück / serviert (*passive*)
   Er / ahnen / / daß / Frühstück / gehören / Prüfung
   Also / er / lassen / stehen / Frühstück / / und / marschieren / handlungs-
   schwanger / auf und ab

C.

1. Er / geführt (*passive*) / in / Prüfungsraum
   Dort / Fragebogen (*pl.*) / liegen / Tische

2. Erzähler / können / sehen / niemand
   Doch / er / sein / sicher / / daß / er / beobachtet (*final clause passive*)
   Also / er / benehmen . . . / wie / Handlungsschwangerer
   Ungeduldig / er / reißen / Füller / Tasche / / und / setzen / Tisch

D.

1. erste Frage / sein / / ob / es / sein / richtig / / daß / Mensch / haben / nur zwei
   Arme (*final two clauses pres.*)
   Er / schreiben / / daß / selbst vier / genügen / (*him*) / nicht (*2nd clause subj.
   II pres.*)

2. zweite Frage / sein / / wieviele Telefone / er / können / bedienen (*final clause pres.*)

Er / schreiben / / daß / er / können / bedienen / neun (*final clause pres.*)

3. dritte Frage / sein / / was / er / machen / nach Feierabend (*final clause pres.*)

Erzähler / schreiben / / daß / er / kennen / Wort / Feierabend / nicht (*final clause pres.*)

E.

1. Erzähler / bekommen / Stelle

Er / rufen / in / Telefone / / daß / etwas / müssen / geschehen (*final clause pres.*)

2. Fabrik / sein / voll von / Leute / / — / erzählen / ihr / Lebenslauf

Lebenslauf / sein / (*to them*) / wichtiger / als / Leben

F.

1. Wunsiedels Stellvertreter / heißen / Broschek

Als / Student / er / ernähren / sieben Kinder / und / gelähmt / Frau (*past perf.*)

Dennoch / er / bestehen / innerhalb von / zwei Jahre / zwei Staatsprüfungen (*past perf.*)

2. Reporter / fragen / / wann / er / schlafen (*2nd clause pres.*)

Broschek: Schlafen / sein / Sünde (*2nd clause pres.*)

3. Wunsiedels Sekretärin / ernähren / Mann / vier Kinder / / und / promovieren / Psychologie (*past perf.*)

Auch / sie / werden / als Barsängerin / unter / Name / Vamp 7 / berühmt (*past perf.*)

G.

1. Wenn / Wunsiedel / kommen / in / Büro / / er / rufen / / „Es muß..."

Sekretärin: „Es wird..."

2. Dann / er / gehen / Abteilung zu Abteilung

Auch / Erzähler / antworten / Wunsiedel

H.

1. Innerhalb / erste Woche / er / bedienen / elf / Telefone

Innerhalb / zweite Woche / er / bedienen / dreizehn Telefone

Es / machen / Erzähler / Spaß / / erfinden / Imperative (*final clause infinitival*)

2. Er / finden / zwei Sätze / besonders schön:

„Es / müssen / geschehen / etwas" (*subj. II past*)

und „Das / dürfen / geschehen / nicht" (*subj. II past*)

I.

1. An / ein- / Dienstagmorgen / Wunsiedel / kommen / Büro / und / rufen: „Es muß..."
   Erzähler / zögern

2. Wunsiedel / anbrüllen / Erzähler / / daß / er / sollen / antworten
   Dann / geschehen / etwas
   Wunsiedel / stürzen / Boden

J.

1. Erzähler / wissen / gleich / / daß / Wunsiedel / sein / tot
   Er / hinwegsteigen / Leiche / / und / gehen / zu Broschek
   Erzähler: etwas / geschehen (*2nd clause pres. perf.*)

2. Broschek / fragen / / was / geschehen (*2nd clause pres. perf.*)
   Erzähler: Wunsiedel / sein / tot (*2nd clause pres.*)
   Broschek: es / sein / unmöglich (*2nd clause pres.*)
   Aber / dann / Broschek / folgen / Erzähler / über / Flur

K.

1. Erzähler / drehen / Wunsiedel / auf / Rücken
   Und / er / zudrücken / Wunsiedels Augen
   Es / werden / Erzähler / klar / / daß / er / hassen / Wunsiedel / nie (*2nd clause past perf.*)

2. Wunsiedel / beerdigt (*passive*)
   Erzähler / tragen / Kranz / hinter / Sarg
   Er / bekommen / Angebot / von / Beerdigungsinstitut
   Er / sollen / werden / berufsmäßig / Trauernder / dort

L.

1. Erzähler / kündigen / Broschek
   Erzähler: er / fühlen.../ nicht / ausgelastet
   Nach / erst- / Trauergang / Erzähler / wissen / / daß / er / finden / sein- / richtig / Platz (*2nd clause past perf.*)

2. Hin und wieder / Erzähler / besuchen / Wunsiedels Grab
   Denn / er / verdanken / Wunsiedel / Beruf
   Es / sein / Beruf / / wo / Nachdenklichkeit / sein / erwünscht / / und / Nichtstun / sein / Pflicht (*pres.*)

Questions

1. Was für ein Typ ist der Erzähler?
   Was mag er? Was mag er nicht?

2. Wie kommt der Erzähler zu Wunsiedels Fabrik?

3. Was ist die Funktion des Frühstücks?

4. Wie benimmt sich der Erzähler im Prüfungsraum?

5. Beschreiben Sie die Prüfung und die Antworten des Erzählers.

   -zwei Arme
   -wieviele Telefone
   -nach Feierabend

6. Wie werden Broschek und Wunsiedels Sekretärin ironisch beschrieben.

   a. Broschek

      -7 Kinder / Frau
      -zwei Staatsprüfungen
      -Reporter / / Schlafen

   b. Wunsiedels Sekretärin

      -Mann / 4 Kinder
      -promovieren / Psychologie
      -Barsängerin

7. Was tut Wunsiedel, wenn er ins Büro kommt?

   -rufen:
   -Abteilung zu Abteilung

8. Beschreiben Sie die Arbeit des Erzählers.

   -Telefone (11, 13)
   -Imperative

9. Wie wird Wunsiedels Tod beschrieben?

   -ins Büro / / rufen:
   -Erzähler / zögern
   -Wunsiedel / anbrüllen
   -Boden

10. Wie reagiert Broschek auf die Nachricht von Wunsiedels Tod?

11. Warum verdankt der Erzähler Wunsiedel seinen neuen Beruf?

das **Erdgeschoß** ground floor, first floor   **hinab·steigen*** (s)   to descend   **sich vor·kommen*** (s)   to feel; *lit.:* to seem to oneself
federleicht light as a feather   **verspüren** to feel, sense   **unbändig** uncontrollable   die **Lachlust** desire to laugh
tüchtig *here:* heavily, hard
sich besinnen auf to recall, remember, recollect   **heim·finden*** to find the way home
genügen to suffice, be enough   **drunten** downstairs
lauern (aufeinander) to lie in wait (for each other)
die **Vorstellung, -en** notion, idea   **listig** cunning   **überrumpeln** to take by surprise
erheitern to amuse   **los·prusten** to burst out laughing, snort
der **Zerstäuber, –** atomizer
angelangt having reached   **beschließen*** to decide
hantieren to bustle about   **hin·ziehen*** to attract, draw toward
streng harshly   **verletzend** cuttingly
hämisch sneeringly, spitefully

erfrischen to refresh

sich ergehen* to stroll, take a walk
der **Himbeerstrauch, ¨er** raspberry bush   **gewahren** to notice, perceive   **eifrig** busily   das **Loch** hole

Wer ist man?

KURT KUSENBERG

ls Herr Boras um halb elf Uhr vormittags ins Erdgeschoß seines Hauses hinabstieg, kam er sich federleicht vor und verspürte unbändige Lachlust. Am
Abend vorher hatte er mit einem Freunde tüchtig getrunken, zuerst Wein,
dann Schnaps, dann Bier, dann alles durcheinander. Es war wohl ein   5
bißchen viel gewesen, denn auf den Heimweg konnte er sich durchaus
nicht mehr besinnen. Wozu auch? Er hatte heimgefunden, das stand fest,
das genügte, er war spät aufgestanden und nun erwartete ihn drunten das
Frühstück. Das Frühstück? Das Spätstück! Erwartete das Spätstück ihn
oder erwartete er das Spätstück? Vielleicht lauerten sie beide aufein-   10
ander. Die Vorstellung, daß er das listige Spätstück sogleich überrumpeln
werde, erheiterte Herrn Boras, er prustete los wie ein Zerstäuber. Es war
sein letztes Lachen an diesem Tage.

Im Erdgeschoß angelangt, beschloß Herr Boras, einen Blick in den
Garten zu tun. Er hörte seine Frau in der Küche hantieren, doch zog es   15
ihn zu ihr nicht hin. Leute, die früh aufgestanden sind, haben eine hohe
Meinung von sich und behandeln Spätaufsteher streng, verletzend oder
gar hämisch. Ein Garten hingegen ist die reine Güte; er schaut einen
nicht an, sondern läßt sich anschauen. Er ist da, nur da und sehr grün.
Grün aber braucht der Mensch, weil es ihn erfrischt – Grünes sehen ist   20
fast so gesund wie Grünes essen.

Herr Boras erging sich ein wenig im Garten. Als er zu den Himbeer-
sträuchern kam, gewahrte er seinen Hund, der eifrig ein Loch in die Erde

scharren to scratch, scrabble **pfeifen*** to whistle **inne·halten*** to pause, stop **äugen** to eye (someone)
hoch·springen* to jump up **umkreisen** to circle **drohen** to threaten
das Geknurre und Gebell growling and barking
wittern to smell, scent
dunsten *here:* to sweat **befehlen*** to order
begütigend soothingly, in a conciliatory way
die Herausforderung, -en challenge, provocation
zu·schlagen* to hit at (someone) **der Zorn** anger **packen** to seize
tollwütig rabid
behalten* to keep **der Kreisel, –** top (spinning top) **zu·drehen** to turn in circles toward
schrillen *here:* to scream
sich um·wenden* to turn around
sich erwehren + *gen.* to resist, stave off
ärger still worse **bedrängen** to crowd
wahrhaftig in truth, really
der Rausch intoxication, drunkenness **verleugnen** to disavow, renounce
der Onkel *here:* (strange) man **sich erkundigen** to inquire
schmerzlich painfully
auf·hetzen to stir up, incite (against Boras)
der Knabe boy **mutig** courageous, bold **der Schutz** protection
vor·rücken (s) (**gegen**) to advance (on, toward)
nach·geben* to yield, give in **verlassen*** to leave **das Grundstück** property
ratlos confused **biegen*** to turn
ein·fallen* (s) to remember
sich übel betragen* to behave badly
der Abscheu aversion, abhorrence **erregen** arouse
freilich to be sure **immerhin** nonetheless **im Rausch** when a person is drunk
eigentlich actually
läuten to ring (a bell)

wünschen to wish
der Unsinn nonsense

scharrte. Er pfiff ihm. Das Tier hielt inne, äugte und lief herbei. Anstatt aber freudig an seinem Herrn hochzuspringen, umkreiste es ihn drohend, mit bösem Geknurre und Gebell.

Er hat etwas gegen mich, dachte Herr Boras. Vielleicht wittert er den Alkohol, der mir aus den Poren dunstet, „Komm her!" befahl er und klopfte begütigend an seiner Hose, doch der Hund nahm es für eine Herausforderung — er schnappte nach der Hose, und als Herr Boras zuschlug, biß er ihn in die Hand. Zorn packte diesen, gleich darauf aber Angst. Am Ende war das Tier tollwütig! Er trat den Rückweg an, um mit seiner Frau darüber zu reden. Langsam nur kam er von der Stelle, denn er mußte den Hund im Auge behalten; einem Kreisel gleich, drehte er sich seinem Hause zu.

„Was tun Sie in unserem Garten?" schrillte es, und als Herr Boras sich umwandte, blickte er in das Gesicht seiner Frau. Er konnte nicht lange hinblicken, weil er sich des Hundes erwehren mußte, der ihn nun noch ärger bedrängte.

„Martha!" rief er. „Ihr seid wohl alle verrückt geworden!"

„Noch einmal meinen Vornamen, und ich rufe die Polizei!" Wahrhaftig, so sprach sie mit ihm. Es war nicht zu glauben: eines kurzen Rausches wegen verleugnete sie die lange Ehe.

„Wer ist der Onkel?" erkundigte sich eine Kinderstimme. Herrn Boras traf das besonders schmerzlich, denn er liebte seinen Sohn. Und nun hatte man den Jungen aufgehetzt!

„Hinaus!" rief die Frau.

„Hinaus!" schrie der Knabe, mutig im Schutz der zornigen Mutter, und der Hund bellte dasselbe. Alle drei rückten gegen Herrn Boras vor. Da gab der Mann nach, wie ein Dieb verließ er sein eigenes Grundstück.

Ratlos durchschritt er die Straße, bog um die nächste Ecke, ging weiter, bog wieder ein und so fort, eine ganze Weile lang; seine Gedanken wollten sich gar nicht ordnen. Plötzlich fiel ihm ein, er könne sich vielleicht am Abend zuvor, bei der trunkenen Heimkehr, übel betragen und den Abscheu seiner Familie erregt haben. Wahrscheinlich war das freilich nicht, aber es war immerhin möglich; im Rausch ist vieles möglich, eigentlich alles.

Vielleicht, überlegte Herr Boras, hat Kilch mich gestern nach Hause gebracht, vielleicht weiß er mehr. Ich werde ihn fragen.

Der Freund wohnte nicht weit; fünf Minuten später läutete Herr Boras an seiner Tür. Kilch öffnete und blickte Herrn Boras kühl an. „Sie wünschen?" fragte er.

„Kilch!" rief Herr Boras. „Was soll der Unsinn?"

spöttisch mocking, scornful

durch·blicken to see through (*i.e.*, understand)   **sich gestehen*** to admit to oneself

heißen* (**hieß**) *here:* meant, involved   **daran** *here:* due to that
allmählich gradually   der **Umgang** association   **erloschen** faded away, died out
seine **Trägheit überwinden*** to overcome his inertia
an·langen (s) to reach   **stolpern** (s) to stumble

bestellen to order
unterschreiben* to sign
ins Schloß fallen* (s) *freely:* to click shut
das **Empfinden** sensation, feeling   **schweben** to float (above the ground)
sich melden to announce itself, show up
begreifen* to understand
Ihm war die Gleichheit mit sich selber abhanden gekommen. *freely:* He had lost his identity.
ein·büßen to lose
sich aus·weisen* to prove one's identity   **sonderbar** strange
zwar to be sure, certainly
die **Spur, -en** trace   das **Dasein** existence
überzeugen to convince   die **Einbildung, -en** figment
ungeschickt clumsy
die **Bewegung** movement
heraus·rutschen (s) to slip out of   **nirgends** nowhere
  hinein·passen to fit in
planmäßig regular, systematic
inzwischen meanwhile
dem Gefüge der Welt nicht mehr an·gehören *freely:* to be out of phase with the world   **spüren** to feel
pflegen to be used to, accustomed to   **überhaupt** at all
die **Gepflogenheit, -en** habit   **Umschau halten***(**nach**) to look around (for)
die **Gegend** district

Der andere zog ein spöttisches Gesicht. „Das frage ich mich auch!" sprach er und warf die Tür zu.

Selbst der Freund stand gegen ihn! Was mochte geschehen sein, da alle Türen sich vor Herrn Boras schlossen?

Ich blicke nicht durch, gestand sich der Arme. Zu den Meinen kann ich nicht zurück, jedenfalls heute nicht, die waren gar zu böse. Wo aber soll ich nächtigen? Bei Carlo natürlich. Er ist der bessere Freund, ich hätte es wissen sollen, wir kennen uns seit der Schulzeit, das bindet.

Carlo aufsuchen hieß eine kleine Reise tun, und daran war allmählich der Umgang mit dem Freunde erloschen. An diesem Tage aber überwand Herr Boras seine Trägheit, er fuhr eine gute halbe Stunde, bis er bei Carlos Wohnung anlangte. Auf der Treppe stolperte er. Schlecht! dachte Herr Boras. Schon den ganzen Tag stolpere ich.

Er läutete. Schritte kamen näher, die Tür ging auf, der Schulfreund zeigte sich. „Ich kaufe nichts!" sagte er unfreundlich. „Ich bestelle nichts, ich unterschreibe nichts, ich habe kein Geld. Guten Tag!" Die Tür fiel ins Schloß. Während Herr Boras die Treppe hinabstieg, überkam ihn abermals das Empfinden, er sei federleicht und schwebe. Auch die Lachlust meldete sich wieder, doch war es eine andere als vorhin.

Auf der Straße – endlich, endlich! – begriff Herr Boras, was geschehen sei: ihm war, kurz gesagt, die Gleichheit mit sich selber abhanden gekommen. Er hatte seine Vergangenheit eingebüßt wie eine Brieftasche, er konnte sich nicht mehr ausweisen. Sonderbar! dachte Herr Boras. Zwar lebe ich, doch scheint es, als hätte ich nie gelebt, denn es sind keine Spuren geblieben. Und dabei war ich von meinem Dasein so fest überzeugt! Nein, es *kann* keine Einbildung gewesen sein. Wie aber habe ich das alles verloren! Vielleicht durch eine ungeschickte Bewegung? Richtig, so wird's sein: ich bin aus dem Weltplan herausgerutscht und passe nun nirgends mehr hinein. Jeder Komet ist planmäßiger als ich.

Inzwischen war es ein Uhr nachmittags geworden. Obwohl Herr Boras, wie er meinte, dem Gefüge der Welt nicht mehr angehörte, spürte er Hunger, denn um diese Zeit pflegte er zu essen – sofern er überhaupt von Gepflogenheiten reden durfte. Er hielt Umschau nach einer Gastwirtschaft, doch damit stand es in dieser Gegend nicht zum besten; der

abgelegen remote   der **Vorort** suburb   **eingerichtet** set up
trübe gloomily
ähneln+*dat. obj.*   to resemble, be like   **ungemein** uncommonly
  bislang=**bisher** up until now
deshalb therefore   **erstaunt** astonished, surprised

auf·klinken to unlatch

der **Eierkuchen, —** pancake
erwidern to reply   **streifen** to brush, scrape   der **Staub** dust

flüchtig cursory, fast   **löffeln** to spoon (up)

auf·fallen* (s) to attract attention
übel bad
schmecken to taste (good)
die **Hauptsache** main thing
unterschlüpfen (s) to find shelter, refuge

sich aus·suchen to choose, select   **wählen** to choose
der **Tausch, -e** exchange   **versprechen*** to promise
einiges something   **zumindest** at least   die **Abwechslung** change
etwas auszusetzen haben to find fault with something

ab·wischen to wipe (off)   das **Mundtuch**=die **Serviette** napkin
die **Obstschale, -n** fruit bowl
schälen to peel
sich ein·gewöhnen to get used to things
träumen to dream

angelehnt ajar
vor sich gehen* to happen

nicht bei Trost sein to be out of one's mind
Laß die Späße! Knock off the jokes.
die **Armenküche, -n** soup kitchen (welfare kitchen)

abgelegene Vorort war nur zum Wohnen eingerichtet.

Trübe schritt Herr Boras an vielen Gärten, an vielen Häusern vorbei; manche ähnelten ungemein dem Hause, welches er bislang für das seine gehalten hatte. Deshalb war er auch nicht sonderlich erstaunt, als eine Frau sich aus einem Fenster beugte und ihm zurief: „Zeit, daß du 5 kommst! Die Suppe steht schon auf dem Tisch."

Ohne lange zu überlegen, klinkte Herr Boras die Gartenpforte auf und trat ein; er hatte Hunger. An der Haustür sprang ihm ein Knabe entgegen. „Vati, es gibt Eierkuchen!"

„Fein, mein Junge!" erwiderte Herr Boras. Er streifte den Staub von 10 den Schuhen, warf seinen Hut an den Haken, gab der Frau einen flüchtigen Kuß, setzte sich zu Tisch und begann die Suppe zu löffeln. Während des Essens betrachtete er die Frau und den Jungen, vorsichtig, damit es ihnen nicht auffiel, denn sie hielten ihn offenbar für den Hausvater. Die Frau war nicht übel, und auch der Junge gefiel ihm; das 15 Essen schmeckte gut.

Ach was, dachte er, Familie ist Familie, die Hauptsache bleibt, man hat eine. Ich kann von Glück reden, daß ich wieder untergeschlüpft bin, es sah vorhin trübe aus. Gewiß, ich habe mir die beiden hier nicht ausgesucht, doch was sucht man sich schon aus? Man wählt ja immer, 20 wie man muß. Nein, nein, der Tausch ist ganz gut, er verspricht sogar einiges — zumindest Abwechslung.

„Was schaust du uns so an?" fragte die Frau. „Hast du etwas auszusetzen?"

Herr Boras wischte sich die Lippen mit dem Mundtuch ab. „Im 25 Gegenteil, alles ist in bester Ordnung." Er griff in die Obstschale, nahm einen Apfel und begann ihn zu schälen. Bald, das wußte er, würde er sich eingewöhnt haben. Vielleicht hatte er immer schon hier gelebt und sich das andere Dasein nur eingebildet. Wer weiß schon genau, ob er träumt oder lebt! 30

Es läutete. „Bleib sitzen!" sprach die Frau, stand auf und ging hinaus. Da sie die Tür angelehnt ließ, konnte man genau hören, was im Flur vor sich ging.

„Wohin? Was soll das!" erklang streng die Stimme der Frau. „Sofort hinaus — oder ich rufe meinen Mann!" 35

„Du bist wohl nicht bei Trost!" antwortete eine Männerstimme. „Laß die Späße, ich habe Hunger."

„Hier ist keine Armenküche. Hinaus! Ich werde Sie lehren, mich zu

duzen to call "du" (use the familiar form of address)   der **Streit, -e**
quarrel, argument

das Feld räumen to quit the field, retreat   **zu·knallen** to slam shut

die **Frechheit, -en** impertinence

bei·stehen* + *dat. obj.* to stand by, support

der **Bursche** fellow

plagen to torment   **verwechseln** to confuse, mistake (for)

eilig quickly, hurriedly

spendieren to treat (someone to)   **ein·holen** to catch up with

die **Erregung** excitement

wie Ihnen zumute ist how you must feel

kritzeln to scrawl, scribble   die **Zeile** line (of writing)

der **Zettel, —** slip of paper, note

an·bringen* add; *here:* add to the conversation   **enteilen** (s) to hurry
off

gutmütig good natured

durchaus nicht not at all

vorsorglich as a precaution   **spenden** to give (charity)

zu·stoßen* (s) to befall, happen to

stricken to knit

drein·schauen to look, have a look on one's face   **zufrieden** contented

duzen!" Nun, der Streit ging weiter, doch nicht lange. Der Mann räumte das Feld, und die Tür knallte hinter ihm zu.

Mit rotem Gesicht trat die Frau wieder ein. „Solch eine Frechheit! Und du stehst mir natürlich nicht bei."

„Der Bursche tat mir leid", entgegnete Herr Boras. „Sicherlich 5
plagte ihn Hunger oder er hat unser Haus mit dem seinen verwechselt."

„Verwechselt?" rief die Frau. „Der hat bestimmt kein Haus, auch keine Familie."

Herr Boras erhob sich eilig. „Eben darum will ich ihm ein Mittagessen spendieren. Ich bin sofort zurück." Er lief hinaus und holte den 10
Fremden an der Gartenpforte ein. Der Mann war bleich vor Erregung, seine Augen blickten verwirrt.

„Ich kann mir denken", sprach Herr Boras, „wie Ihnen zumute ist, und ich will helfen." Er zog sein Notizbuch, kritzelte eine Zeile und riß das Blatt ab. „Hier, mein Freund, haben Sie eine gute Adresse. Fahren 15
Sie hin, aber rasch – sonst wird das Essen kalt."

Der andere nahm den Zettel, fand jedoch keine Worte. Er hätte sie auch nicht mehr anbringen können, denn Herr Boras enteilte bereits.

„Du bist viel zu gutmütig", meinte die Frau, als er eintrat. Herr Boras setzte sich und nahm den Apfel wieder vor. „Durchaus nicht. Ich 20
habe nur vorsorglich gespendet. Was heute ihm passiert, kann morgen mir zustoßen."

Am nächsten Tag fuhr Herr Boras in die Stadt und suchte die Straße auf, in der er gewohnt hatte. Als er bei seinem Hause vorbeischritt, sah er seine Frau mit dem anderen im Garten sitzen. Die Frau strickte, der 25
Mann las die Zeitung; beide schauten zufrieden drein. Da war auch Herr Boras zufrieden.

EXERCISES

Cue-sheet

Use the following cues to relate the story, using the past tense unless otherwise indicated.

See note on the use of proper names on page 268.

A.

1. Boras / hinabsteigen / 10.30 / Erdgeschoß
   Er / verspüren / Lachlust

2. Abend vorher / er / trinken / mit / Freund (*past perf.*)
   Es / sein / bißchen viel / / denn / Boras / können / erinnern / an / Heimweg /
   nicht (*1st clause past perf.*)
   Aber / er / heimfinden / / und / er / aufstehen / spät (*past perf.*)

3. Nun / er / erwarten / Frühstück / / oder / erwarten / er / Spätstück / ?
   Dies- / Vorstellung / erheitern / Herr Boras
   Aber / es / sein / sein- / letzt- / Lachen / dies- / Tag

B.

1. Er / hören / Frau / Küche
   Aber / er / wollen / nicht / zu (*her*)
   Denn / Frühaufsteher / behandeln / Spätaufsteher / streng (*pres.*)

C.

1. Boras / gehen / Garten
   Er / sehen / Hund / / und / pfeifen / (*to him*)
   Hund / laufen / zu / Boras / / aber dann / er / umkreisen / (*him*) / drohend

2. Boras: Hund / sollen / herkommen
   Hund / beißen / Boras / Hand

3. Boras / wollen / reden / Frau
   Frau / wollen / wissen / / warum / Boras / sein / in / Garten
   Boras / fragen / / ob / Frau / verrückt (*2nd clause pres.*)
   Frau: sie / rufen / Polizei (*2nd clause fut.*)

4. Sohn / kommen / / und / fragen / / wer / Boras / sein (*3rd clause pres.*)
   So / Boras / verlassen / eigen- / Haus / wie / Dieb

D.

1. Ratlos / Boras / durchschreiten / Straße
   Er / biegen / Ecke / / und / weitergehen
   Es / einfallen / (*to him*) / / daß / er / betragen / sich / Abend vorher / übel
   (*2nd clause past perf.*)

2. Es / sein / nicht wahrscheinlich / / aber / möglich
   Rausch / sein / alles / möglich (*pres.*)

3. Kilch / bringen / (*him*) / gestern / nach Hause (*past perf.*)
   Also / er / gehen / zu Kilch
   Freund / öffnen / / und / anblicken / Boras / kühl

4. Kilch / fragen / / was / er / wollen (*2nd clause pres.*)
   Boras / fragen / / was / Unsinn / sollen (*2nd clause pres.*)
   Kilch / Tür / zu

E.

1. Boras / fragen. . ./ wo / er / sollen / übernachten
   Boras / denken / an / Carlo
   Er / kennen / (*him*) / seit / Schulzeit

2. Boras / aufsuchen / Carlo
   Boras / stolpern / Treppe
   Dann / Carlo / aufmachen / Tür

3. Carlo / sagen / / er / wollen / kaufen / nichts / / und / er / schließen / Tür
   Boras / verspüren / Lachlust / wieder

F.

1. Boras / begreifen / endlich / / was / geschehen (*final clause past perf.*)
   Er / verlieren / sein- / Vergangenheit (*past perf.*)
   Er / leben / / aber / es / sein / / als ob / er / leben / nie (*final clause subj. II past*)
   Er / hineinpassen / nirgends mehr

2. Doch / Boras / Hunger / / denn / es / sein / ein Uhr
   Also / er / suchen / Gastwirtschaft

3. Boras / vorbeigehen / an / viele Häuser
   Viele / aussehen / wie / eigen- / Haus
   Dann / Frau / zurufen / Boras / / daß / Essen / sein / fertig

G.

1. Boras / eintreten / / weil / er / Hunger
   Junge / entgegenspringen / Boras / / und / sagen / / daß / es / geben /
   Eierkuchen (*final clause pres.*)
   Boras / streifen / Staub / Schuhe / / und / werfen / Hut / Haken

2. Er / geben / Frau / flüchtig / Kuß / / und / setzen / Tisch
   Frau / sein / nicht übel / / Junge / gefallen / / und / Essen / schmecken / gut

3. Boras / denken / / Familie / sein / Familie (*2nd clause pres.*)
   Hauptsache / sein / / man / haben / ein- (*pres.*)
   Er / aussuchen / Familie / nicht (*past perf.*)
   Aber / man / wählen / / wie / man / müssen (*pres.*)

4. Boras / meinen / / daß / Tausch / sein / gut
   Und / Boras / wissen / / daß / er / einleben / bald (*2nd clause subj. II pres.*)

H.

1. Es / läuten / / und / Frau / hinausgehen
   Ein Mann / wollen / hereinkommen
   Frau / rufen / / daß / Mann / sollen / hinausgehen / sofort

2. Mann: er / haben / Hunger (*2nd clause pres.*)
   Frau: daß / dort / sein / kein / Armenküche (*2nd clause pres.*)
   Frau / hereintreten / wieder

3. Boras: Mann / tun / − / leid (*2nd clause pres.*)
   Vielleicht / er / verwechseln / Haus (*pres. perf.*)
   Boras / wollen / spendieren / Mann / Mittagessen
   Boras / hinauslaufen / / und / einholen / Mann

I.

1. Boras: er / wollen / helfen / Mann (*2nd clause pres.*)
   Er / geben / Mann / sein- / alt / Adresse

2. Nächst- / Tag / Boras / fahren / in / Stadt
   Er / aufsuchen / alt / Haus
   Boras / sehen / sitzen / Mann / Garten
   Frau / Mann / aussehen / zufrieden
   Da / Boras / sein / auch / zufrieden

Questions

1. Warum ist Boras in einer so komischen Stimmung, als er ins Erdgeschoß herunterkommt?

   -Abend vorher / trinken
   -bißchen viel / / Heimweg
   -aber / heimfinden

2. Beschreiben Sie die Episode mit dem Hund.

   -Boras / pfeifen
   -Boras: sollen / herkommen
   -Hund / beißen

3. Wie behandeln seine Frau und sein Sohn Herrn Boras?

> -Frau: warum / in / Garten / ?
> -Frau: Polizei
> -Sohn: wer / Boras?

4. a. Warum geht Boras zu Kilch?

> -bringen / nach Hause

  b. Wie empfängt Kilch seinen Freund?

> -öffnen / / anblicken
> -fragen / / was
> -Tür / zu

5. Warum denkt er an Carlo?

> -Schulzeit

6. Wie zeigt Carlo, daß er Boras für einen Hausierer (door-to-door salesman) hält?

> -sagen: kaufen / nichts
> -schließen / Tür

7. Was versteht Boras jetzt endlich?

> -Vergangenheit
> -leben / / aber / als ob. . .
> -hineinpassen / nirgendwo

8. Was erinnert Herrn Boras an die „wirkliche" Welt?

> -Hunger / / ein Uhr
> -Gastwirtschaft

9. Wie zeigen die Häuser, daß die Menschen austauschbar (interchangeable) sind?

> -viele / wie

10. Warum tritt Boras in das Haus ein?

> -Frau: Essen
> -Boras / Hunger

11. Durch welche Routine zeigt Boras, daß er sich wieder zu Hause fühlt?

> -Hut
> -Kuß
> -Tisch

12. Warum meint Boras, daß der Tausch gut sei?

-Frau
-Junge
-Essen
-Familie / sein / Familie
-Hauptsache

13. Beschreiben Sie die Episode mit dem „fremden" Mann.

-läuten
-Mann / wollen
-Frau: sollen / hinausgehen
-Mann: Hunger
-Frau: dort / kein / Armenküche

14. Wie zeigt Boras sein Mitleid (sympathy) mit dem anderen Mann?

-hinauslaufen / / einholen
-helfen
-Adresse

15. Was tut Herr Boras am nächsten Tag?

-Stadt
-Haus
-sehen / Mann

16. a. Wieso hat die Geschichte einen glücklichen Ausgang (happy ending)?

b. Aber ist es wirklich ein glücklicher Ausgang?

17. Beschreiben Sie die Rollen der Frauen in dieser Geschichte. (Inwiefern sind sie genauso austauschbar wie die zwei Männer?)

18. Was ist die Funktion des Hungers in der Geschichte?

Strong and Irregular Verbs

INFINITIVE (3rd sing. pres.)	PAST	PAST PARTICIPLE	MEANING
backen (bäckt)	buk *or* backte	gebacken	*to bake*
befehlen (befiehlt)	befahl	befohlen	*to command*
beginnen	begann	begonnen	*to begin*
beißen	biß	gebissen	*to bite*
bergen (birgt)	barg	geborgen	*to hide*
bersten (birst)	barst	ist geborsten	*to burst*
bewegen[1]	bewog	bewogen	*to induce*
biegen	bog	ist, hat gebogen	*to bend*
bieten	bot	geboten	*to offer*
binden	band	gebunden	*to bind*
bitten	bat	gebeten	*to request*
blasen (bläst)	blies	geblasen	*to blow*

[1]**Bewegen** meaning *to move* is weak.

bleiben	**blieb**	ist **geblieben**	*to remain*
braten	**briet**	**gebraten**	*to roast*
(brät *or* bratet)			
brechen	**brach**	ist, hat **gebrochen**	*to break*
(bricht)			
brennen	**brannte**	**gebrannt**	*to burn*
bringen	**brachte**	**gebracht**	*to bring*
denken	**dachte**	**gedacht**	*to think*
dingen	**dingte** *or* **dang**	**gedungen**	*to engage, hire*
dringen	**drang**	ist, hat **gedrungen**	*to press*
dünken	**dünkte** *or*	**gedünkt** *or*	*to seem*
(*impers.*)	**deuchte**	**gedeucht**	
(dünkt *or*			
deucht)			
dürfen	**durfte**	**gedurft**	*to be allowed*
(darf)			
einladen	**lud...ein** *or*	**eingeladen**	*to invite*
	ladete...ein		
empfehlen	**empfahl**	**empfohlen**	*to recommend*
(empfiehlt)			
erbleichen	**erblich**	ist **erblichen**	to die
erlöschen	**erlosch**	ist **erloschen**	*to go out*
(erlischt)			(of light)
erschrecken[1]	**erschrak**	ist **erschrocken**	*to become*
(erschrickt)			*frightened*
essen	**aß**	**gegessen**	*to eat* (of
(ißt)			people)
fahren	**fuhr**	ist, hat **gefahren**	*to drive*
(fährt)			
fallen	**fiel**	ist **gefallen**	*to fall*
(fällt)			
fangen	**fing**	**gefangen**	*to catch*
(fängt)			
fechten	**focht**	**gefochten**	*to fight*
(ficht)			
finden	**fand**	**gefunden**	*to find*
flechten	**flocht**	**geflochten**	*to braid*
(flicht)			

---

[1]**Erschrecken** used transitively is weak.

fliegen	flog	ist, hat **geflogen**	*to fly*
fliehen	floh	ist **geflohen**	*to flee*
fließen	floß	ist **geflossen**	*to flow*
fressen	fraß	**gefressen**	*to eat*
(frißt)			*(of animals)*
frieren	fror	**gefroren**	*to freeze*
gebären	gebar	**geboren**	*to bear*
(gebiert *or*			
gebärt)			
geben	gab	**gegeben**	*to give*
(gibt)			
gedeihen	gedieh	ist **gediehen**	*to thrive*
gehen	ging	ist **gegangen**	*to go*
gelingen	gelang	ist **gelungen**	*to succeed*
gelten	galt	**gegolten**	*to be worth*
(gilt)			
genesen	genas	ist **genesen**	*to recover*
genießen	genoß	**genossen**	*to enjoy*
geschehen	geschah	ist **geschehen**	*to happen*
(*impers.*)			
(geschieht)			
gewinnen	gewann	**gewonnen**	*to win*
gießen	goß	**gegossen**	*to pour*
gleichen	glich	**geglichen**	*to resemble*
gleiten	glitt	ist **geglitten**	*to glide*
glimmen	glomm *or*	**geglommen** *or*	*to gleam*
	glimmte	geglimmt	
graben	grub	**gegraben**	*to dig*
(gräbt)			
greifen	griff	**gegriffen**	*to seize*
haben	hatte	**gehabt**	*to have*
(du hast, er hat)			
halten	hielt	**gehalten**	*to hold*
(hält)			
hängen	hing	**gehangen**	*to hang*
			(intrans.)
heben	hob	**gehoben**	*to lift*
heißen	hieß	**geheißen**	*to be called*
helfen	half	**geholfen**	*to help*
(hilft)			

kennen	kannte	gekannt	*to know*
klimmen	klomm	ist geklommen	*to climb*
klingen	klang	geklungen	*to sound*
kneifen	kniff	gekniffen	*to pinch*
kommen	kam	ist gekommen	*to come*
können	konnte	gekonnt	*to be able*
(kann)			
kriechen	kroch	ist gekrochen	*to creep*
laden	lud	geladen	*to load; invite*
(lädt)			
lassen	ließ	gelassen	*to let*
(läßt)			
laufen	lief	ist gelaufen	*to run*
(läuft)			
leiden	litt	gelitten	*to suffer*
leihen	lieh	geliehen	*to lend*
lesen	las	gelesen	*to read*
(liest)			
liegen	lag	ist, hat gelegen	*to lie, recline*
lügen	log	gelogen	*to (tell a) lie*
mahlen	mahlte	gemahlen	*to grind*
meiden	mied	gemieden	*to avoid*
melken	molk *or* melkte	gemolken *or*	*to milk*
(melkt)		gemelkt	
messen	maß	gemessen	*to measure*
(mißt)			
mögen	mochte	gemocht	*to like; may*
(mag)			
müssen	mußte	gemußt	*must*
(muß)			
nehmen	nahm	genommen	*to take*
(nimmt)			
nennen	nannte	genannt	*to name*
pfeifen	pfiff	gepfiffen	*to whistle*
preisen	pries	gepriesen	*to praise*
quellen	quoll	ist gequollen	*to gush*
(quillt)			
raten	riet	geraten	*to advise*
(rät)			
reiben	rieb	gerieben	*to rub*

reißen	riß	ist, hat gerissen	*to rip*
reiten	ritt	ist, hat geritten	*to ride*
rennen	rannte	ist gerannt	*to run*
riechen	roch	gerochen	*to smell*
ringen	rang	gerungen	*to struggle,*
			wrestle;
			wring
rinnen	rann	ist geronnen	*to run*
rufen	rief	gerufen	*to call*
salzen	salzte	gesalzen	*to salt*
saufen	soff	gesoffen	*to drink* (of
(säuft)			animals)
saugen	sog	gesogen	*to suck*
schaffen[1]	schuf	geschaffen	*to create*
scheiden	schied	ist, hat geschieden	*to separate*
scheinen	schien	geschienen	*to seem; shine*
schelten	schalt	gescholten	*to scold*
(schilt)			
schieben	schob	geschoben	*to shove*
schießen	schoß	geschossen	*to shoot*
schlafen	schlief	geschlafen	*to sleep*
(schläft)			
schlagen	schlug	geschlagen	*to strike*
(schlägt)			
schleichen	schlich	ist geschlichen	*to sneak*
schließen	schloß	ist, hat geschlossen	*to close*
schlingen	schlang	geschlungen	*to wind;*
			devour
schmeißen	schmiß	geschmissen	*to fling*
schmelzen	schmolz	ist, hat geschmolzen	*to melt*
(schmilzt)			
schneiden	schnitt	geschnitten	*to cut*
schreiben	schrieb	geschrieben	*to write*
schreien	schrie	geschrieen	*to cry*
schreiten	schritt	ist geschritten	*to stride*
schweigen	schwieg	geschwiegen	*to be silent*
schwellen	schwoll	ist geschwollen	*to swell*
(schwillt)			(intrans.)

---

[1]**Schaffen** meaning *to work, to be busy* is weak.

schwimmen	schwamm		
		ist, hat **geschwommen**	*to swim*
schwinden	schwand	ist **geschwunden**	*to disappear*
schwingen	schwang	**geschwungen**	*to swing*
schwören	schwur *or*	**geschworen**	*to swear*
	schwor		
sehen	sah	**gesehen**	*to see*
(sieht)			
sein	war	ist **gewesen**	*to be*
(ist)			
senden	sandte	**gesandt**	*to send*
sieden	sott	**gesotten**	*to boil*
singen	sang	**gesungen**	*to sing*
sinken	sank	ist **gesunken**	*to sink*
sinnen	sann	**gesonnen**	*to think*
sitzen	saß	**gesessen**	*to sit*
sollen	sollte	**gesollt**	*shall*
(soll)			
speien	spie	**gespieen**	*to spit*
spinnen	spann	**gesponnen**	*to spin*
sprechen	sprach	**gesprochen**	*to speak*
(spricht)			
sprießen	sproß	ist **gesprossen**	*to sprout*
springen	sprang	ist **gesprungen**	*to spring*
stechen	stach	**gestochen**	*to prick, sting*
(sticht)			
stecken	stak *or* steckte	**gesteckt**	*to stick*
			(intrans.)
stehen	stand	**gestanden**	*to stand*
stehlen	stahl	**gestohlen**	*to steal*
(stiehlt)			
steigen	stieg	ist **gestiegen**	*to ascend*
sterben	starb	ist **gestorben**	*to die*
(stirbt)			
stieben	stob	ist, hat **gestoben**	*to scatter*
stinken	stank	**gestunken**	*to stink*
stoßen	stieß	ist, hat **gestoßen**	*to push*
(stößt)			
streichen	strich	**gestrichen**	*to stroke*
streiten	stritt	**gestritten**	*to argue*

tragen (trägt)	**trug**	**getragen**	*to carry*
treffen (trifft)	**traf**	**getroffen**	*to meet; hit*
treiben	**trieb**	ist, hat **getrieben**	*to drive*
treten (tritt)	**trat**	ist, hat **getreten**	*to step*
triefen	**troff**	**getroffen**	*to drip*
trinken	**trank**	**getrunken**	*to drink*
trügen	**trog**	**getrogen**	*to deceive*
tun (tut)	**tat**	**getan**	*to do*
verderben (verdirbt)	**verdarb**	ist, hat **verdorben**	*to spoil*
verdrießen	**verdroß**	**verdrossen**	*to annoy*
vergessen (vergißt)	**vergaß**	**vergessen**	*to forget*
verlieren	**verlor**	**verloren**	*to lose*
verlöschen (verlischt)	**verlosch**	ist **verloschen**	*to extinguish*
verschlingen	**verschlang**	**verschlungen**	*to wind; devour*
verschwinden	**verschwand**	ist **verschwunden**	*to disappear*
verzeihen	**verzieh**	**verziehen**	*to pardon*
wachsen (wächst)	**wuchs**	ist **gewachsen**	*to grow*
wägen	**wog**	**gewogen**	*to weigh* (fig.)
waschen (wäscht)	**wusch**	**gewaschen**	*to wash*
weichen	**wich**	ist **gewichen**	*to yield*
weisen	**wies**	**gewiesen**	*to show*
wenden	**wandte** *or* **wendete**	**gewandt** *or* **gewendet**	*to turn*
werben (wirbt)	**warb**	**geworben**	*to apply* (*for*)
werden (wird)	**wurde**	ist **geworden**	*to become*
werfen (wirft)	**warf**	**geworfen**	*to throw*
wiegen	**wog**	**gewogen**	*to weigh* (lit.)

winden	wand		gewunden	to wind
wissen	wußte		gewußt	to know
(weiß)				
wollen	wollte		gewollt	will
(will)				
wringen	wrang		gewrungen	to wring
zeihen	zieh		geziehen	to accuse
ziehen	zog	ist, hat	gezogen	to pull, move
zwingen	zwang		gezwungen	to force

Vocabulary

ab und zu now and then
ab·bezahlen to pay off
die **Abbildung, -en** illustration
der **Abend, -e** evening
  zu Abend essen* to have
    supper
das **Abendbrot** supper
das **Abendessen, –** dinner,
    supper
  abends in the evening
  aber but
  abermals again, once more
  abgearbeitet worn out by
    work
die **Abgefeimtheit** cunning
  abgelegen remote
  abgeseilt roped off
  abhanden kommen* (s) to
    get lost
  ab·hängen* von to depend
    on

•separable prefix
*strong verb
(s)verb with auxiliary **sein**

ab·holen to pick up
der **Ablauf, ̈e** lapse, expiration
ab·lehnen to refuse,
  decline
ab·nehmen* to take off
die **Abneigung, -en** antipathy,
  dislike
ab·nutzen to wear out by
  use
dic **Abrechnung, -en** settle-
  ment of accounts
die **Abreise, -n** departure
der **Absatz, ̈e** paragraph
der **Abscheu** disgust, abhorrence, aversion
abschiedslos without saying good-bye
ab·schlagen* to knock off
ab·schließen* to break off;
  lock, close
ab·schneiden* to cut off
der **Abschnitt, -e** period (of
  time); excerpt
absichtlich purposeful(ly)
ab·spülen to rinse off

315

der **Abstecher,** — digression
abstehende Ohren pro-
truding ears
die **Abteilung, -en** department
ab·trennen to separate, cut
off
ab·tropfen to drip off
ab·warten to wait for
die **Abwechslung, -en** change
ab·weisen* to refuse, turn
down
sich **ab·wenden*** to turn away
(from something)
abwesend absent, vacant
ab·wischen to wipe (off)
die **Achseln zucken** to shrug
one's shoulders
acht (die **Achter**) eight (the
eights)
der **Acker,** ⁻ field, land
die **Agenda,** die **Agenden**
agenda, memorandum
book
ähneln to resemble
ahnen to suspect, have a
presentiment
ähnlich (+*dat.*) like, similar (to)
die **Ähnlichkeit, -en** similarity
der **Akkord, -e** chord
alarmiert alarmed
alleinstehend single, alone
allerdings to be sure
allerhand all manner of
allerlei all sorts of
alles everything
alles beim alten everything
as it was back then
allgemein general(ly)
allmählich gradual(ly)
der **Alltag** normalcy, everyday
life
als as, when; than

als ob as if
alt (**älter, ältest**) old
das **Alter** age
Amerika America
die **Amme, -n** nursemaid
die **Amsel, -n** blackbird
sich **amüsieren** to enjoy or
amuse oneself
der **Anblick** sight (*e.g.*, the
sight of her face)
an·bringen* to add on, put
in
an·brüllen to roar at
ander- other
andererseits on the other
hand
an·deuten to indicate,
suggest
der **Anfall,** ⁻e attack, spell, fit
der **Anfang,** ⁻e beginning
von Anfang an from the
beginning
an·fangen* to begin
an·fertigen to prepare
die **Anfrage, -n** inquiry
das **Angebot, -e** offer (of a job)
angefüllt filled
an·gehen* (s) to go on
(*e.g.*, lights); to concern
(was mich angeht as far
as I'm concerned)
an·gehören (+*dat.*) to
belong to
angelangt (s) having
reached, arrived at
angelegt invested
angelehnt ajar
angeregt excited(ly),
animated(ly)
der **Angestellte** (*adj. noun*)
employee
die **Angst,** ⁻e fear, anxiety
Angst haben* to be afraid

ängstlich anxious(ly)

die **Angstperle, -n** pearl of sweat (caused by fear)

an·halten* to hold (*e.g.*, one's breath)

anhaltend persisting, continuing

an·kündigen to announce

an·lächeln to smile at

an·lachen [einen] to laugh (while looking at someone; *not:* to laugh at someone in the pejorative sense)

der **Anlaß, -̈sse** occasion

an·merken to notice, observe

an·nehmen* to accept, take, assume

die **Anordnung, -en** arrangement

an·reden to address, speak to

an·rühren to touch

an·schauen to look at

anscheinend apparently

an·schlagen* to strike

an·schreiben* to give credit

an·schwindeln to swindle

an·sehen* to look at (man sieht es dir an one can tell by looking at you)

die **Ansichtskarte, -n** picture postcard

an·spannen to hitch up (horses)

die **Ansprache, -en** address, speech

an·sprechen* to (come up and) speak to someone

der **Anspruch, -̈e** claim

die **Anstalt, -en** institution

anständig decent

die **Anständigkeit, -en** decency

anstandslos unhesitating(ly)

an·starren to stare at

anstelle (+*gen.*) instead of

an·stellen to conduct

an·stöhnen to groan at

anstrengend strenuous, hard

die **Anstrengung, -en** effort

antik classical (*referring to classical antiquity*)

an·tun* to do to (someone)

die **Antwort, -en** answer

antworten (+*dat.*) to answer (*with people*)

antworten auf (+*acc.*) to answer (*with things*)

an·vertrauen to entrust

das **Anwesen, —** estate, property, premises, house

answesend present

das **Anzeichen, —** sign, indication

an·zeigen to advertise

an·ziehen* to put on

an·zünden to ignite

die **Apotheke, -n** drugstore

der **Apotheker, —** pharmacist, druggist

das **Aquarium**, die **Aquarien** aquarium

die **Arbeit, -en** work

arbeiten to work

der **Ärger** annoyance, vexation

ärgerlich vexed, angry, annoyed

ärgern to annoy, irritate

sich **ärgern über** (+*acc.*) to be upset by something

der **Argwohn gegen** suspicion of

der **Arm, ̈e** arm
die **Armenküche, -n** soup
kitchen (welfare kitchen)
der **Artikel, —** article
der **Arzt, ̈e** doctor
das **As, -se** ace (in cards)
das **Asthma** asthma
der **Atem** breath
atemlos breathless
die **Atemnot** difficulty in
breathing
der **Atemzug, ̈e** moment (im
gleichen Atemzug in the
same breath)
atmen to breathe
die **Atmosphäre** atmosphere
auch also, too
auch wenn even if
auf on, onto
auf einmal all at once
auf·bewahren to store,
keep
auf·blicken to look up
auf·bringen* to annoy,
irritate
der **Aufbruch, ̈e** departure
auf·bügeln to press off
der **Aufenthalt, -e** stay
auf·essen* to eat up
auf·fallen* (s) to attract attention, strike, register
auf·fangen* to catch while
in motion, snatch up
auf·fordern to call up, ask
(someone to do something)
die **Aufführung, -en**
performance
aufgegriffen apprehended,
stopped
aufgehend rising
aufgekratzt wound up,
excited
aufgeregt excited(ly)

auf·halten* to delay, hold
up
sich **auf·halten*** to stay, stop
over
auf·hetzen to stir up,
incite
auf·hören to stop, cease
auf·klinken to unlatch
auf·machen to open
die **Aufmachung, -en** staging,
get-up
auf·nehmen* to take in,
take up
auf·patschen to clap; slap
aufrecht·erhalten* to keep
up, maintain
die **Aufregung, -en**
excitement, agitation
sich **auf·richten** to straighten
up, stand up, sit up
straight
auf·rufen* to call up, call
forward
auf·schauen to look up
auf·schlagen* to (flip)
open
auf·schrauben to unscrew
auf·schreiben* to write
down, note
auf·schreien* to scream
out
die **Aufschrift, -en** title, inscription, letters
das **Aufsehen** sensation
auf·sehen* to look up
auf·setzen to put on (a hat)
auf·springen* (s) to jump
up
auf·stehen* (s) to get up,
stand up
auf·suchen to look up,
search out
auf·tauen to thaw out

der **Auftritt, -e**   appearance,
 performance
auf·wachen (s)   to wake up
der **Aufwand, ̈e (an + dat.)**
 display, show (of);
 expense(s)
auf·zählen   to list,
 enumerate
auf·zehren   to devour
das **Auge, -n**   eye
 äugen   to eye
der **Augenblick, -e**   moment
das **Augenlicht**   *poet.:* sight
der **Augenzeuge, -n**   eyewitness
die **Augsburgerin, -nen**
 Augsburg woman
aus·brechen*   to break out
die **Ausdrucksweise, -n**
 method of expression
auseinander·nehmen*   to
 take apart
außer (*dat. prep.*)   besides
außerdem   besides, in
 addition
äußerlich   outward(ly)
äußern   to express, say
ausersehen   selected
außerstande   unable,
 incapable
zum Äußersten
 greifen*   to take most ex-
 treme measures
die **Äußerung, -en**   remark
der **Ausflugsort, -e**   place for
 an outing
aus·führen   to carry out,
 commit
ausführlich   detailed
der **Ausgang Königstraße**   the
 Königstraße exit
aus·geben*   to spend
 (money)
ausgedehnt   extended

ausgeglichen   even
 (-tempered)
ausgelastet   loaded up; utilized
ausgemalt   painted
ausgemergelt   emaciated
ausgerechnet   exactly
ausgesprochen   avowed,
 really, decidedly
ausgestattet   equipped
blind ausgewählt   blindly
 chosen
ausgezeichnet   very well
 indeed
aus·halten*   to stand
 (something), put up with
aus·handeln   to transact;
 conclude a business deal
aus·kosten   to taste to the
 full
die **Auslage, -n**   display
der **Ausländer, −**   foreigner
aus·lösen   to elicit, inspire,
 result in
aus·machen   to arrange,
 agree; turn off
die **Ausnahme, -n**   exception
aus·packen   to unpack,
 unwrap
aus·rechnen   to figure out,
 calculate
aus·reden   to talk out of
aus·reichen   to suffice, be
 enough
ausreichend   sufficient
aus·renken   to dislocate,
 crane (one's neck)
aus·richten   to achieve; to
 deliver (einem etwas ausrichten   to deliver a message to someone)
das **Ausrufezeichen, −** (*or* **Aus-
 rufungszeichen**)
 exclamation point

sich **aus·ruhen** to rest
sich **aus·rüsten** to equip oneself
die **Aussage, -n** testimony
aus·sagen to testify
aus·sehen* to look, appear
aus·spannen to unhitch
(horses)
sich **aus·spannen** to relax
aus·spielen to play a card
aus·sprechen* to
pronounce
aus·stoßen* to thrust out,
knock out; emit, utter (a
cry or scream)
aus·strecken to stretch out
aus·suchen to choose,
select
aus·wandern (s) to emigrate, leave the country
ausweichend evasive
auswendig by heart
die **Auszeichnung, -en** honor,
distinction
etwas auszusetzen haben
to have a quarrel with, find
fault with
die **Autorität, -en** authority
Avignon *city in southern*
France

die **Backe, -n** cheek
der **Bademantel, ¨** bathrobe
baden to bathe, take a bath
badisch referring to Baden,
Germany
der **Bahnsteig, -e** platform
die **Bahnverbindung, -e** train
connection
bald darauf shortly
thereafter
der **Band, ¨e** volume (of a
book)

bangen um (+*acc.*) to
worry about
die **Bank, ¨e** bench
der **Bankert, -e** bastard
barfuß barefoot
die **Barsängerin, -nen** café
singer, nightclub singer
der **Bart, ¨e** beard
die **Barthaare** (*pl.*) whiskers
bärtig bearded
das **Bassin, -s** basin, pond
bauen to build
die **Bauernhof, ¨e** farm
die **Bauersleute** farmers
der **Bauingenieur, -e** civil
engineer
der **Baumstumpf, ¨e** tree
stump
Bayern Bavaria
beachten to pay attention
to
beantworten to answer (a
question)
bebend quaking, trembling
bedächtig slow(ly),
deliberate(ly)
sich **bedanken** to express one's
thanks, say thanks
bedauern to pity
bedecken to cover
bedenken* to think about,
consider
bedeuten to mean
bedienen to serve; operate
(a machine)
die **Bedienung, -en** waiter or
waitress; service
bedrängen to crowd,
press, harass
beenden to finish
die **Beerdigung, -en** funeral
das **Beerdigungsinstitut, -e**
funeral home

das **Beereneinkochen** putting
up preserves
befehlen* to order,
command
sich **befinden*** to be, find
oneself
befragen to ask, question,
interrogate
befremden to appear
strange to, astonish,
surprise
die **Befriedigung, -en** satisfaction, gratification
sich **begegnen** to meet each
other
die **Begeisterung** enthusiasm
der **Beginn** beginning
zu Beginn at the beginning
beginnen* to begin
begleiten to accompany
sich **begnügen mit** to content
oneself with, be satisfied
with
das **Begräbnis, -se** funeral
der **Begriff, -e** concept
**im Begriff sein*, etwas zu
tun** (to be) just about to
do something
die **Begründung, -en** reason
begrüßen to greet
die **Begrüßung, -en** greeting
begütigend soothing(ly);
conciliatory
behalten* to keep, retain
beharren to persist
beharrlich persistent(ly),
repeated(ly)
behaupten to maintain,
assert
die **Behörden** (*pl.*) the
authorities
bei by, with, near, at someone's house

beide both
beiläufig casually, in
passing
das **Bein, -e** leg; bone (die
Beine übereinander •
schlagen* to cross one's
legs)
beinahe almost
das **Beisammensein** time
together
bei•stehen* (+*dat.*) to
stand by, support
bei•wohnen (+*dat.*) to
attend, be present at
beizeiten in time
der **Bekannte** (*adj. noun*)
acquaintance
Beklemmung empfinden* to
feel depressed, be affected
bekommen* to get, receive
bekümmert troubled
beladen* to load
belanglos inconsequential,
pointless
belastet loaded with, burdened with
das **belegte Brot, -e** (openfaced) sandwich
beliebig any old, any(one)
at all
bellen to bark
sich **bemächtigen** (+*gen.*) to
seize
sich **bemühen** to try, attempt
sich **benehmen*** to behave
beneiden to envy
benutzen to use
beobachten to observe
die **Beratung, -en** counseling
berechnen to charge
(einem etwas berechnen
to charge someone for
something)

bereden to discuss
bereits already
der **Bericht, -e** report
berichten über (+*acc.*)
to report about
der **Beruf, -e** profession
beruflich professional
berufsmäßig professional
berühmt famous
berühren to touch
beschaffen [sind wir nicht]
we are not made for (that)
der **Bescheid** news, information; reply
bescheiden modest
beschlagnahmen to commandeer, take full possession of
beschließen* to decide
beschwerlich difficult, cumbersome
besetzt occupied, taken
besingen* to sing about (someone or something)
sich **besinnen* auf** (+*acc.*) to recall, recollect
besitzen* to have, possess
besonder- special
etwas Besonderes
something special
besonders especially
besorgen to take care of, look after (*only with things*)
die **Besserung, -en**
improvement
bestätigen to confirm, prove
bestaunen to register with astonishment
bestechen* bribe
das **Besteck, -e** silver (*i.e.*, silverware)

bestehen* to pass (a test)
bestehen aus* to consist of
bestehen in* (+*dat.*) to consist in
bestellen to order (something)
bestimmt definite, definitely
bestimmt für meant for, intended for
etwas Bestimmtes something definite
die **Bestimmtheit** certainty
bestohlen werden* to be robbed
bestürzt crestfallen, dismayed
der **Besuch, -e** visit (einen Besuch aus•führen to make a call)
betäubt stunned
der **Beteiligte** (*adj. noun*)
person taking part (in something), participant
der **Betende** (*adj. noun*)
supplicant
betonen to stress
die **Betonung** stress, emphasis
betrachten to observe, look at, consider; examine
der **Betrag, ̈-e** amount
sich **betragen*** to behave, conduct oneself
betreten* to enter, step into; walk into
betreten (*adj.*) crestfallen
betreuen to take care of, look after (*with people and things*)
der **Betrunkene** (*adj. noun*)
drunk
das **Bett, -en** bed

sich **beugen über** (+*acc.*) to
bend over
beunruhigt disturbed,
worried
bevor before
bewährt proven, timetested
sich **bewegen** to move
die **Bewegung, -en** movement
beweisen* to prove
bewundern to admire
das **Bewußtsein** consciousness
bezahlen to pay
die **Bezichtigung, -en**
incrimination
in bezug auf in regard to,
when it comes to
biegen* (s) to turn (into a
street); bend
das **Bier, -e** beer
bieten* to offer
das **Bild, -er** picture
billig cheap
binden* to bind, tie
der **Biologe, -n, -n** biologist
bis until
bisher previously, up to
now
bissig biting
die **Bitte, -n** request
blank shiny
blaß pale
blasiert dull; blasé
das **Blatt, ⁻er** sheet (of paper)
blättern to turn pages, leaf
(through)
blättern in leaf through,
flip through, riffle
blau blue
das **Blech** tin
die **Blechmusik** brass (band)
music
bleiben* (s) to stay, remain
der **Bleistift, -e** pencil

der **Blick, -e** glance, gaze
blicken to look, glance
blind blind(ly)
der **Block, ⁻e** pad (of paper)
die **Blockflöte, -n** recorder
das **Blockflötenspiel** playing
the recorder
der **Blockflötenunterricht**
recorder lessons
blondiert dyed blond
bloß mere(ly), bare
der **Blumenstrauß, ⁻e** bouquet
die **Blumenvase, -n** flower
vase
das **Blut** blood
der **Boden, ⁻** floor
die **Bombe, -n** bomb
böse angry, mad (einem
böse sein to be mad at
someone)
die **Botschaft, -en** message
brabbeln to babble
brach·liegen* to lie fallow
brauchen to need; use
brechen* to break
die **Bregg** break (a high-
wheeled carriage)
breit wide, broad
brennen* to burn
der **Brief, -e** letter
der **Briefkasten, —** mailbox
das **Briefeschreiben** writing
letters
der **Briefwechsel, —** correspondence (einen Brief-
wechsel führen to carry
on a correspondence)
bringen* to bring, take
das **Brot, -e** bread
die **Brotkrümel** bread crumbs
der **Brotteller, —** bread plate
die **Brücke, -n** bridge
brüllen to howl

brummen to growl, grumble
das **Buch, ¨er** book
der **Buchdrucker, —** printer
das **Bücherregal, -e** bookcase
der **Bücherschrank, ¨e** bookcase
der **Buchkauf, ¨e** purchase of a book
der **Buchladen, ¨** bookstore
sich **bücken** to bend over, stoop
das **Buffet, -s** buffet, counter
das **Bündel, —** bundle
bürgerlich bourgeois
das **Bürofräulein, —** woman clerk
der **Bursche, -n, -n** guy, fellow
die **Butter** butter
das **Butterbrot, -e** bread and butter; sandwich

der **Choleriker, —** choleric; *fig.:* a violent person
der **Cognac** cognac

da there
dabei sein* to be doing something
der **Dachfirst, -e** ridgepole
die **Dachrinne, -n** gutter (of a roof)
dafür for it; on the other hand
dagegen against it
da·liegen* to lie there
damals formerly, previously, back then
der **Damasteinband, ¨e** damask binding
damit with that; so that
der **Dampf, ¨e** steam
dampfend steaming

der **Dampfer, —** steamship
dann then
daran by that, from that; of it
daraufhin after that, thereupon
darin in it
die **Darstellung** account; rendering (eine historisch einwandfreie Darstellung an historically impeccable account)
darüber above it, over it
darum for that reason
daß (*conj.*) that
das **Dasein** existence
die **Dauer** length, duration (auf die Dauer in the long run)
dauern to last
dazu·kommen* to come to
das **Deckbett, -en** quilt
die **Decke, -n** ceiling; blanket; tablecloth
der **Deckel, —** cover
denken* (**an**+*acc.*) to think (of) (**Ich denke nicht daran**...I wouldn't think of...)
denkwürdig notable, memorable
denn (*conj.*) because, for, since
derb severe; blunt; crude
derselbe the same
desgleichen the same
deuten auf (+*acc.*) to point to, indicate
Deutschland Germany
dick fat, thick
der **Dieb, -e** thief
die **Diebin, -nen** thief (female)
der **Diebstahl, ¨e** theft, robbery

die **Diele, -n** hall
der **Dienst, -e** service
der **Dienstag, -e** Tuesday
der **Dienstagmorgen,** — Tuesday morning
das **Dienstmädchen,** — maid
dies- this
diesmal this time
das **Ding, -e** thing
dirigieren to conduct, direct
doch nonetheless
der **Donnerstag, -e** Thursday
das **Dorf, ⸚er** village
dort there
das **Döschen,** — little box
dösen to doze
der **Drang, ⸚e** urge, impulse
drängen to press
draußen outside
dreckig filthy, dirty
drehen to turn
drein·schauen to look (into something or some place)
drin in it
dringen* to penetrate
dringend urgent
dröhnen to boom, resound
drüber weg sein* to have that all behind one
der **Druck** pressure
drucken to print
sich **drücken** to make oneself scarce
drunten down below, downstairs
dumm stupid
dunkel dark
das **Dunkel** darkness
dünn thin
dunsten to sweat; steam

durch through, by means of
durchaus thoroughly, completely
durch·blicken to see through (*i.e.*, understand)
durch·gehen* (s) to go through, pass
durchschreiten* to walk (through)
durch·setzen to push through
die **Durchsuchung, -en** search
dürfen* may, to be permitted to
das **Dutzend, -e** dozen

eben flat, level; just
ebenfalls likewise
echoen to echo
echt genuine
die **Ecke, -n** corner
die **Ehe, -n** marriage
ehelichen to marry
ehemalig former
der **Ehemann, ⸚er** married man
das **Ei, -er** egg
eichen oaken
das **Eidechsenauge, -n** lizard's eye
der **Eierkuchen,** — pancake
die **Eierspeise,-n** type of scrambled eggs
eifrig busy; zealous
eigen own
das **Eigenheim, -e** one's own house
eigentlich actual(ly)
das **Eigentum, ⸚er** possession
sich **eignen für** to be suited for, suited to
die **Eignungsprüfung, -en** aptitude test

eilig quickly, hurriedly
ein·biegen* (s) to turn into
(*e.g.*, a street)
sich **ein·bilden [etwas]** to
imagine (something)
die **Einbildung, -en** figment,
fantasy
ein·bringen* to bring in,
earn
ein·büßen to lose
der **Eindruck, ⁓e** impression
einer, ein(e)s, eine
(*pron.*) one
einfach simple; simply
ein·fallen* (s) to remember, occur to (es fällt
mir ein it occurs to me)
ein·färben to dye
der **Eingang, ⁓e** entrance
ein·gehen* (s) **auf** (+*acc.*)
to enter into, agree to
eingekleidet dressed
ein·gestehen* to admit,
confess
eingewickelt wrapped up
sich **ein·gewöhnen** to get used
to things
ein·gießen* to pour, pour
in
ein·haken to take (someone's) arm
ein·heiraten to marry into
einig- some
ein·laden* to invite
der **Einlaß, ⁓sse** admittance
sich **ein·lassen* auf** (+*acc.*) to
get involved in
einmal once
ein·nehmen* gegen (+*acc.*)
to prejudice against
ein·packen to pack, wrap
up
ein·richten to set up

der **Einrichtungsfanatiker, −**
interior decorating "nut"
einsam alone, lonely
ein·schlafen* (s) to fall
asleep
einsilbig in monosyllables,
monosyllabically
ein·stecken* to put in; take
along; post (a letter)
der **Eintrag, ⁓e** entry (*e.g.*,
notation)
ein·treten* (s) to enter
der **Eintritt, -e** admittance,
entry
einzeln single
einzig single; solely
Eis am Stiel ice cream on a
stick
die **Eisenbahn, -en** railroad,
train
elegant elegant
elend miserable
die **Eltern** parents
der **Empfang ⁓e** reception
empfangen* to receive
empfehlen* to recommend
das **Empfinden** sensation,
feeling
empfinden* to feel
empfindlich noticeably,
uncomfortably
empört indignant
empor·wenden* to turn
upward
das **Ende, -n** end
endigen to end, conclude
die **Energie** energy
eng narrow, close, small
englisch English
das **Enkelkind, -er** grandchild
enteilen (s) to hurry off
sich **entfernen** to move away,
withdraw

entfernt von away from
entgegen•starren to stare
at
das Entgelt recompense,
payment
sich enthalten* to resist
entlang along
entlassen* to fire, dismiss
entnehmen* to take it,
deduce
entreißen* to take or tear
something (from a per-
son), snatch away
sich entscheiden* to decide,
make up one's mind
entschieden decided
sich entschließen* to decide
entschlossen determined,
with decision
der Entschluß, -̈sse decision
entschuldigen to excuse
sich entschuldigen to excuse
onself, take one's leave
die Entschuldigung, -en
excuse
„Entschuldigung."
"Excuse me."
das Entsetzen horror
entsetzt horrified, aghast
enttäuschen to disappoint
entwaffnend disarming
entzücken to charm, de-
light, enchant
erbarmenswürdig pitiable
der Erbe, -n, -n heir
erbleichen to turn pale
erblicken to see, catch
sight of
das Erdenleben "earthly life"
das Erdgeschoß, -sse ground
floor, first floor
sich ereifern (über + acc.) to
get excited or riled up

about (something)
erfahren* (über + acc.) to
learn (about), find out
(about); experience
die Erfahrung, -en experience
die Erfindung, -en invention
erfrischen to refresh
ergeben* to yield, produce
ergebenst very sincerely
das Ergebnis, -se result
sich ergehen* to stroll, take a
walk
ergreifen* to seize, grab
ergriffen seized; moved
(emotionally)
erhalten* to gain, acquire,
receive, get
erhältlich available
sich erheben* to get up
erhebend uplifting
erheblich considerable
erheitern to amuse, cheer
up
erhellen to illuminate
sich erholen to recover
sich erinnern (an + acc.) to
remember
die Erinnerung, -en memory
sich erkälten to catch cold
erkennen* (an + dat.) to
recognize (by)
erklären to explain
erklingen* to sound,
resound
erkranken to get sick
sich erkundigen nach (+ dat.)
to inquire about
erlauben to permit
die Erlaubnis permission
erleben to experience
erlöschen (s) to die out,
fade
erlösen to release, set free

ermüden   to tire
ernähren   to feed
ernstlich   seriously
die **Ernte, -n**   harvest
ernten   to harvest
eröffnen   to open
erpressen   to extort
erproben   to test
erregen   to arouse
die **Erregung, -en**   excitement,
    great emotion
erscheinen*   to appear
die **Erscheinung, -en**
    appearance
erschlagen*   to kill, slay;
    level (*slang*)
erschöpfen   to exhaust
erschreckt   startled
erschrocken   horrified
ersparen   to spare
erst   first, only
erstarren   to grow rigid,
    stiffen
erstaunt   surprised,
    astonished
erstens   first, first of all
erteilen   to give (*e.g.*,
    lessons)
ertragen*   to bear, stand,
    endure
erträglich   bearable
erwacht   awake
erwähnen   to mention
erwarten   to expect, await
die **Erwartung, -en**
    expectation, anticipation
sich **erwehren** (+*gen.*)   to re-
    sist, stave off
erweisen*   to show to; do
    (*e.g.*, a service)
erwerben*   to earn, garner
erwidern   to return; to
    reply

erwischen   to catch
erzählen   to tell, relate,
    narrate
erziehen*   to educate, raise
der **Erzieher,** —   teacher,
    educator
die **Erziehung, -en**   education
das **Erztor, -e**   bronze door
eßbar   edible
Eßbares (*adj. noun*)   things
    to eat
essen*   to eat (*of people*)
das **Essen,** —   meal, food
etlich-   several
das **Etui, -s**   case
etwa   approximately, about;
    perhaps
etwas   something
die **Existenz, -en**   existence;
    character (*figurative*)

die **Fabrik, -en**   factory
das **Fach, ¨er**   shelf,
    compartment
fahren* (s)   to drive; travel
der **Fahrzeug, -e**   cart or
    carriage
der **Fall, ¨e**   case, incident
fallen* (s)   to fall (einem
    leicht fallen*   to be easy
    for someone)
fallen lassen*   to drop; let
    drop
der **Fallensteller,** —   setter of
    traps
die **Falte, -n**   wrinkle, fold
die **Familie, -n**   family
das **Familienleben**   family life
Fangball spielen mit   to toy
    with (*lit.*: to play catch
    with)
die **Farbe, -n**   color, dye
der **Färber,** —   dyer

fassen to grasp
fast almost
faul lazy
die Faust, ⁻e fist
federleicht light as a
  feather
fehl am Platze sein* to be
  out of place
fehlen to be lacking or
  missing
der Fehler, — error, mistake
die Feier, -n celebration
der Feierabend quitting time
nach Feierabend after
  work, after hours
feiern to celebrate
fein fine
feingekleidet well-dressed
feixen to snort, suppress a
  laugh
das Feld, -er field
der Feldherr, -n, -en
  commander, general
das Fenster, — window
die Ferien (pl.) vacation
fest firm
festigen to secure, make
  firm
festlich festive
fest·stehen* to be a fact,
  be certain
fest·stellen to ascertain
der Festtag, -e festival day
fettig fatty
das Fieber, — fever
der Film, -e movie
finden* to find
der Finger, — finger
die Fingerspitze, -n fingertip
fischig fishy
flach shallow
die Flasche, -n bottle
das Fläschchen, — little bottle

der Fleck, -e spot
der Fleischberg mountain of
  flesh
fleischig fleshy, fat
der Flickschuster, — shoe repairman, shoemaker
fliegen* (s) to fly
fliehen* (s) to flee
die Fliese, -n tile
der Floh, ⁻e flea
die Flucht, -en escape
flüchtig cursory, fast,
  fleeting
der Fluchtversuch -e attempt
  to flee
flüstern to whisper
die Folge, -n consequence
die Forderung, -en demand
das Fort, -s small fort
fort·fahren* (s) to
  continue
fort·schicken to send away
der Frachter, — freighter
der Fragebogen, —
  questionnaire
fragen (nach+dat.) to ask
  (about)
die Fragerei questioning
  (neg.), nagging
Frankreich France
französisch French
auf französisch in French
die Frau, -en woman; Mrs.
frei free
die Freiheit, -en freedom
freilich to be sure, indeed
der Freitag, -e Friday
fremd foreign, strange,
  unknown
die Fremdenlegion Foreign
  Legion
fressen* to eat (of ani-
  mals); (vulgar: of people)

die **Freude, -n** joy
freudig cheerful(ly),
joyful(ly)
sich **freuen auf** (+*acc.*) to look
forward to
sich **freuen über** (+*acc.*) to be
happy about
freundlich friendly
der **Friede, -ns, -n** peace
das **Friedhofscafé** cemetery
café
frisch fresh
frischgebacken freshly
baked, brand new
die **Frist, -en** period of time
froh pleased, happy
fröhlich merry, joyous
die **Fröhlichkeit** merriment
die **Frucht, ⁼e** fruit
früh early
der **Frühjahrsmantel, ⁼** spring
coat
das **Frühstück, -e** breakfast
frühstücken to have
breakfast
fühlen to feel
führen to lead
das **Fuhrwerk, -e** cart
in Fülle in abundance
füllen to fill
fünf five
funktionieren to function,
work
für for
die **Furcht** fear
furchtbar terrible,
frightful(ly)
fürchten to be afraid of
sich **fürchten** (**vor**+*dat.*) to be
afraid (of)
der **Fuß, ⁼e** foot
der **Fußboden, ⁼** floor
die **Fußspitze, -n** tiptoe

der **Fußweg, -e** path

gähnen to yawn
der **Gang, ⁼e** hall, corridor;
gait (*how one walks*)
die **Gänsehaut** gooseflesh
ganz complete(ly); very
die **Garderobe, -n** dress,
wardrobe; cloakroom,
closet; coatrack
die **Gartenpforte, -n** garden
gate
das **Gartentor, -e** garden gate
das **Gäßchen, −** little street
die **Gasse, -n** street
der **Gast, ⁼e** guest
der **Gasthof, ⁼e** inn
der **Gastwirt, -e** innkeeper
die **Gastwirtschaft, -en** inn,
restaurant
das **Gastzimmer, −** guest
room
die **Gattin, -nen** wife
das **Gebäude, −** building
das **Gebell** barking
geboren born; borne
der **Gebrauch, ⁼e** custom; use
gebrauchen to need; use
gebührend duly, properly
gebündelt bundled, stacked
der **Geburtsort, -e** place of
birth; birthplace
der **Geburtstag, -e** birthday
die **Geburtstagstorte, -n**
birthday cake
der **Gedanke, -ns, -n** thought
sich **Gedanken machen** (**über**
+*acc.*) to think or worry
(about)
die **Gedankenfreiheit** freedom
of thought
gedeckt set

gedeihen* (s)   to thrive, get
   on well
gedenken*   to have in
   mind, intend
die Gefahr, -en   danger
gefährlich   dangerous
gefallen* [einem]   to please
   (someone)
das Gefäß, -e   container
das Gefüge, –   texture, makeup
gefühlvoll   emotional
gefürchtet   feared
gegen   against; along
   toward
gegenseitig   mutual(ly), to
   each other
das Gegenteil, -e   the opposite
gegenüber   across from,
   vis-à-vis
das Gehalt, ⁻er   salary
gehen* (s)   to go
gehen* um (+acc.)   to be a
   matter of
der Gehilfe, -n   apprentice
das Gehölz, -e   wood, copse
gehorchen (+dat.)   to obey
gehören (+dat.)   to belong
geizig   stingy
gekachelt   tiled
das Geknurre   growling
gekränkt   insulted
gekrempelt   rolled up
gelähmt   paralyzed
das Gelände, –   region;
   countryside
gelangen (s)   to reach,
   arrive at
gelassen   calm, composed
gelb   yellow
gelbhäutig   yellow-skinned
das Geld, -er   money; coin
geldlich   monetary

der Geldschein, -e   bill,
   banknote
die Gelehrsamkeit   learnedness, erudition
gelten*   to be considered
gelüftet   aired
gelungen   successful
gemäß   in keeping with
genau   exact; closely
genehmigen   to approve,
   sanction
der Generaldirektor, -en   chief
   executive officer, head of a
   company
das Genick, -e   neck
genug (+gen.)   enough (of)
genügen   to suffice
genügend   sufficiently
das Gepäck   bags
die Gepflogenheit, -en   habit
das Geplärr   bawling,
   blubbering
gerade   exactly, just
geradezu   downright
geraten*   to get into (a situation or a mood)
das Geräusch, -e   sound, noise
die Gerberei, -en   tannery
das Gerede   talk, rumor, gossip
ins Gerede kommen*   to be
   talked or gossiped about
das Gericht, -e   court (of law)
gerichtet an   addressed to
der Gerichtsdiener, –   bailiff
der Gerichtshof, ⁻e   court (of
   justice)
das Gerücht, -e   rumor
das Geschäft, -e   store, business; business transaction
geschäftig   busily
der Geschäftsmann, die
   Geschäftsleute
   businessman

die **Geschäftsreise, -n** business trip
geschehen* (s) to happen
der **Geschenkvorschlag, ⁻e** gift suggestion
die **Geschichte, -n** story; history
geschmackvoll tasteful
das **Geschwätz** idle chatter
die **Geschwindigkeit, -en** speed, velocity
die **Geschwister** (*pl.*) brother(s) and sister(s)
Gesellschaft leisten [einem] to keep (someone) company
das **Gesetz, -e** law
gesetzlich legal
das **Gesicht, -er** face
das **Gesinde, —** help, servants, hired hands
das **Gespräch, -e** conversation
ins Gespräch kommen* to get into a conversation
die **Gestalt, -en** form, figure
das **Geständnis, -se** confession
gestatten [sich] to permit (oneself)
gestehen* to admit, confess
das **Gestell, -e** rack, stand, holder (for rubber stamps)
gestern yesterday
gestört disturbed
gesund healthy
gesunden to get well
die **Gesundheit** health
getönt toned, colored
das **Getränk, -e** drink
getreu faithful
das **Getümmel, —** turmoil
gewähren to grant, permit
gewähren lassen* to in-

dulge something
gewellt waved
gewinnen* to win
gewiß certain(ly), surely
das **Gewissen** conscience
gewissenhaft conscientious
sich **gewöhnen an** (*+acc.*) to get used to
gewöhnlich usual(ly); common(ly)
gewohnt used (to), accustomed (to)
gewünscht desired
giftig poisonous
girren to coo
Gis G-sharp
der **Glanz** gleam, radiance
glänzen to glisten, shine
das **Glas, ⁻er** glass
glasig glassy
die **Glasscheibe, -n** pane of glass
der **Glasziegel, —** glass brick
der **Glaube, -ns, -n** belief, faith
gleich immediately, right away
gleichgültig indifferent, of no importance
die **Gleichheit** sameness, identity
gleichmäßig even
die **Gleichung, -en** equation
gleichwohl anyway, nevertheless
gleichzeitig at the same time
das **Glockenläuten** ringing of bells
glücklich happy; fortunate
der **Glücksumstand, ⁻e** fortunate circumstance
glühen to glow

golden golden
der **Goldfisch, -e** goldfish
der **Goldfischteich, -e** goldfish
  pond
der **Goldschnitt, -e** gilt edge
  Gott gefällig pleasing to
  God
  Gott sei Dank! Thank
  God!
der **Gottesacker,** ⁻ cemetery
das **Grab,** ⁻**er** grave
der **Grad, -e** degree
das **Gramm, -e** gram
das **Gratisbier, -e** free glass of
  beer
  grau gray
  greifen* (nach+*dat.*) to
  reach (for), grasp (for)
die **Greisin, -nen** old woman
  grenzenlos boundless
das **Grinsen** grinning
  grob coarse, crude
die **Grobheit, -en** coarseness,
  rudeness
  groß schreiben* to
  capitalize
  großartig great, wonderful
die **Größe, -n** size
der **Größenunterschied, -e**
  difference in size
die **Großmutter,** ⁻
  grandmother
die **Großstadt,** ⁻**e** large city
der **Großvater,** ⁻ grandfather
  groß·ziehen* to raise,
  bring up
  großzügig generous,
  magnanimous
die **Grube, -n** pit
das **Grün** green
der **Grund,** ⁻**e** ground; basis,
  reason, cause (im Grunde
  at base, essentially)

der **Grundgedanke, -ns, -n**
  basic idea
der **Grundsatz,** ⁻**e** principle
das **Grundstück, -e** property,
  piece of land
der **Gruß,** ⁻**e** greeting
  grüßen to greet
  gucken to look, peer
der **Gurt, -e** belt
der **Gürtel, –** belt
  gut good; well
  gut gekleidet well-dressed
die **Güte** goodness, kindness
  gutmütig good-natured

das **Haar, -e** hair
  hacken to cut, chop
die **Hafenstadt,** ⁻**e** port city
  hager thin, slender,
  haggard
der **Haken, –** hook
  halb half
der **Halbwüchsige** (*or* der
  Halbstarke) (*adj. nouns*)
  teenager
die **Hälfte, -n** half
die **Halluzination, -en**
  hallucination
der **Hals,** ⁻**e** neck
das **Hälschen, –** (little) neck
die **Halsseite, -n** side of the
  neck
  halt so just that way
  halt so wie just like, just as
  halten* to hold; keep
  halten* für (+*acc.*) to
  consider to be
  halten* von (+*dat.*) to
  think of (*opinion or
  preference*)
die **Haltung, -en** attitude
  hämisch sneering, sardonic
die **Hand,** ⁻**e** hand

die **Handbewegung, -en** motion of the hand, gesture

handeln to act, do something

sich **handeln um** to concern, be a matter of

handeln von to deal with

handfest sturdy

der **Händler, –** dealer, person who sells something

die **Handlung, -en** act, action

handlungsschwanger pregnant with action

handlungsstark action-filled

die **Handtasche, -n** purse, handbag

der **Handwerksbursche, -n, -n** workman

hantieren to work, putter around; be busy with, occupy onself with

hart hard, demanding, difficult

hartnäckig stubborn(ly)

hassen to hate

hastig hasty, hurried(ly)

der **Haufen, –** pile

häufig frequent(ly)

die **Hauptsache, -n** the main thing

die **Hauptstraße, -n** the main street

das **Haus, ⁻er** house

die **Hausarbeit, -en** homework; housework

der **Haushalt, -e** household

die **Haushälterin, -nen** housekeeper

der **Haushaltstag, -e** day for doing housework

der **Hausierer, –** peddler

der **Häusler, –** cottager

die **Häuslerhütte, -n** cottager's hut

häuslich domestic

die **Haut, ⁻e** skin, complexion

heben* to lift, raise

das **Heft, -e** notebook

heftig violent(ly)

heilen to heal, cure

das **Heim, -e** home

die **Heimat, -en** home, native country

der **Heimatlose** (*adj. noun*) homeless person

heim·finden* to find one's way home

die **Heimkehr** homecoming, return (home)

heim·kommen* (s) to come home, arrive home

heimlich secretly

die **Heimlichkeit, -en** secrecy

der **Heimweg, -e** way home

das **Heimweh** homesickness, nostalgia

heiraten to marry, to get married

heiß hot

heißen* to be called; be said, mean

hell light, bright

hellgrau light gray

hellgrün light green

das **Hemd, -en** shirt

der **Hemdärmel, –** shirt sleeve

heran·wachsen* (s) to grow up

die **Herausforderung, -en** challenge, provocation

heraus·klettern (s) to scramble out, climb out

heraus·lesen* aus to read into
heraus·nehmen* to take out, remove
heraus·rechnen to figure out, calculate
heraus·rutschen (s) to slip out of
heraus·stecken to stick out
sich **heraus·stellen als** to turn out to be
heraus·ziehen* to pull out
herbei·rufen* to call for
der **Herbst, -e** fall
herein·treten* (s) to walk in
her·geben* to give; yield
her·kommen* (s) to come from
der **Herr, -n, -en** gentleman; Mr.
herrlich great, terrific
die **Herrlichkeit, -en** splendor
herrschen to rule, prevail
herüber·schauen to look over (in this direction)
herum·blättern to skim, thumb through (a book)
herum·kommen* (s) to get around
herum·sitzen* to sit around
herum·stochern to poke around
herum·tollen (s) to scamper about
sich **herum·treiben*** to knock around, gallivant
herunter·fallen* (s) to fall down
herunter·kommen* (s) to come down; to fall

herunter·krempeln to roll down
herunter·machen to roll down, let down
hervor·kommen* (s) to come forth
hervor·quetschen to force out, squeeze out
hervor·ziehen* to pull out
das **Herz, -ens, -en** heart
herzlichst best regards
heulen to howl
heute today
hier here
hiermit enclosed (in a letter)
hierzulande in these parts, in this country
die **Hilfe, -n** help (einem zu Hilfe kommen* to come to one's aid)
hilflos helpless
der **Himbeerstrauch, ⁻er** raspberry bush
hin und wieder now and again
hinab·schicken to send down
hinab·steigen* (s) to descend
hinaus·werfen* to throw out
das **Hindernis, -se** obstacle
hin·deuten auf (+*acc.*) to refer to, allude to
hinein·greifen* to reach in
hinein·klemmen to jam in
hinein·schauen to look in
hingebungsvoll devoted
hingegen on the other hand
hin·gehen* (s) to go there
hin·legen to set down, put down
hin·nehmen* to accept

hin·schieben* to push over
to
sich hin·setzen to sit down
hinter behind
hintereinander one after
the other
der Hinterhalt, -e ambush
hinterlassen* [einem etwas]
to leave, leave behind;
bequeath (something to
someone)
der Hintern backside (*slang*)
die Hintertür, -en back door
hinunter·gehen* to go
down; fall
sich hinunter·neigen to bend
down
hin·weisen* auf (+*acc.*)
to point out (something)
hin·ziehen* to attract,
draw toward
hinzu·treten* (s) to step
over to (something or
someone)
die Hinzuziehung calling in
(for consultation)
die Hitze heat
hoch (höher, höchst-) high
hoch·heben* to lift up;
raise
hochrädrig high-wheeled
hochrot very red
hoch·sehen* to look up
hoch·springen* (s) to
jump up
die Hochzeit, -en marriage
(ceremony), wedding
der Hochzeitsschmaus, ¨e
wedding banquet
der Hocker, — stool
der Hof, ¨e courtyard
hoffen auf (+*acc.*) to hope
for

hoffentlich hopefully
die Hoffnung, -en hope
hoffnungsvoll promising,
hopeful
die Höhe, -n height
holen to get, fetch, pick up
das Holz, ¨er wood
der Holzball, ¨e wooden ball
der Holzstuhl, ¨e wooden chair
der Holzzuber, — wooden tub
das Honorar, -e fee,
honorarium
horchen to hear, listen,
hearken
hören to hear
der Hörer, — receiver
(telephone)
die Hose, -n pants
der Hosenboden, ¨ seat of the
pants
die Hosentasche, -n pants
pocket
hüllen to wrap
der Humor humor
hundsföttisch low-down,
lousy
der Hunger hunger
der Hungerleider, — wretch
husten to cough
die Hut custody, keeping
der Hut, ¨e hat (den Hut
ziehen* to take off one's
hat)
die Hütte, -n cottage, hut
die Hypothek, -en
(aufnehmen*) (to take
out) a mortgage

die Idylle, -n idyl, idyllic
scene
immer always
immerhin anyway,

nonetheless; after all
immerzu   still
der **Imperativ, -e**   imperative
imstande sein*   to be
   capable
indem   as, while; by doing
   something
der **Indikativ, -e**   indicative
ineinander·stecken   to fit
   into one another
der **Inhalt**   the contents
inne·halten*   to pause, stop
das **Innere** (*adj. noun*)   inside,
   interior
innerhalb (*gen. prep.*)
   inside of, within
innerlich   inward(ly)
der **Insasse, -n, -n**   inmate
insgesamt   in all
die **Intelligenz**   intelligence
interessieren   to interest
sich **interessieren für** (+*acc.*)
   to be interested in
interessiert   interested; in
   an interested way
intim   intimate
inzwischen   meanwhile, in
   the meantime
irgendein-   someone (or
   something) or other
irgendwelch-   some...or
   other
ingendwie   somehow
irgendwo   somewhere
ironisch   ironic
sich **irren**   to be mistaken,
   wrong
sich **irren**   to make a mistake
der **Irrtum, ⁻er**   mistake
irrtümlich   mistakenly

jagen   to chase, hound
das **Jahr, -e**   year

der **Jahrgang (1912)**   born in
   (1912)
das **Jahrzehnt, -e**   decade
jammern (über+*acc.*)   to
   wail, whine, complain
   (about)
je   ever
jed-   each, every
jedenfalls   in any case, at
   any rate
jedesmal   every time
jedoch   however,
   nevertheless
jemand   somebody
jener, jenes, jene   that
jetzt   now
die **Jugend**   youth
der **Juli**   July
**jung (jünger,
   jüngst-)**   young

der **Kaffee**   coffee
die **Kaffeegesellschaft, -en**   a
   coffee (party)
die **Kaffeemühle, -n**   coffee
   grinder
die **Kaffeestube, -n**   café, coffee shop
kahl   bare; bald
die **Kaiserallee**   a street name
kaiserlich   imperial
das **Kalb, ⁻er**   calf
kalt   cold
die **Kälte**   cold, coldness
die **Kammer, -n**   small room
kämpfen (gegen+*acc.*)   to
   fight (against)
die **Kantine, -n**   canteen,
   commissary
die **Kapitalanlage, -n**   capital
   investment
das **Kapitel, —**   chapter

kaputt broken
die **Karaffe, -n** carafe
kärglich scant
der **Karren, –** cart
die **Karte, -n** postcard; map;
ticket
das **Kartenspiel, -e** card game
der **Käse, –** cheese
die **Käsespeise, -n** cheese dish
die **Kasse, -n** cash register,
cashbox
der **Kasten, –** (der **Briefkasten**) box, mailbox
die **Katastrophe, -n**
catastrophe
das **Katheder, –** lecture
platform
die **Katholischen** the Catholic
forces
kauen (an + dat.) to chew
(on)
der **Kaufmann**, die **Kaufleute**
businessman
kaum scarcely, hardly
die **Kegelbahn, -en** bowling
alley
die **Kehle, -n** throat
kein no, not a, not any
keinesfalls by no means
die **Kellnerin, -nen** waitress
kennen* to know, be ac-
quainted with
kennen · lernen to meet,
make the acquaintance of
der **Kerl, -e** guy, fellow
die **Kerze, -n** candle
die **Kette, -n** chain
das **Kind, -er** child
der **Kinderwagen, –** baby
carriage
kindlich childlike
der **Kindsvater, ⁻** father of a
child (*a colloquial*

redundancy)
der **Kinnhaken, –** uppercut
(boxing)
das **Kino, -s** movie theater
die **Kirchenglocke, -n** church
bell
Kirchweih church festival
die **Kirsche, -n** cherry
die **Kiste, -n** box, crate
klagen über (+ *acc.*) to
complain about
der **Kläger, –** plaintiff
klappen to close (to make
the sound of a door
closing)
klappern to rattle, bang
die **Klasse, -n** class
die **Klassenarbeit, -en**
exercise written in class;
test
das **Klassenbuch, ⁻er** class
book
der **Klavierstimmer, –** piano
tuner
der **Klecks, -e** stain, inkblot
das **Kleid, -er** dress
die **Kleider** (*pl.*) clothes
klein small
die **Kleinigkeit, -en** a little
something
kleinlich petty
klingen* to sound
klirrend with a clatter
klopfen to knock
klug (klüger, klügst-)
clever
der **Knabe, -n, -n** boy
knapp exact; scarce,
scanty; narrow, tight
knarren to creak
die **Knechtschaft** servitude
kneifen* to pinch
knien to kneel

der **Knirps, -e** pigmy, little
thing
knochig bony
der **Knopf, ⸚e** button
knusperig crisp
kochen to cook
die **Köchin, -nen** cook
(female)
der **Koffer, —** suitcase
der **Kolibri, -s** hummingbird
die **Kollegin, -nen** female co-
worker, colleague
der **Kolonialwarenladen, ⸚**
grocery store
die **Kolonie, -n** colony
das **Kombinat, -e** industrial
conglomerate
der **Komet, -en, -en** comet
kommandieren to
command
kommen* to come
das **Kommunionskleid, -er**
Communion dress
die **Konferenz, -en** conference
der **Konfirmationsanzug, ⸚e**
confirmation suit
der **König, -e** king
der **Konjunktiv** subjunctive
können* to be able, can
konstruieren to construct
das **Kontobuch, ⸚er** ledger
kontrollieren to check on,
find out, make sure of
konzentriert concentrated
der **Kopf, ⸚e** head
das **Kopfnicken** nod of the
head
kopfschüttelnd shaking
one's head
der **Körper, —** body
der **Korridor, -e** corridor
korrigieren to correct
köstlich excellent,

charming
krabbeln to crawl
die **Kraft, ⸚e** strength, power
kräftig powerful
kräftig essen to have a
good meal, eat something
solid
der **Kragen, —** collar
krakeln to scribble
sich **krallen an** (+*acc.*) to cling
to
kränken to insult
die **Krankheit, -en** sickness,
illness
der **Kranz, ⸚e** wreath
die **Kreide, -n** (piece of) chalk
der **Kreis, -e** circle
der **Kreisel, —** top (spinning
top)
die **Kreislaufstörung, -en**
circulatory trouble
kriechen* (s) to creep (an
einem hoch kriechen* to
creep up a person)
der **Krieg, -e** war
kriminalistisch criminalistic
kriminell criminal
kritzeln to scrawl, scribble
die **Krone, -n** crown (unit of
currency)
der **Krüppel, —** cripple
die **Küche, -n** kitchen
der **Kuchen, —** cake
das **Küchenmädchen, —**
kitchen girl, maid
der **Küchenschrank, ⸚e** kitchen
cupboard
der **Küchentisch, -e** kitchen
table
die **Küchentür, -en** kitchen
door
der **Kugelschreiber, —**
ballpoint pen

die **Kuh, ̈e** cow
kühl cool
kümmerlich miserable,
inadequate
sich **kümmern um** (+*acc.*) to
worry about, look after
kündigen to give notice,
quit
künstlich artificial
das **Kupferzeug** copperware,
pots and pans
der **Kurfürst, -en, -en** Elector
(*in the Holy Roman
Empire*)
**kurz (kürzer,
kürzest-)** short(ly),
abrupt(ly)
kurz darauf shortly
thereafter
sich **kurz fassen** to be brief
kurz und klein to bits, into
pieces
kürzlich recently
kurzum in short, to sum up
die **Kutsche, -n** carriage

lächlen to smile
das **Lächeln** smile
lächelnd smiling(ly), with
a smile
lachen to laugh
die **Lachlust** urge to laugh
der **Lack, -e** paint
lackiert glossy
die **Lade, -n (die
Schublade)** drawer
laden* to load; to invite
das **Laken, —** sheet
die **Lampe, -n** lamp
das **Land, ̈er** country
die **Landstraße, -n** road,
highway
lang (länger, längst-) long

die **Länge, -n** length; long run
die **Langeweile** boredom
langsam slow(ly)
längst for a long time, long
since
längstens for a long time
die **Längswand, ̈e** longer wall
langweilig boring
der **Lärm** noise
lassen* to let, allow; have
(something done)
lateinisch Latin (*adj. only*)
lauern (auf+*acc.*) to lurk,
lie in wait (for)
der **Lauf, ̈e** course, path
laut loud; aloud
lauter pure(ly), nothing but
lautlos soundless
das **Leben, —** life [ins Leben
getreten sein* (geboren
sein) to be born]
der **Lebenslauf, ̈e** life history,
curriculum vitae
der **Leberfleck, -e** mole,
birthmark
lebhaft lively
das **Leder, —** leather
die **Lederhandlung, -en**
leather goods store
die **Lederhaut** leather
upholstery
ledig single
lediges Kind illegitimate
child
leer empty, vacant
leerstehend empty
legen to lay, put
der **Lehrer, —** teacher
der **Leib, -er** body (einem auf
den Leib geschnitten fits
one perfectly)
die **Leiche, -n** corpse, body
leicht easy; light

leid tun* [einem] to be sorry for (a person) (er tut mir leid I'm sorry for him)

leiden* to suffer

die **Leidenschaft, -en** passion

der **Leidensgenosse, -n, -n** fellow sufferer

leider unfortunately

leihen* to lend

die **Leinendecke, -n** linen sheet or cover

leise soft(ly)

sich **leisten** to afford oneself

der **Leiterwagen** — cart, hay wagon

die **Lektion, -en** lesson, rebuke

lernen to learn, study

lesbar legible

die **Leseware, -n** reading matter

leuchten to shine, glisten

leugnen to deny

das **Licht, -er** light

der **Lichtschalter,** — light switch

lieb- dear

liebenswert lovely, lovable

liebenswürdig kind

lieber preferably

der **Liebesfilm, -e** romantic movie

das **Liebespaar, -e** lovebirds

das **Lieblingswort, ¨er** favorite word

liegen* to lie, recline

liegen* an (+ *dat.*) to be due to

link- left

links left

der **Lippenstift, -e** lipstick

das **Liter,** — liter

die **Lithographenanstalt, -en** lithography shop

loben praise

löblich praisingly

das **Loch, ¨er** hole

locken to tempt, attract

sich **lohnen** to be worth (the trouble)

lohnen to pay; be worth (something)

die **Lohntüte, -n** pay envelope

das **Lokal, -e** place, joint

los loose; wrong

das **Los** lot, fate

los! (ready, set) go!, move!, move it!

lose loose

lösen to solve; loosen

los·lassen* to let go

los·prusten to snort, burst out laughing

die **Lösung, -en** solution

los·ziehen* über (+ *acc.*) to run something (or someone) down

lügen* to (tell a) lie, make an untrue statement

der **Lungenzug, ¨e** (inhaled) drag (on a cigarette) (kann keine Lungenzüge doesn't know how to inhale)

Lust haben* to want to (do something)

lustig merry

machen to make; do

mächtig powerful, mighty

die **Magd, ¨e** maid; girl

mager thin, lean

die **Mahlzeit, -en** meal, mealtime

mal just

das **Mal -e** time (das erste
  Mal the first time)
malerisch picturesque,
  scenic
Mallorca Majorca
man one
manchmal often,
  sometimes
der **Mann, ⁻er** man
nach Männerart as men
  will do, in masculine
  fashion
die **Mannschaft, -en** team
die **Mannsleute** men (*archaic
  or rural*)
die **Manschette, -n** cuff
der **Markt, ⁻e** market,
  marketplace
der **Markttag, -e** market day
marokkanisch Moroccan
marschieren to march (auf
  die Stadt zu•marschieren
  to march on the city)
Marseille city on the southern coast of France
der **Maßschuh, -e** custom-
  made shoe
die **Mathematikstunde, -n**
  math period
mehr more, anymore
mehrmals several times
meinen to mean, say, think
meinethalben (*or* **meinetwegen**) for all I care
die **Meinung, -en** opinion
meistens (**meist**) usually;
  mostly; most
sich **melden** to report, show up
die **Menge, -n** crowd
der **Mensch, -en, -en** person
der **Menschenkenner, −** keen
  observer of human nature
merken to notice

merkwürdig remarkable
das **Messer, −** knife
der **Meter, −** meter
Miene machen to seem to
  be about to
mieten to rent, hire
die **Milch** milk
der **Milchmann, ⁻er** milkman
die **Minute, -n** minute
mißbilligend disapproving
die **Mißbilligung, -en**
  disapproval
der **Mistbauer, -n, -n** dung
  farmer
mißtrauen to mistrust
mißtrauisch mistrustful,
  suspicious
mißverstehen* to
  misunderstand
mit with
mit•geben* to include
mithin consequently
das **Mitleid** pity, sympathy
mit•nehmen* to take along
mit•reißen* to drag along
mitsamt along with
der **Mittag** noon (über Mittag
  during the lunch hour)
das **Mittagessen, −** lunch, dinner, noonday meal
die **Mittagspause, -n** midday
  break, lunch break
der **Mittagstisch** lunch table,
  dinner table
die **Mitte** middle (nach der
  Mitte zu over towards the
  middle)
mit•teilen to communicate,
  tell, impart (einem etwas
  mitteilen to tell someone
  something)
das **Mittel, −** mean(s)

das **Mittelmeer** Mediterranean
Sea
mitten in in the middle of
mittler- middle
mittlerweile in the
meantime
der **Mittwoch, -e** Wednesday
mitunter now and then,
occasionally
die **Möbel** (*pl.*) furniture
(ich) möchte (I) would like
die **Mode, -n** fashion
das **Modejournal, -e** fashion
magazine
die **Mole, -n** pier, jetty
der **Moment, -e** moment
monatlich monthly, every
month
der **Montag, -e** Monday
der **Mord, -e** murder
morgen tomorrow
auf morgen until tomorrow
der **Morgen, —** morning
der **Morgenrock, ⁻e** housecoat,
dressing gown
morgens in the morning
die **Moritat, -en** street ballad
müde tired
die **Mühle, -n** mill
der **Mund, ⁻er** mouth
mündlich oral
das **Mundtuch, ⁻er** napkin
munter cheerful
murmeln to mumble, mur-
mur, mutter
mürrisch in a bad mood
die **Muschel, -n** mouthpiece
(telephone); *lit.*: shell
das **Musikstück, -e** piece of
music
müssen to have to, must
musterhaft geordnet
arranged in exemplary

fashion
mutig courageous, bold
die **Mutter, —** mother

nach after; according to
der **Nachbar, -n, -n** neighbor
das **Nachbardorf, ⁻er** neighboring village
nachdem after, after that
das **Nachdenken** thinking, reflection, contemplation
die **Nachdenklichkeit** thought-
fulness
nach·geben* to give in,
yield
nach·gucken to look at,
stare after
nachher afterward, later
nach·lassen* to abate, let
up
nachlässig casual
nachmittags in the
afternoon
die **Nachricht, -en** news,
information
nächstbest- next best
die **Nacht, ⁻e** night
nachts nights, at night
nackt bare, naked
nah (näher, nächst-) near
nahe near
die **Nähe** proximity (in der
Nähe nearby)
nahe·stehen* to be close
to, on intimate terms with
der **Name, -ns, -n** name
namens by the name of
nämlich namely; really
naß wet
natürlich natural(ly)
neben next to
der **Nebentisch, -e** the next
table

das **Nebenzimmer**   next room
nehmen* to take (zu sich
 nehmen* to eat or drink,
 consume)
sich **neigen** to bend over; in-
 cline; draw to a close
neu new
neugierig curious
die **Neuheit, -en** novelty, something new
nicht not
die **Nichte, -n** niece
nichts nothing
nichtsahnend unsuspecting
das **Nichtstun** doing nothing
nicken to nod
nie never
nieder•fallen* (s) to fall
 down
sich **nieder•setzen** to sit down
niedrig low
niemals never
niemand no one
noch still, yet
noch einmal once more
normalerweise normally
die **Note, -n (Banknote)**
 banknote, bill
nötig necessary
nötig haben* to need
die **Notizen** (*pl.*) notes
nüchtern sober
nüchterner Magen empty
 stomach
nun now
nunmehr henceforth, from
 now on
nur only
nützlich useful

ob whether, if
oben up, up there, on top;
 at the head of a table

die **Obertertia** upper third
 form, 9th grade
die **Obstschale, -n** fruit bowl
obwohl although
öd(e) desolate, dull
oder or
offen open
offenbar apparent(ly)
öffnen to open
oft (öfters) often
ohnehin anyway
die **Ohnmacht** fainting
der **Ohnmächtige** (*adj. noun*)
 unconscious person
das **Ohr, -en** ear
der **Onkel, –** uncle
das **Opfer, –** victim; sacrifice
der **Orangensaft, ⁻e** orange
 juice
ordentlich proper
ordnen to order, put in
 order
die **Ordnung, -en** order
die **Originalität** originality
der **Ort, -e** place

ein paarmal a couple of
 times
packen to pack, seize
der **Pädagoge, -n, -n**
 pedagogue
die **Panik** panic
die **Pantoffeln** (*pl.*) slippers
das **Paradies** paradise
das **Parfum, -s** perfume
der **Parkwächter, –** park
 attendant
die **Partei, -en** party
der **Passant, -en, -en** passerby
passieren to happen
pathologisch pathological
die **Pause, -n** pause

peccavi (*Latin*)   I have
sinned
peinlich   painful(ly)
der **Pelzmantel, ⸚**   fur coat
pendeln   to swing back and
forth
das **Pergament, -e**   parchment,
document
die **Person, -en**   person
persönlich   personal(ly)
die **Persönlichkeit, -en**
personality
der **Pfarrer, –**   minister
pfeifen*   to whistle
das **Pferdegefährt, -e**
horsedrawn vehicle
das **Pferderennen, –**   horse
race
der **Pflaumenkuchen, –**   plum
tart
pflegen   to be accustomed
to; nurture, cultivate, take
care of, keep up
die **Pflicht, -en**   duty
die **Pforte, -n**   garden gate
pfundig   first-rate, great
(*slang*)
die **Photographie, -n**   picture,
photo
der **Pilz, -e**   mushroom
der **Pilzsammler, –**   mushroom
collector
die **Pilzsuche**   mushroom hunt
plagen   to torment
das **Plakat, -e**   poster, placard
planmäßig   regular,
systematic
plärren   to bawl, blubber
der **Plärrer**   a yearly fair held
in Augsburg
platschen   to plop
die **Platte, -n**   record
der **Plattenspieler, –**   record

player
der **Platz, ⸚e**   place; seat; square
platzen   to burst
plötzlich   sudden(ly)
plump   clumsy; pudgy
plündern   to plunder, sack
die **Plünderung, -en**
plundering
der **Plüsch, -e**   plush
die **Polizei**   police
die **Pore, -n**   pore
die **Portion, -en**   portion, share
prächtig   magnificent
prätentiös   pretentiously
pro forma (*Latin*)   as a
matter of form
die **Probe, -n**   test, trial (auf die
Probe stellen   to put to
the test)
das **Problem, -e**   problem
das **Programmblatt, ⸚er**
program
die **Promenadenbank, ⸚e**   park
bench
promovieren   to take one's
Ph.D.
der **Protestant, -en, -en**
Protestant
der **Protestantenbankert, -e**
Protestant bastard
der **Prozeß, -sse** (**um**)   trial
about (concerning)
prüfen   to test; look over,
inspect, check
die **Prüfung, -en**   test
der **Prüfungsraum, ⸚e**   testing
room
der **Psychologe, -n, -n**
psychologist
das **Publikum**   public, audience
pünktlich   punctual, on
time
pur   pure

die **Putzfrau, -en** cleaning woman

das **Quartier, -e** quarter (of a city)
quer vor squarely across
quittieren über to make out a receipt for

der **Rand, ⁻er** border, edge
der **Rappen, —** Swiss cent
rasch quickly
der **Rasen, —** lawn
rasend furious
raten* to advise
das **Rathaus, ⁻er** city hall
ratlos confused, aimless
die **Ratlosigkeit** helplessness
rattern to rattle
der **Raum, ⁻e** room; space
räumen to vacate, quit, make room
der **Rausch, -e** intoxication, drunkenness
rauschen to gurgle, rush
sich **räuspern** to clear one's throat
ein Rechenkunststück der Seele tricky psychological bookkeeping
die **Rechenmaschine, -n** adding machine, calculator
rechnen to add, calculate, count
rechnen zu (+dat.) to count among
die **Rechnung, -en** bill
recht real, right, very
die **Rechtfertigung, -en** justification
der **Rechtsanwalt, ⁻e** lawyer
die **Rechtssache, -n** lawsuit
recken to extend, stretch,

crane (e.g., one's neck)
die **Rede, -n** speech (zur Rede stellen to call to account, take to task; nicht der Rede wert don't mention it, not worth mentioning)
reden to talk, speak (beim Reden while talking)
reden über (+acc.) to talk about, speak about
die **Redensart, -en** saying, cliché
die **Regel, -n** rule
regelmäßig regular(ly)
reichen to pass, hand; to be enough
die **Reihe, -n** row, series, line (der Reihe nach in order, one after another)
rein·halten* to keep clean
die **Reise, -n** trip
reißen* to rip; yank
reizend charming
rennen* to run
die **Replik, -en** reply, retort
reservieren to reserve
Respekt haben* vor to have respect for
respektabel respectable
der **Rest, -e** rest, remainder; leftovers
das **Restaurant, -s** restaurant
das **Resultat, -e** result
retten vor to save from
der **Retter, —** rescuer
die **Reue** repentance
der **Revolver, —** revolver
die **Revolvertasche, -n** holster
der **Richter, —** judge
richtig right, correct; real
die **Richtung, -en** direction
röchelnd rattling (in one's throat)

der **Rock, ⁼e** coat; dress; skirt; petticoat
roh rough, harsh, coarse
die **Rolle, -n** role
römisch Roman
die **Rose, -n** rose
der **Rosenstock, ⁼e** rose tree
die **Rosette, -n** rosette, keyhole ornament
rosig rosy
rot red
rot werden* to blush, flush
die **Rotte, -n** band
der **Rotwein, -e** red wine
die **Routine** routine
der **Ruck, -e** jerk, tug
der **Rücken, —** back
die **Rücksicht, -en** regard, consideration
rücksichtslos careless, thoughtless
der **Rückweg, -e** way back; retreat
der **Ruf, -e** reputation
ruhig calm, quiet
der **Ruhm** fame, reputation
rund round
'runter·gehen* (s) (**hinunter·gehen***) to go down

der **Saal**, die **Säle** hall, room
die **Sache, -n** thing, affair, matter
die **Sachlichkeit** down-to-earth nature
das **Sacktüchlein, —** little handkerchief
sagen to say, tell
das **Saiteninstrument, -e** stringed instrument
der **Sakko, -s** jacket
das **Sakrament, -e** sacrament

sammeln to collect, gather
der **Samstag, -e** Saturday
sanft gentle, soft
der **Sarg, ⁼e** coffin
satt full, well-fed
der **Satz, ⁼e** sentence
sauber clean
säuberlich neat(ly)
sauber·machen to clean
die **Sauerstoffmaske, -n** oxygen mask
die **Säule, -n** column
schäbig shabby
die **Schachtel, -n** box, pack
schade für (*more commonly:* **schade um**) too bad about (ich bin mir zu schade für I am too good for)
schaffen to do (nichts zu schaffen haben* to have nothing to do with)
der **Schafspelz, -e** sheepskin (coat)
schälen to peel
der **Schall, -e** *or* ⁼e sound
schallend loud(ly)
der **Schalter, —** counter, window (at a bank, post office, etc.)
sich **schämen** to be ashamed
schätzen to value, treasure
schauderhaft frightful
schauen to look
das **Schaufenster, —** shop window
der **Schaukelflug, ⁼e** swinging flight
schaukeln to swing
das **Scheckbuch, ⁼er** checkbook
die **Scheibe, -n** slice
die **Scheidung, -en** divorce

die **Scheidungsklage, -n**
 divorce suit, divorce
 complaint
der **Schein, -e** bill, banknote
 scheinbar apparently
 scheinen* to seem; shine
 scheitern an to fail because
 of
 schellen to ring (*of a bell*)
der **Schemel, —** footstool
 scheu shy
sich **scheuen** to be reluctant
 scheuern to rub
 schicken to send
 schieben* to shove, push
 schießen* to shoot
das **Schild, -er** nameplate; sign
 schildern to describe
 schimpfen to cuss, be
 abusive
der **Schirm, -e** umbrella
der **Schlächter, —** butcher
die **Schlachtreihe, -n** battle
 line
der **Schlaf** sleep
die **Schläfe, -n** temple
 schlafen* to sleep
die **Schlafstube, -n** bedroom
das **Schlafzimmer, —** bedroom
der **Schlag, ⁻e** blow, knock
 schlagen* to hit, bang
der **Schlagrahm** whipped
 cream; whipping cream
die **Schlampe, -n** tramp
 (female), slut
 schlau clever, sly
 schlecht bad, poor(ly)
 schleichen* to creep, sneak
 schlendern to amble,
 stroll, wander off
 schlicht simple, modest
 schließen* to close;
 conclude

 schließlich finally, after all
 schlimm bad
das **Schlimme** the bad thing
 schlimmer worse
der **Schlips, -e** necktie
das **Schloß, ⁻sser** lock
das **Schluchzen** sobbing
 schlüpfen to slip
der **Schluß, ⁻sse** end,
 conclusion
der **Schlüssel, —** key
 schmal narrow
 schmallippig narrow-lipped
 schmecken to taste
 schmerzlich painful
 schmierig greasy, dirty
der **Schmuck** jewelry
der **Schmutzfleck, -e** dirty spot
 schmutzig dirty
 schnappen to latch (onto),
 get hold (of), snap (up)
 schnappen nach to snap at
der **Schnaps, -ses, Schnäpse**
 brandy, schnapps
der **Schnee** snow
die **Schneeschmelze, -n** thaw
der **Schnellzug ⁻e** express train
 schnippen to flick
der **Schnitt, -e** cut
die **Schnur, -en** *or* **⁻e** string
der **Schock, -s** shock
 schon already
 schön pretty, beautiful
 schonen to spare
der **Schrank, ⁻e** cabinet,
 closet, cupboard
der **Schreck(en)** terror, fear
 etwas Schreckliches
 something terrible
die **Schreckreaktion** fear
 reaction
der **Schrei, -e** cry, yell, scream

schreiben* (an+*acc.*) to
write (to)
das **Schreiben,** — writing;
letter
die **Schreibmaschine, -n**
typewriter
schreien* to scream
die **Schrift, -en** handwriting
schriftlich written
schrillen to sound harsh
der **Schritt, -e** footstep, step,
stride, pace
die **Schublade, -n** drawer
schüchtern shy, timid
der **Schuft, -e** scoundrel, lout,
rat (*slang*)
der **Schuh, -e** shoe
die **Schuld, -en** debt; guilt
Schuld haben* (an+*dat.*)
to be at fault (for)
schuldbeladen guilt-laden
die **Schuldfrage, -n** question
of guilt
das **Schuldgefühl, -e** feeling of
guilt
schuldig guilty; owing
(einem etwas schuldig
bleiben* to owe someone
something)
die **Schule, -n** school
der **Schüler,** — pupil
der **Schulkollege, -n**
schoolmate
die **Schulter, -n** shoulder
die **Schulzeit** school days
der **Schuß, ⁻sse** shot
schütteln to shake
schütten to pour
der **Schutz** protection, defense
der **Schutzumschlag, ⁻e** dust
jacket
das **Schwaben** Swabia
schwach (schwächer,

schwächst-) weak
schwachsinnig simple-
minded
der **Schwager,** — brother-in-
law
die **Schwägerin, -nen** sister-in-
law
schwärmen to be effusive
about, gush
schwarz (schwärzer,
schwärzest-) black
schwarzgebunden black-
bound
schweben to float (above
the ground)
schwedisch Swedish
das **Schweigen** silence
schweigen* to be silent
zum Schweigen verweisen*
to tell to be quiet
schweigend silently
die **Schweinerei, -en** mess
der **Schweizer** (*noun and adj.*)
Swiss
die **Schwelle, -n** threshold
schwer difficult
es schwer haben to have it
rough (*colloquial*)
schwerfällig awkward
die **Schwiegertochter, ⁻**
daughter-in-law
schwierig difficult
die **Schwierigkeit, -en**
difficulty
der **Schwung, ⁻e** swing;
animation
sehen* to see (man sieht es
dir an one can tell by
looking at you)
der **Seidenrock, ⁻e** silk skirt
die **Seife, -n** soap
der **Seifenschaum** lather
das **Seil, -e** rope

seinerseits for his part
seitdem since then
die **Seite, -n** side; page
zur Seite weichen* to step aside
seitenlang for pages (and pages)
seitwärts von to one side of
selber, selbst (my-, your-, him-, her-, it-)self, (our-, your-, them-)selves
der **Selbstmörder, —** suicide
selbstverständlich of course; (that's) obvious or self-evident
selig blissful
selten seldom, rarely
seltsam strange
seltsamerweise for some strange reason
der **Sergeant, -en, -en** sergeant
der **Sessel, —** armchair
setzen to set, put
sich **setzen** to sit down
seufzen to sigh
sicher certain(ly), sure(ly)
sicherlich certainly
sichtlich visible, visibly
der **Sieg, -e** victory
sinnlos senseless
der **Sirup, -e** sirup
der **Sitz, -e** seat
sitzen* to sit
so daß so that
sobald as soon as
soeben just
sofern if; as far as
sofort immediately, right away
sogar even
sogenannt- so-called
sogleich immediately
sogleich danach

immediately thereafter
der **Sohn, ⁔e** son
der **Soldat, -en, -en** soldier
sollen shall, should, ought to; be supposed to, be said to
somit therewith
der **Sommer, —** summer
sonderbar strange
sondern rather, but
die **Sonne, -n** sun
die **Sonnenbrille** (*sing.*), **-n** sunglasses
der **Sonnenschirm, -e** parasol
der **Sonnenuntergang, ⁔e** sunset
der **Sonntag, -e** Sunday
der **Sonntagnachmittag, -e** Sunday afternoon
sonntags on Sunday
sonntagsangezogen dressed in his Sunday best
sonst otherwise, in other respects
sonstwo elsewhere
die **Sorge, -n** concern, anxiety, trouble, care
sorgfältig carefully
soviel (wie) as much (as)
der **Sozialdemokrat, -en, -en** social democrat
spannend exciting, tense
Spannung, -en tension; suspense
der **Spaß, ⁔e** fun, joke
Spaß machen to be fun
spät late
der **Spätaufsteher, —** late riser
spazieren to take a walk
der **Speck** bacon
der **Speicher, —** attic
die **Speise, -n** food
die **Speisekammer, -n** pantry

speisen to eat
spenden to treat (to), give
der **Spiegel,** – mirror
das **Spiel, -e** game
spielen to play
der **Spieler,** – player
der **Spielkamerad, -en, -en**
  playmate
die **Spielregel, -n** rule of the
  game
das **Spielzeug, -e** toy, plaything
der **Spinnrocken,** – distaff
die **Spitznase, -n** pointed nose
sprachlos speechless
sprechen* (+*acc.*) to
  speak (a language); to
  speak to (someone
  officially)
sprechen* (**mit** + *dat.*) to
  speak with (richtig miteinander sprechen* to have
  a real talk with each other)
die **Sprechweise, -n** way of
  speaking
die **Spur, -en** trace, trail
spüren to feel
die **Staatsprüfung, -en** state
  examination
die **Stachelbeere, -n**
  gooseberry
das **Städtchen,** – small city,
  town
der **Stadtteil, -e** part of the city
der **Stall, ⁻e** stall, shed
stammen to come from
  (origin)
das **Stammlokal, -e** one's regular restaurant or hangout
das **Standesamt, ⁻er** justice of
  the peace
stark (stärker, stärkst-)
  strong
die **Stärke, -n** strength

starren to stare
statt·finden* to take place
stauen to stow
stecken to stick, put, place;
  be somewhere or in
  something
stehen* to stand (einem gut
  stehen* to look good on
  someone)
stehen·bleiben* (s) to
  stop, come to a halt
stehlen* to steal
steigern to increase, raise
der **Steinpilz, -e** a highly
  prized mushroom (*boletus
  edulis*)
die **Stelle, -n** job, position;
  place
stellen to put, place
die **Stellung, -en** job
stellungslos unemployed
der **Stellvertreter,** –
  representative, deputy
der **Stempel,** – rubber stamp
stenographieren to take
  shorthand
das **Sterbebett, -en** deathbed
sterben* (s) to die
stet- continual, constant
die **Steuer, -n** tax
der **Stich, -e** engraving
im Stich lassen* to leave in
  the lurch
der **Stift, -e** pin
still silent
die **Stille** silence
im stillen silently, in
  silence, secretly
stillgesetzt stopped,
  suspended
die **Stimme, -n** voice
stimmen to tune (an instrument); to be right, to add

up (es stimmt nicht it
doesn't add up)
die **Stirn, -nen** brow
der **Stock, ⁻e** stick; story (of a
building)
der **Stoff, -e** substance;
material
stolpern to stumble
der **Stolz** pride
stolz auf (+*acc.*) proud of
stopfen to stuff; tuck in
stören to disturb, bother
der **Stoß, ⁻e** pile
stoßen* to push, bump
der **Stoßseufzer, —** deep sigh
strahlend beaming, radiant
strampeln to kick
die **Straße, -n** street
das **Straßencafé, -s** sidewalk
café
der **Straßengraben, —** ditch
(alongside of the road)
streichen* to strike,
remove
streifen to brush, scrape
der **Streit, -e** argument, quarrel
streiten* über (+*acc.*) to
argue about
streng hard, harsh
das **Stricken** knitting
die **Strickmaschine, -n**
knitting machine
**auf Strümpfen
schleichen*** to go on
stocking feet, slip quietly
die **Stube, -n** room (die gute
Stube parlor)
das **Stück, -e** piece
das **Studium, die Studien**
study
der **Stuhl, ⁻e** chair
die **Stunde, -n** hour, class hour
stürmen to storm

stürzen to rush, crash, fall
stürzen auf (+*acc.*) to
pounce on
stützen to prop
stutzig taken aback
suchen to look for
südwärts to the south
sühnen to make up for, do
penance for
der **Sumpf, ⁻e** swamp
die **Sünde, -n** sin
die **Suppe, -n** soup
die **Szene, -n** scene

der **Tag, -e** day
täglich daily, every day
tagsüber during the day
die **Taktik, -en** tactic
der **Talentflegel, —** talented
brat
die **Tante, -n** aunt
tapfer brave
tappen to grope
das **Taschenbuch, ⁻er**
handbook
das **Taschentuch, ⁻er**
handkerchief
die **Tasse, -n** cup
die **Tat, -en** deed (in der Tat
indeed, actually; einer Tat
fähig sein* to be capable
of a deed)
tatarisch Tartar
der **Tatendrang** hunger for
activity
die **Tätigkeit, -en** activity
tatsächlich really, actually
der **Tau** dew
das **Tau, -e** rope, line, cable
der **Tauchsieder, —** immersion
heater
taumeln to stagger, reel

täuschen to deceive
die Täuschung, -en deception
technisch technical
der Teil, -e part
die Teilnahme interest,
 concern
teilnahmslos indifferent,
 apathetic, disinterested
teil·nehmen* an (+dat.)
 to take part in, participate in
teilweise partially
das Telefon, -e telephone
die Telefonrechnung, -en telephone bill
der Teller, — plate
temperieren to warm up
die Tenorblockflöte, -n tenor
 recorder
teuer expensive
die Theaterkarte, -n theater
 ticket
die Theke, -n counter
tief deep(ly)
der Tiefpunkt, -e low point
der Tisch, -e table
das Tischtuch, ̈er tablecloth
der Toast, -e toast
der Tod death
die Todesursache, -n cause of
 death
der Todgeweihte (adj. noun)
 doomed man
todkrank deathly ill
tollwütig rabid; mad
der Ton, ̈e sound, tone, tone
 of voice
der Topf, ̈e pot, jar, jug
das Tor, -e gate, doorway
die Torte, -n torte, cake
tot dead
das Totenbett, -en deathbed
der Totenschein, -e death
 certificate

totenstill deathly silent
die Tracht, -en costume,
 uniform
tragen* to carry; wear
die Trägheit inertia
tragisch tragic
die Tragödie, -n tragedy
trällern to sing "tra-la-la"
die Träne, -n tear
tränenüberströmt
 drenched with tears
trauen (+dat.) to trust
der Trauergang, ̈e funeral
 procession
die Trauerkapelle, -n
 mortuary chapel
der Trauernde, -n, -n (adj.
 noun) mourner
träumen to dream
traut cozy, intimate
die Trauungsformel, -n
 marriage vow
treffen* to meet; strike, hit
sich treffen* to meet, run into
 each other
die Treppe, -n staircase
treten* (s) to step, walk
trinken* to drink
das Trinkgeld, -er tip
triumphierend triumphant
trocken dry
der Tropenhelm, -e pith helmet
der Trost consolation
der Trotz defiance
trotzdem nonetheless,
 despite that
trüb(e) gloomy, dull
die Truppen troops
tüchtig capable; good;
 well; a lot
tun* to do
die Tür, -en door
die Türe, -n (die Tür) the door

der **Türhüter, —** doorkeeper
die **Türklinke, -n** door handle
das **Tuten** blast on a horn,
  whistle

übel bad, ill
üben to practice
über over, across
der **Überfall, ⁻e** attack
überfüllt overcrowded
überhaupt at all;
  altogether
überkommen* to
  overcome
überlegen in a superior
  manner
sich **überlegen** to think over,
  consider, ponder, reflect
übernächst- the one after
  the next
übernachten to spend the
  night
übernehmen* to take over,
  take upon oneself
überraschen to surprise
überrascht surprised
überrumpeln to take by
  surprise
übersehen* overlook, miss
überstürzt precipitous,
  hasty
übervoll overfull,
  overloaded
überwinden* to overcome,
  conquer, master
überzeugend convincing
die **Überzeugung, -en**
  conviction
üblich usual, customary
übrig other
übrig·bleiben* to be left
  over, remain

übrigens moreover, further-
  more; by the way
die **Uhr, -en** clock, watch;
  o'clock
umarmen to embrace
um·blicken to look around
um·drehen to turn
um·fallen* (s) to collapse
der **Umgang** association,
  acquaintance
die **Umgebung, -en** environs,
  surroundings
die **Umgegend** neighboring
  places, environs
umher·blicken to look
  around
umher·sehen* to look
  around
umher·irren (s) to wander
  around
umklammern to grasp,
  clutch, embrace
umkreisen to circle
umringen to surround
Umschau halten*
  (nach) to look around
  (for)
sich **um·schauen** to look
  around
der **Umschlag, ⁻e** envelope
um·stimmen to change
  (someone's) mind
sich **um·wenden*** to turn
  around
sich **um·ziehen*** to change
  clothes
unangenehm unpleasant
unappetitlich unappetizing
unauslöschlich indelible
unbändig unconstrained
unbedingt at all costs, absolutely, without fail
unberührt untouched

und and
unecht ingenuine, false
unentdeckt undiscovered
unerklärbar inexplicable
unerklärlich inexplicable
unersättlich insatiable
unfreundlich unfriendly
ungeduldig impatient
ungefähr approximate(ly)
ungefährlich safe, not
dangerous
ungemein uncommon(ly)
ungeschickt clumsy
ungeschmiert not greased,
not oiled
ungestört without troubling
about it
ungewohnt unusual,
unaccustomed
ungewünscht unwanted,
not expected or desired
ungläubig incredulous,
unbelieving
unglaublich unbelievable,
incredible
unheimlich uncanny,
strange
die **Uniform, -en** uniform
unmöglich impossible
unreif unripe
unruhig restless
unschuldig innocent
der **Unschuldige** (*adj. noun*)
innocent man
unsicher uncertain(ly)
die **Unsicherheit, -en**
uncertainty
der **Unsinn** nonsense
unten below, down there,
downstairs
unter beneath, underneath,
below
unterbrechen* to interrupt

unter·bringen* bei (+*dat.*)
to put up (at someone's
place)
unterdrücken to suppress
untergeschlüpft sheltered,
found a place
sich **unterhalten* (mit)** to talk
(with)
die **Unterhaltung, -en**
conversation
unterlassen* to abstain
from, give up, refrain
from
die **Unterlippe, -n** lower lip
unternehmen* to
undertake
der **Unterricht** instruction,
class hour
unterschreiben* to sign
die **Unterschrift, -en** signature
unterst- lowermost
die **Unterstützung, -en**
support
die **Untersuchung, -en**
investigation, examination
der **Unterton, ⁔e** undertone
unterzeichnen to sign
unterzogen werden* to be
subjected to
ununterbrochen
uninterrupted
unverändert unchanged
der **Unverantwortliche** (*adj.
noun*) irresponsible
person
unverlöschlich
inextinguishable
unvermeidlich unavoidable
unvermittelt sudden(ly)
unvernünftig unreasonable
unversehrt unharmed
unvorsichtigerweise
incautiously

unwiderstehlich irresistible
unwillkürlich without
thinking about it
unwürdig unworthy,
shameful
üppig luxurious(ly)
die **Ursache, -n** reason

die **Vase, -n** vase
der **Vater, ⸚** father
sich **verabschieden** to say
goodbye
veraltet obsolete
verändern to change
veranlassen to cause,
induce
verbeult battered, dented
verbinden* to combine
die **Verbindung, -en** contact,
connection
verblüfft dumbfounded,
amazed, nonplussed
verbogen bent
das **Verbot, -e** prohibition
verboten forbidden
verbrauchen to use,
consume
das **Verbum, die Verben** verb
verchromt chromium
plated
der **Verdacht, —** suspicion (in
Verdacht stürzen to
plunge into suspicion)
verdecken to cover
verderben* to ruin, go to
ruin
verdienen to earn; deserve
verdutzen to puzzle, take
aback
die **Verehelichung, -en**
marriage ceremony
vereinsamt isolated

die **Vereinsamung** isolation
sich **verfärben** to grow pale
verfluchen to curse
die **Vergangenheit** past
vergebens in vain
vergehen* (s) to fade,
diminish; pass (time)
vergessen* to forget
der **Vergleich, -e** comparison;
compromise
das **Vergnügen, —** pleasure
sich **verhalten*** to react
verhandeln to deliberate,
negotiate, have court
sessions
die **Verhandlung, -en** trial,
court session
verhauen to beat soundly
verheiratet (mit) married
(to)
das **Verhör, -e** examination,
interrogation
der **Verkauf, ⸚e** sale
der **Verkehr** traffic; company
verkehren to frequent, visit
verkünden to announce,
proclaim
verkündigen to announce
verlangen to ask for,
demand
verlassen* to leave
verlegen embarrassed(ly)
verletzend cutting
verleugnen to deny,
disclaim
sich **verlieben** to fall in love
verliehen lent
verlieren* to lose
der **Verlierer, —** loser
der **Verlust, -e** loss
vermehrt um die Zinsen
with interest
vermeiden* to avoid

vermeintlich supposed, presumed, putative
vermissen to miss
die **Vermutung, -en** conjecture, guess
vernachlässigen to neglect
die **Vernunft** reason
verpantschen to adulterate (*e.g.*, add water to)
die **Verpflichtung, -en** duty, obligation
verprügeln to whip, beat up
verpufft fizzled
verraten* to betray, disclose
verreisen (s) to take a trip
verreist off on a trip
die **Verrichtung, -en** act, function
verrückt mad, crazy
verrufen disreputable
verrutscht crooked, askew
versäumen to overlook, miss, omit
verschämt modest(ly)
verschieden different, various
Verschiedenes (*adj. noun*) various things
verschließen* to close
verschossen faded
verschweigen* to keep (something) quiet
verschwinden* to disappear
das **Versehen, —** oversight, mistake
sich **verspäten** to be late
versprechen* to promise
verspritzen to spray, bespatter
verspüren to perceive, feel

verständig intelligent
verstaubt dusty
sich **verstauchen** to sprain
verstecken to hide
verstehen* to understand
sich **verstellen** to put up a front, dissemble
verstockt obdurate
verstorben deceased
verstört disconcerted, troubled
verstummen (s) to become silent
der **Versuch, -e** attempt, experiment
versuchen to try
die **Versuchung, -en** temptation
vertauschen to exchange
verteidigen to defend
sich **vertiefen in** (+*acc.*) to become absorbed in (something), deeply occupied or preoccupied with (something)
vertragen* to stand; digest
vertrauen (+*dat.*) to trust
verursachen to cause
vervollständigen to supplement, complete
verwahren to keep
der **Verwandte** (*adj. noun*) relative
verwaschen pale, washed-out
verwechseln to confuse, mistake for
verweint tear-stained
verweisen* an (+*acc.*) to refer to
verwenden to make use of
verwildern (s) to become wild

verwundert amazed
verzehren to consume,
 devour
die Verzeihung pardon
verzichten auf (+*acc.*) to
 forego, do without
sich verziehen* to withdraw
verzieren to decorate
verzweifelt in despair
der Vetter, -n cousin
viel gebraucht much used
vielleicht perhaps, maybe
vier four
viereckig square
das Viertel, quarter
das Vierteljahr, -e quarter of a
 year
die Viertelstunde, -n quarter
 of an hour
vierzehn fourteen
vitaminreich rich in
 vitamins
das Volk, ⁻er people
Volkseigen *lit.:* "people's
 own," East German term
 for a state-owned business
 or industry
volkstümlich folksy,
 popular
voll full
vollendet complete
völlig unnötig absolutely
 unnecessary
von of, from
vor sich hin in front of
 himself; to himself
vorbei·schreiten* (s) to
 walk by
vor·fahren* (s) to drive up
vor·finden* to find
vorgerauscht (kommen*) to
 come forward with a rust-
 ling sound

vor·haben* to intend
der Vorhang, ⁻e curtain
das Vorhemdchen, — small
 shirt front, dickey
vor·kommen* (s) to hap-
 pen, occur, appear
sich vor·kommen* (s) to feel,
 seem to oneself
vor·lesen* to read aloud
der vorletzte the one before
 last, next to last
der Vormittag, -e forenoon
vormittags in the morning
der Vorname, -ns, -n first
 name
vor·nehmen* to under-
 take, intend
vor·rücken (gegen) to
 advance (on, toward)
vor·schieben* to extend,
 push forward
der Vorschlag, ⁻e suggestion
vor·schreiben* to pre-
 scribe (a rule)
etwas vor·setzen
 [einem] to set something
 in front of (someone)
vorsichtig careful
vorsorglich as a precaution
die Vorstadt, ⁻e suburb
vorstellen to introduce
sich vor·stellen to imagine, picture to oneself
sich vor·stellen [etwas] to
 imagine (something), picture something (to oneself)
die Vorstellung, -en notion,
 idea
vor·täuschen to pretend
vor·treten* (s) to step up,
 step forward
die Voruntersuchung, -en
 preliminary investigation

vor·weisen* to show
der Vorwurf, ⁻e reproach
Vorwürfe machen to
reproach
vorzüglich especially

die Waage, -n the scales
wach awake
wachen über (+acc.) to
watch over
wachsen* (s) to grow
wacklig rickety
wagen to dare, risk
wählen to choose, elect
wahllos at random,
indiscriminately
wahr true
während (gen. prep.) dur-
ing; (conj.) while
wahrhaftig in truth, in fact
wahrscheinlich probable,
probably
die Wand, ⁻e wall
der Wanderbursche, -n, -n
youthful wanderer
die Wanderung, -en trip on
foot, hike
wann when
das Warten waiting
warten auf (+acc.) to wait
for
warum why
was...alles what all
die Wäsche washing, laundry
waschen* to wash
das Wasser, — water
weder...noch neither...
nor
weg away
der Weg, -e way, path
weg·blicken to look away
wegen (gen. prep.) because

of; for the sake of, due to,
on account of
weg·sehen* to look away
weg·setzen to put away
weg·werfen* to throw
away
weg·winken to wave away
weg·ziehen* (s) to move
away
das Weib, -er woman, wife
weich soft
weichen* to ease, yield
sich weigern to refuse
der Weihnachtsmann Santa
Claus
weil because, since
die Weile while
weinen to cry
das Weinen crying
weiß white
weise wise
die Weise, -n way, manner
der Weisheitsspruch, ⁻e wise
saying
weit far, distant
von weitem from a distance
weiter farther, further
weiter·gehen* (s) to go on
weiter·schreiten* (s) to
walk on, stride on
welch- which
die Welt, -en world
weltfremd unworldly
der Weltplan the "scheme of
things"
sich wenden* an (+acc.) to
turn to
die Wendung, -en turn; turn of
events
wenig little, few
wenigstens at least
wenn when; whenever; if
werden* (s) to become

werden* aus   to turn out, become of
werfen*   to throw
das **Werk, -e**   factory
die **Werkstatt, ⸚e**   workshop
werktags   working days
Wert legen auf   to attach importance to
der **Wert, -e**   value
wertvoll   valuable
weshalb   why, on what account
wichtig   important
wickeln   to wrap
widerlegen   to refute, disprove
der **Widerschein, -e**   reflection
widerstrebend   reluctant
sich **widmen**   to devote oneself, give one's full attention
wie   how
wie ihnen zumute ist   how they feel
wieder   again
wiederum (wieder)   again
die **Wiege, -n**   cradle
wiegen   to rock
Wieso?   What do you mean?
der **Wille, -ns, -n**   will
die **Willensanstrengung, -en**   effort of will
willig   willing
wimmeln (von)   to teem with
der **Wind, -e**   wind
der **Winter, −**   winter
winzig   tiny
die **Wirklichkeit, -en**   reality
der **Wirt, -e**   innkeeper
die **Wirtschaft, -en**   household; economy; inn
das **Wissen**   knowledge

wissen*   to know (a fact)
(**nicht ein noch aus wissen***   to be at one's wits' end)
wittern   to smell, scent, get wind of
die **Witwe, -n**   widow
der **Witz, -e**   joke
wochenlang   for weeks
der **Wochentag, -e**   weekday
woher   from where
wohl   probably
der **Wohlfahrtsbeamte** (*adj. noun*)   welfare official
wohlwollend   well-meaning, benevolent
wohnen   to live, reside
die **Wohnung, -en**   apartment
wollen*   to want to
die **Wolljacke, -n**   cardigan, sweater
das **Wort, ⸚er**   word
wortlos   without (saying) a word, silently
Wozu?   What for?
das **Wunder, −**   wonder, surprise, miracle
wundern   to surprise
sich **wunder über** (+*acc.*)   to wonder about; be surprised
wundervoll   wonderful
würdevoll   with dignity
würdig   dignified
der **Wurm, ⸚er**   worm
die **Wüste, -n**   desert

die **Zahl, -en**   number, figure
zählen   to count
der **Zahn, ⸚e**   tooth
der **Zank**   quarrel, squabble
zart   delicate
zärtlich   loving, tender, affectionate

die **Zärtlichkeit, -en**
tenderness
das **Zauberkunststück, -e**
magic trick
Zauberkunststück der
Seele mental trick
die **Zeche, -n** (bar) tab, bill
die **Zehe, -n** toe
zehn (die **Zehner,** —) ten
(the ten)
zeigen to show, indicate
der **Zeiger,** — hand (clock)
die **Zeile, -n** line
die **Zeit, -en** time (einige
Zeit some time; einige
Zeit dauern to take some
time)
eine **Zeitlang** for a time
zerbrechen* to break
down, fail
zerfallen* (s) to fall apart
zerknittert crumpled
der **Zerstäuber,** — atomizer
zerstören to destroy
zerstreut absent-minded,
preoccupied
der **Zettel,** — slip of paper,
note
der **Zeuge, -n** witness
die **Zeugin, -nen** witness
(female)
die **Ziege, -n** she-goat
ziehen* to draw, pull
ziehen* **zu** (+dat.) to
move in with
ziemlich rather
die **Zigarette, -n** cigarette
das **Zigarrenetui** cigar box
das **Zimmer,** — room
zittern to tremble
zögern to pause, hesitate
das **Zögern** hesitation
der **Zorn** anger

zornig angry, irate
zu to
zu·bringen* to spend
(time)
der **Zuckerschaum** icing
zueinander to one another
zuerst first
der **Zufall, ⁻e** chance
zufrieden satisfied,
contented
der **Zug, ⁻e** train
zugänglich accessible
zu·geben* to admit
zu·gehen* (s) **auf** (+acc.)
to go toward, make for
zugeneigt disposed to,
inclined to
zugereist- (adj.) newly
arrived
zugleich at the same time
der **Zuhörer,** — listener (pl.:
audience)
zu·knallen to slam shut
zu·knöpfen to button up
zu·kommen* (s) (auf einen
zu·kommen*) to ap-
proach someone
sich **zu·legen** to acquire
zumal especially since
zu·marschieren (auf die
Stadt zu·marschieren to
march on the city)
zumindest at least
zu·nicken to nod toward
zu·raunen to whisper
zurecht·rücken to
straighten
sich **zurecht·setzen** to get
oneself settled
zu·reden to talk to, advise
(einem Trost zureden to
console a person)

zurück•gehen* (s)   to go
back; degenerate,
deteriorate
zurück•gewinnen*   to win
back
die Zurückhaltung   reserve
zurück•kehren (s)   to
return
zurück•reißen*   to pull
back
zurück•stellen   to put back
zurück•weichen*   to step
back
zusammen•halten*   to hold
together
sich zusammen•krampfen   to
contract
zusammen•rechnen   to add
or total (things) up
zusammen•sinken*   to sink
down, collapse
zusammen•zählen   to add
or total (things) up
zu•schauen (+dat.)   to
watch
der Zuschauer, —   person
watching (pl.: audience)
zu•schicken   to send
zu•schnüren   to tie
zu•sehen*   to watch
zu•sprechen* [einem
etwas]   to award (something to someone)

der Zustand, ⁼e   situation;
condition
zu•stoßen* (s) (+dat.)   to
befall, happen to
zu•trauen   to credit (a person with something)
zuungunsten (+gen.)   to
the disadvantage of
die Zuversicht   confidence
zuvor   earlier, previously
zu•wackeln auf (+acc.)   to
totter toward
zu•wandern   to keep on
wandering
zuweilen   occasionally
zwanzig   twenty
zwecklos   pointless
der Zweifel, —   doubt
zweifelhaft   doubtful
zweifeln   to doubt
zweifelnd   dubiously
zweit(ens)   second(ly)
zwicken   to pinch
der Zwieback   melba toast,
Zwieback
zwingen*   to force, compel
zwinkern   to wink, blink
zwischendurch   between
times
der Zwischenfall, ⁼e   incident;
disturbance
zwölf   twelve